# 2025年*春 受験用 解答集

## 福岡県 西南学院中学校

## 2019〜2013年度の7年分

本書は，実物をなるべくそのままに，プリント形式で年度ごとに収録しています。
問題用紙を教科別に分けて使うことができるので，本番さながらの演習ができます。

### ■ 収録内容

・解答集（この冊子です）

　　書籍ID番号，この問題集の使い方，リアル過去問の活用，解答例と解説，
　　ご使用にあたってのお願い・ご注意，お問い合わせ

・2019（平成31）年度 〜 2013（平成25）年度　学力検査問題

| ○は収録あり　　　　　年度 | '19 | '18 | '17 | '16 | '15 | '14 | '13 |
|---|---|---|---|---|---|---|---|
| ■ 問題収録 | ○ | ○ | ○ | ○ | ○ | ○ | ○ |
| ■ 解答用紙 | ○ | ○ | ○ | ○ | ○ | ○ | ○ |
| ■ 解答 | ○ | ○ | ○ | ○ | ○ | ○ | ○ |
| ■ 解説 | ○ | ○ | ○ | ○ | ○ | ○ | ○ |
| ■ 配点 | | | | | | | |

## ☆問題文等の非掲載はありません

もっと
過去問！
シリーズ

K 教英出版

## ■ 書籍ID番号

入試に役立つダウンロード付録や学校情報などを随時更新して掲載しています。
教英出版ウェブサイトの「ご購入者様のページ」画面で，書籍ID番号を入力してご利用ください。

書籍ID番号 **164040**

（有効期限：2025年9月30日まで）

**【入試に役立つダウンロード付録】**
「中学合格への道」

## ■ この問題集の使い方

年度ごとにプリント形式で収録しています。針を外して教科ごとに分けて使用します。①片側，②中央
のどちらかでとじてありますので，下図を参考に，問題用紙と解答用紙に分けて準備をしましょう（解答
用紙がない場合もあります）。

針を外すときは，けがをしないように十分注意してください。また，針を外すと紛失しやすくなります
ので気をつけましょう。

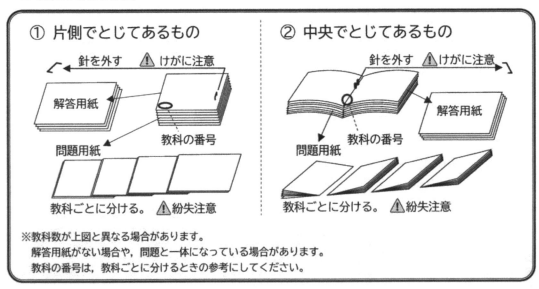

# リアル過去問の活用

~リアル過去問なら入試本番で力を発揮することができる~

## ❀ 本番を体験しよう！

問題用紙の形式（縦向き／横向き），問題の配置や余白など，実物に近い紙面構成なので本番の臨場感が味わえます。まずはパラパラとめくって眺めてみてください。「これが志望校の入試問題なんだ！」と思えば入試に向けて気持ちが高まることでしょう。

## ❀ 入試を知ろう！

同じ教科の過去数年分の問題紙面を並べて，見比べてみましょう。

#### ① 問題の量

毎年同じ大問数か，年によって違うのか，また全体の問題量はどのくらいか知っておきましょう。どのくらいのスピードで解けば時間内に終わるのか，大問ひとつにかけられる時間を計算してみましょう。

#### ② 出題分野

よく出題されている分野とそうでない分野を見つけましょう。同じような問題が過去にも出題されていることに気がつくはずです。

#### ③ 出題順序

得意な分野が毎年同じ大問番号で出題されていると分かれば，本番で取りこぼさないように先回りして解答することができるでしょう。

#### ④ 解答方法

記述式か選択式か（マークシートか），見ておきましょう。記述式なら，単位まで書く必要があるかどうか，文字数はどのくらいかなど，細かいところまでチェックしておきましょう。計算過程を書く必要があるかどうかも重要です。

#### ⑤ 問題の難易度

必ず正解したい基本問題，条件や指示の読み間違いといったケアレスミスに気をつけたい問題，後回しにしたほうがいい問題などをチェックしておきましょう。

## ❀ 問題を解こう！

志望校の入試傾向をつかんだら，問題を何度も解いていきましょう。ほかにも問題文の独特な言いまわしや，その学校独自の答え方を発見できることもあるでしょう。オリンピックや環境問題など，話題になった出来事を毎年出題する学校だと分かれば，日頃のニュースの見かたも変わってきます。

こうして志望校の入試傾向を知り対策を立てることこそが，過去問を解く最大の理由なのです。

## ❀ 実力を知ろう！

過去問を解くにあたって，得点はそれほど重要ではありません。大切なのは，志望校の過去問演習を通して，苦手な教科，苦手な分野を知ることです。苦手な教科，分野が分かったら，教科書や参考書に戻って重点的に学習する時間をつくりましょう。今の自分の実力を知れば，入試本番までの勉強の道すじが見えてきます。

## ❀ 試験に慣れよう！

入試では時間配分も重要です。本番で時間が足りなくなってあわてないように，リアル過去問で実戦演習をして，時間配分や出題パターンに慣れておきましょう。教科ごとに気持ちを切り替える練習もしておきましょう。

## ❀ 心を整えよう！

入試は誰でも緊張するものです。入試前日になったら，演習をやり尽くしたリアル過去問の表紙を眺めてみましょう。問題の内容を見る必要はもうありません。どんな形式だったかな？受験番号や氏名はどこに書くのかな？…ほんの少し見ておくだけでも，志望校の入試に向けて心の準備が整うことでしょう。

そして入試本番では，見慣れた問題紙面が緊張した心を落ち着かせてくれるはずです。

※まれに入試形式を変更する学校もありますが，条件はほかの受験生も同じです。心を整えてあせらずに問題に取りかかりましょう。

# 算 数

## 平成 ㉛ 年度 解答例・解説

─《解答例》─

1  (1) $1\dfrac{1}{3}$　(2) 0.125　(3) 15　(4) 85　(5) 5, 6　(6) 125.6　(7) 2

2  (1) イ　(2) 16　(3) 7

3  (1) 942　(2) 628

4  (1) 40　(2) 9, 32　(3) 9, 33, 9, 39

5  (1) 25 : 27　(2) 720

6  (1) 6　(2) 320

(3) できない　理由…6％の食塩水 1400g を作るためには，$1400 \times \dfrac{6}{100} = 84$ (g) の食塩が必要である。Cには $400 \times \dfrac{8}{100} = 32$ (g) の食塩がふくまれていて，エには $1000 \times \dfrac{5}{100} = 50$ (g) の食塩がふくまれている。よって，最もこくなるように作っても食塩は $32 + 50 = 82$ (g) しかふくまれず，6％よりうすい食塩水しか作ることができない。

─《解 説》─

1  (1) 与式$=\dfrac{5}{5}+\left(\dfrac{3}{6}-\dfrac{1}{6}\right)=1+\dfrac{1}{3}=1\dfrac{1}{3}$

(2) 与式より，$1.75+\square=1.875$　$\square=1.875-1.75=0.125$

(3) 実際の道のりが $20 \div \dfrac{1}{25000} = 500000$ (cm)，つまり $\dfrac{500000}{100 \times 1000} = 5$ (km) だから，時速 20km で進むと，$5 \div 20 = \dfrac{1}{4}$ (時間)，つまり $\dfrac{1}{4} \times 60 = 15$ (分) かかる。

(4) 右図のように記号をおく。

三角形DECにおいて，外角の性質より，角EDC＝$(40+60)-65=35$(度)

よって，角ア＝$180-60-35=85$(度)

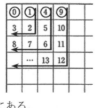

(5) 整数は右図Iのような順番で並んでいる。また，左から△番目，上から□番目の位置を $(\triangle,\ \square)$ と表すことにする。

○をつけた数に注目すると，$0=0\times0$，$1=1\times1$，$4=2\times2$，$9=3\times3$ だから，$(\stackrel{\wedge}{\curlyvee},\ 1)$ には$\stackrel{\wedge}{\curlyvee}-1$を2つかけあわせた数が並ぶとわかる。$5\times5=25$ だから，25は $(6,\ 1)$ に並ぶ。よって，右図IIのようになるので，31は左から5番目，上から6番目に位置にある。

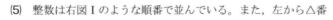

(6) この立体を2つ用意し，面積が大きい方の切断面で重ね合わせると，右図Iのような立体になる。図IIのように，図Iの立体を床からの高さが $x$cm のところで床と平行な平面で切断し，切り取った下の部分を上の部分にくっつけると，高さが 20cm の円柱ができる。よって，求める体積は，底面の半径が2cmで高さが20cmの円柱の体積の半分だから，

$2 \times 2 \times 3.14 \times 20 \div 2 = 40 \times 3.14 = 125.6$ (cm³)

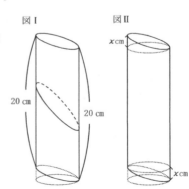

(7) 左の表より，算数が1点，理科が1点の生徒は1人である。

真ん中の表より，算数が1点の生徒の国語の点数は2点か4点であり，

右の表より，理科が1点の生徒の国語の点数は2点か3点である。

よって，算数が1点，理科が1点の生徒の国語の点数は2点とわかる。

2 (1) 高さ6cmまでの空間の底面積よりも，高さ6cmより上の空間の底面積の方が小さい。

したがって，高さ6cmより上の方が水面が上がる速度が速くなる。よって，イが正しいとわかる。

(2) 高さ6cmまでの空間の底面積と，高さ6cmより上の空間の底面積の比は，横の長さの比と等しく，

$(6＋6)：6＝2：1$ である。したがって，高さ6cmより上だと底面積が $\frac{1}{2}$ 倍になるので，水が上がる速度は $\frac{1}{2}$ の逆数の $\frac{2}{1}＝2$ (倍)になる。高さ6cmまでだと1分あたり $6÷12＝0.5$ (cm)水面が上がったが，高さ6cmより上だと1分あたり $0.5×2＝1$ (cm)水面が上がる。よって，水面の高さが10cmになるのは，$12＋1×(10－6)＝16$ (分後)

(3) 図2と図3において，水が入っていない空間の容積は等しい。図2の水が入っていない空間の底面と，図3の水が入っていない空間の底面は，縦の長さが等しく，横の長さも6cmでやはり等しいので，高さも等しくなる。図2の水が入っていない空間の高さは $15－10＝5$ (cm)だから，図3の水面の高さは，$6＋6－5＝7$ (cm)

3 (1) 右図は，図1の立方体をひもがくっついている頂点の方向から見たものである。色をつけた部分が立方体の表面でひもが届く範囲であり，半径20cmで中心角90度の3つのおうぎ形がえがかれる。よって，その面積は，$20×20×3.14×\frac{1}{4}×3＝300×3.14＝942$ (cm²)

(2) <u>ひもがくっついている頂点の向かいにある面</u>にまでひもの先が届くので，立体のままではなく展開図で考えた方がわかりやすい。下線部の面が真ん中にくるように展開すると，右図のようになる。色をつけた部分が立方体の表面でひもが届く範囲であり，半径20cmで中心角60度の3つのおうぎ形がえがかれる。よって，その面積は，
$20×20×3.14×\frac{60}{360}×3＝200×3.14＝628$ (cm²)

4 以下の解説で時刻にふれた場合，その時刻の作業を終えた直後を表すものとする。例えば，「9時3分の時点で」と言えば，「9時3分の作業を終えた直後の時点で」という意味である。また，A，B，Cが同時に行ったときの作業を「作業ABC」，AとBが同時に行ったときの作業を「作業AB」とよぶことにする。作業ABCは4分ごとに行われるので，4分間のXとYのボールの個数の変化をまとめると，右表のようになる（9時1分の作業をスタートと考える）。

| | 作業AB | 作業AB | 作業AB | 作業ABC | 作業AB | … |
|---|---|---|---|---|---|---|
| X | 3個減る | 3個減る | 3個減る | 9個増える | 3個減る | … |
| Y | 1個増える | 1個増える | 1個増える | 1個増える | 1個増える | … |

この4分間の4回の作業を1セットとよぶことにする。1セットの作業でXのボールは個数が変わらず，またYのボールは1分ごとに1個増えるとわかる。

(1) 9時20分はちょうど $20÷4＝5$ (セット)終わったところだから，9時20分のXの個数は9時のときと変わらない。Yの個数は9時のときより20個増えてXと同じになったのだから，9時のとき，XはYより20個多かったとわかる。9時のときのXとYの個数の比が3：2で，この比の数の $3－2＝1$ が20個にあたるから，Xは $20×\frac{3}{1}＝60$ (個)，Yは $20×\frac{2}{1}＝40$ (個)あるとわかる。

(2) Xの個数の変化を9時のときから調べると，60個→57個→54個→51個→60個→…となり，5の倍数は60だけである。したがって，XとYの個数の比が5：6となるとき，Yの個数は $60×\frac{6}{5}＝72$ (個)とわかる。これは9時ちょうどのときからYの個数が $72－40＝32$ (個)増えたときだから，9時32分である。

(3) 作業ABが行われている間は2つの箱の個数の合計は減り続け，作業ABCが行われたときだけ合計が増えるとわかる。したがって，まず個数の合計がはじめて130個以上になるときを探す。

(2)で求めた9時32分のとき，Xが60個でYが72個だから，合計は $60＋72＝132$ (個)で，130個以上になってい

る。この1つ前のセットで作業ＡＢＣが終わった直後は合計が $132-4=128$(個)だから，9時32分より前に合

計が130個以上になることはないと確認できる。

9時32分以降について順を追って調べていくと右表のよ

うになるから，合計が130個になるのは，9時33分と

9時39分である。

| 時刻 | 9:32 | 9:33 | 9:34 | 9:35 | 9:36 | 9:37 | 9:38 | 9:39 | … |
|---|---|---|---|---|---|---|---|---|---|
| X(個) | 60 | 57 | 54 | 51 | 60 | 57 | 54 | 51 | … |
| Y(個) | 72 | 73 | 74 | 75 | 76 | 77 | 78 | 79 | … |
| 合計(個) | 132 | 130 | 128 | 126 | 136 | 134 | 132 | 130 | … |

⑤ 速さと移動時間は反比例するので，同じ道のりを進むとき平らな道と比べて，上り坂では $\frac{3}{1}=3$ (倍)，下り坂で

は $\frac{3}{5}$ 倍，橋の上では $\frac{3}{2}$ 倍の時間がかかる。

(1) 平らな道を1m進むのに必要な時間を1とすると，（ア）でかかる時間は1000，（イ）でかかる時間は

$200\times3+800\times\frac{3}{5}=1080$ なので，かかる時間の比は，$1000:1080=25:27$

(2) (1)の解説より，（ウ）でも1080の時間がかかるのだから，（ウ）の道のりは，$1080\div\frac{3}{2}=720$(m)

⑥ (1) Aの食塩水300gにふくまれる食塩は，$300\times\frac{8}{100}=24$(g)だから，24gの食塩をふくむ $300+100=400$(g)の

食塩水ができるので，アは $\frac{24}{400}\times100=6$ (%)の食塩水になる。

(2) はじめにウに入っていた食塩水の量を⑩⑩とすると，それにふくまれていた食塩の量は⑥と表せる。

Ｂとイとウの食塩水または水の量の合計が $400+80+$⑩⑩$=480+$⑩⑩ (g)だから，最後にはイとウに

$(480+$⑩⑩$)\div2=240+$⑤⓪ (g)…@ の食塩水が入っていることになる。

はじめにＢの食塩水にふくまれていた食塩は $400\times\frac{8}{100}=32$(g)だから，Ｂとウの食塩の量の合計が $32+$⑥ (g)な

ので，最後にはイとウに $(32+$⑥$)\div2=16+$③ (g)…ⓑ の食塩がふくまれていることになる。

@より，Ｂからイに移した食塩水の量が $(240+$⑤⓪$)-80=160+$⑤⓪ (g)，これにふくまれる食塩の量が

$(160+$⑤⓪$)\times\frac{8}{100}=12.8+$④ (g)であり，これがⓑと同じ量だから，④－③＝①は $16-12.8=3.2$ (g)にあたる。

よって，はじめにウに入っていた食塩水の量は，$3.2\times100=320$ (g)

(3) こさが最もこくなるようにエとオから合計1000gの食塩水を取り出した場合に，できる食塩水のこさが6%

に届くかどうかを考えればよい。

━━━━━━━━━━━━━━━━━━ 《解答例》 ━━━━━━━━━━━━━━━━━━

**1** (1) 4　　(2) 9　　(3) 0.023　　(4) 13　　(5) 36, 54　　(6) 73　　※(7) 5

**2** (1) 44　　(2) 40　　(3) 48

**3** (1) 12　　(2) 1200

**4** (1) 2056　　(2) 685　　(3) 62.8

**5** (1) 10　　(2) 0

**6** (1) 21　　(2) 5099　　(3) 1066

※の式や考え方は解説を参照してください。

━━━━━━━━━━━━━━━━━━ 《解　説》 ━━━━━━━━━━━━━━━━━━

**1** (1) 与式$=(\frac{12}{10}+\frac{1}{3}÷\frac{5}{2})×3=(\frac{6}{5}+\frac{1}{3}×\frac{2}{5})×3=(\frac{6}{5}+\frac{2}{15})×3=(\frac{18}{15}+\frac{2}{15})×3=\frac{4}{3}×3=4$

(2) 与式より，$(□×2+12)÷3=6+4$　　$□×2+12=10×3$　　$□×2=30-12$　　$□=18÷2$　　$□=9$

(3) 1 ㎥＝100cm×100 cm×100 cm＝1000000 ㎤より，23000 ㎤＝(23000÷1000000) ㎥＝0.023 ㎥

(4) 枚数が 1：2：3 となる最も金額の少ない組み合わせは，100 円玉 1 枚，50 円玉 2 枚，10 円玉 3 枚の
100＋50×2＋10×3＝230(円)である。230 円の組み合わせを 2990÷230＝13(組)で 2990 円になるから，100 円玉
の枚数は全部で 13 枚である。

(5) 2 つの整数の最大公約数が 18 であることから，2 つの整数は 18×ア，18×イ(アとイは公約数を 1 以外にも
たない整数)と表せる。この 2 つの整数の最小公倍数は 18×ア×イとなる。また，最小公倍数である 108 を整数の
積で表すと，108＝2×2×3×3×3 だから，108＝18×2×3 と表せる。よって，ア＝2，イ＝3 とわかるので，
求める 2 つの整数は 18×2＝36，18×3＝54 となる。

(6) 数の列は 1 から順に大きくなるように並べ，4 回目に現れる 1 が 13 番目であることから，各位の数字をそれ
ぞれ別々の数字として並べた列とわかる。1 ～ 9 の 9 個の数字の中に 1 は 1 個ある。10 ～ 19 の 10 個の数字の中に，
1 は十の位に 10 個あり，一の位は 11 の一の位の 1 があるから，全部で 10＋1＝11(個)ある。20 ～ 29，30 ～ 39…な
どの中には，1 は 21 や 31 の一の位に 1 があるように，1 はそれぞれ 1 個ずつある。

15 回目の 1 は，15＝1＋11＋1＋1＋1 より，41 の一の位の 1 である。1 から 41 までのうち 2 けたの数字は 10
から 41 までの 41－9＝32(個)あるから，15 回目に現れる 1 は左から 1×9＋2×32＝73(番目)である。

(7) 右図のように記号をおく。四角形ＢＣＦＥを下にしておいたときの水の体積は，底
面が台形ＨＢＣＧで高さが 9 ㎝の四角柱の体積と等しい。三角形ＧＪＣと三角形ＨＩＢ
は合同な直角二等辺三角形だから，ＧＪ，ＪＣ，ＨＩ，ＩＢの長さは 2 ㎝である。

したがって，台形の上底であるＨＧの長さは 12－2×2＝8 (㎝)となるから，台形の面
積は(8＋12)×2÷2＝20(㎠)であり，水の体積は 20×9＝180(㎤)である。

三角形ＡＢＣの面積は 1 辺の長さが 12 ㎝の正方形の面積の $\frac{1}{4}$ だから，

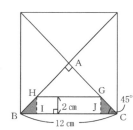

$12 \times 12 \div 4 = 36$ (cm²) である。よって，求める高さは $180 \div 36 = 5$ (cm)

**2** (1) A，D，Eの合計冊数は $42 \times 3 = 126$ (冊)，B，Cの合計冊数は $47 \times 2 = 94$ (冊) だから，5人の平均冊数は $(126 + 94) \div 5 = 44$ (冊)

(2) Eが借りた冊数は $44 - 3 = 41$ (冊) だから，AとDの合計冊数は $126 - 41 = 85$ (冊) である。AはDより5冊多く借りたのだから，Aの借りた冊数は $(85 + 5) \div 2 = 45$ (冊) である。よって，Dの借りた冊数は $45 - 5 = 40$ (冊) である。5人の借りた冊数は50冊未満で全員異なるのだから，BとCの一方が最大の49冊借りたとすると，もう一方が借りた冊数は $94 - 49 = 45$ (冊) となり，Aと同数借りたことになり条件に合わない。一方が48冊借りたとすると，もう一方が借りた冊数は $94 - 48 = 46$ (冊) となる。2人がそれぞれ47冊ずつ借りることはないから，B，Cが借りた冊数は48冊と46冊とわかる。よって，求める冊数は40冊である。

(3) (2)の解説より，48冊である。

**3** (1) 流水算については以下のようにまとめられる。

| | |
|---|---|
| (上りの速さ) = (静水での速さ) − (川の流れの速さ) | (静水での速さ) = {(下りの速さ) + (上りの速さ)} ÷ 2 |
| (下りの速さ) = (静水での速さ) + (川の流れの速さ) | (川の流れの速さ) = {(下りの速さ) − (上りの速さ)} ÷ 2 |

　　　　　　　　　　　　　　　　※静水での速さとは，流れが止まっている水の上での船の速さを表す。

グラフより，15分で川を6000m上っているから，上りの速さは，分速 $(6000 \div 15)$ m = 分速400mである。静水時の速さは分速450mなので，川の流れの速さは，分速 $(450 - 400)$ m = 分速50mとわかる。よって，下りの速さは分速 $(450 + 50)$ m = 分速500mだから，B町からA町へ川を下るときにかかる時間は，$6000 \div 500 = 12$ (分)

(2) 右図のように記号をおく。また，太い矢印⑦は川に流されている様子を，太い点線の矢印④は再び動き出した船の様子を表している。図中の④と②の長さは等しく，AからBまで15分かかるのだから，PQ間の往復で $42 - 15 = 27$ (分) かかったとわかる。矢印⑦の速さと矢印④の速さの比は $50 : 400 = 1 : 8$ であり，この逆比の $8 : 1$ が矢印⑦でかかる時間と再びQからPまで上った時間の比となるから，矢印⑦でかかった時間は $27 \times \dfrac{8}{8+1} = 27 \times \dfrac{8}{9} = 24$ (分間) である。よって，求めるきょりは，$50 \times 24 = 1200$ (m)

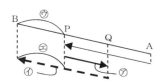

※点Pはエンジンが壊れた地点，点Qはエンジンが再び動いた地点を表している。

**4** (1) 右図のように斜線部分と色付きの部分に分けて考える。斜線部分は縦の長さが20cm，横の長さが $20 \times 2 = 40$ (cm) の長方形である。色付きの部分は半径が20cmで中心角が90度のおうぎ形4つ分なので，まとめると1つの円になる。よって，求める面積は，$20 \times 40 + 20 \times 20 \times 3.14 = 2056$ (cm²)

(2) 右図のように，太線，色付き，斜線の印をつけた，中心角が90度の4つのおうぎ形にわけて考える。太線で囲んだ2つのおうぎ形をまとめると半径の長さが10cmの半円となり，色付き，斜線部分のおうぎ形をまとめると半径の長さが20cmの半円となる。色付きのおうぎ形と斜線部分のおうぎ形は，1辺が10cmの正方形の分だけ重なっていることに注意し，面積を求めればよい。よって，求める面積は，$10 \times 10 \times 3.14 \div 2 + 20 \times 20 \times 3.14 \div 2 - 10 \times 10 = (50 + 200) \times 3.14 - 100 = 685$ (cm²)

(3) 右図のように曲線部分に記号をつける。①と②の長さのちがいを求めるので，①，②に共通するCの直線部分を抜いて考える。①の長さは $⑦ \times 3 + ④ \times 4 + ⑦$，②の長さは $⑦ + ④ \times 4 + ⑦ \times 3$ と表せる。また，①の方が②より長いから，①と②の長さのちがいは $⑦ \times 2 - ⑦ \times 2$ と表せる。⑦を2つまとめると半径の長さが30cmの半円の曲線部分に，⑦を2つまとめると半径の長さが10cmの半円の曲線部分になるから，求める長さは，$30 \times 2 \times 3.14 \div 2 - 10 \times 2 \times 3.14 \div 2 = (30 - 10) \times 3.14 = 62.8$ (cm)

⑤ (1) 右図のように補助線を引き記号をおく。四角形ＡＢＣＤは台形なので，ＡＢとＤＣは平行である。平行線の同位角は等しいから，印をつけた角はすべて 72 度とわかる。よって，角ＡＥＢの大きさは 180−72×2 ＝36(度)である。台形ＡＢＣＤを並べて輪をつくると，台形の内側にはＥを中心に三角形ＥＡＢが輪になり並ぶから，求める個数は，360÷36＝10(個)

(2) 図1の立体を立体ａとし，立体ａを 10 個はり合わせて作ったドーナツ状の立体を立体ｂとする。立体ａの6つの面のうち，右図の色付きの2つの面は立体ｂを作るときにとなりの立体ａの面と重なるので，アは(6−2)×10＝40 である。立体ａの8個の頂点はすべて，立体ｂを作るときにとなり合う立体ａの頂点と重なる(2個の頂点が1個になる)ので，イは 8×10÷2＝40 である。立体ａの 12 本の辺のうち，右図の太線の8本の辺は立体ｂを作るときにとなり合う立体ａの辺と重なり(2本の辺が1本になり)，残りの4本の辺は重ならないので，ウは 8×10÷2＋4×10＝80 である。よって，ア＋イ−ウ＝40＋40−80＝0

⑥ (1) 1500 円入金した後のＳカードの残金は，500＋1500＋1500×0.1＝2150(円)である。この金額で買える，できるだけ高い商品の値段は 2150 円だから，支払ったあとの残金は支払った金額の1％となる。2150 円の1％は 2150×0.01＝21.5(円)であり，小数点以下は切り捨てられるから，求める金額は 21 円である。

(2) 支払った代金のうち最も高い金額を求めるから，支払った代金とそのときのカードの残金が等しいときを考えると，支払い後の残金である 50 円は，支払った金額の1％にあたるとわかる。50 円加算される支払額のうち，最も低い金額は 50÷0.01＝5000(円)であり，支払額が 5100 円になると加算額は 5100×0.01＝51(円)となる。よって，求める金額は，5100−1＝5099(円)

(3) 入金後のＳカードの残金は，456＋1000＋1000×0.1＝1556(円)である。支払い後の残金が 500 円なので，支払った金額とそれによる加算額の差は，1556−500＝1056(円)とわかる。支払額が 1000 円以上 1100 円未満のときの加算額は 1000×0.01＝10(円)なので，求める金額は，1056＋10＝1066(円)

────────────────《解答例》────────────────

1　(1)4　　(2)5　　(3)93　　(4)500　　(5)100　　(6)20.52　　(7)(ウ)

2　(1)4　　(2)C

3　(1)72　　(2)34, 53

4　(1)6　　(2)6　　(3)2

5　(1)18　　(2)右グラフ　　※(3)240

6　(1)90　　(2)306　　(3)9

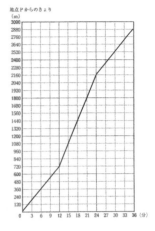

※の式や考え方は解説を参照してください。

────────────────《解　説》────────────────

1　(1)　与式より，10－20÷□＝15÷3　　10－20÷□＝5　　20÷□＝10－5　　20÷□＝5　　□＝20÷5＝4

(2)　与式＝$\frac{1}{3}×(18－\frac{12}{5}×\frac{5}{4})＝\frac{1}{3}×(18－3)＝\frac{1}{3}×15＝5$

(3)　8人の算数のテストの合計点は 72×8 ＝576(点)で，Aさん以外の7人の合計点が 69×7 ＝483(点)だから，

Aさんの点数は，576－483＝93(点)である。

(4)　400円は，弟の最初の所持金の $1－\frac{1}{3}＝\frac{2}{3}$ にあたるから，弟の最初の所持金は $400÷\frac{2}{3}＝600$(円)になる。した

がって，兄の最初の所持金は $600×\frac{5}{3}＝1000$(円)だから，兄が使った金額は，$1000×\frac{1}{2}＝500$(円)

(5)　三角形の外角の性質と，正三角形，正方形の角に注目する。右のように作図すると，

三角形の外角は，これと隣り合わない2つの内角の和に等しいことから，

角イ＝130°－90°＝40° となる。対頂角は等しいから，角ウ＝角イ＝40° である。

三角形の外角の性質から，角ア＝60°＋角ウ＝60°＋40°＝100°

(6)　右図1のように作図すると，1辺が6㎝の正方形ができる。

次に，半径が6㎝，中心角が90度のおうぎ形に注目して，

このおうぎ形2つを図2のような向きで重ねて，1辺が6㎝の

正方形をつくると，図1の色のついた部分だけが重なっている

ことがわかる。よって，図1の色のついた部分の面積を求める

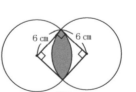

図1　図2

には，半径が6㎝，中心角が90度のおうぎ形2個の面積の和から，1辺が6㎝の正方形の面積を引けばよく，

$(6×6×3.14×\frac{90}{360})×2－6×6＝20.52$(㎠)

(7)　右のように展開すると，(ウ)を裏側から見た展開図になる。

2 (1) Aは3回戦で負けたから①である。Eは1回戦でAに負けたから②である。FはAに2回戦で負けた③である。ここまでで、①～③が決まり、1回戦で勝ったのが①、③、⑥、⑦であることから、勝ったことのあるGは⑥か⑦であるとわかる。Gが⑦であるとすると⑧がHになり、ここまででわからない選手は、B、C、Dの3人になる。この3人については、誰でも⑥に入ることができるから、⑥に入る選手は、B、C、D、Gの4通りが考えられる。

(2) HはBに勝ったことから、Hは2回戦でGに負けた⑦とわかり、Gは⑥に、Bは⑧に決まる。Dは、⑤～⑧のいずれかに入るのだから、残った⑤がDである。よって、④に入るのはCである。

3 (1) 直方体アの縦の向きに6÷2＝3(個)、横の向きに12÷2＝6(個)、高さの向きに8÷2＝4(個)の積み木Aが並ぶから、必要なAの個数は、3×6×4＝72(個)である。

(2) (1)の状態から、積み木Aと積み木Bを入れかえることができる部分を考える。
2と3の最小公倍数は6だから、1辺が6cmの立方体を考えると、積み木Aでは
3×3×3＝27(個)、積み木Bでは2×2×2＝8(個)になる。したがって、
(1)の状態から、27個の積み木Aを1辺が6cmの立方体になるように取り除き、その空いた部分に8個の積み木Bを積むと、積み木は72－27＋8＝53(個)になり、
この操作をもう一度行うと、積み木は53－27＋8＝34(個)になる。

72個の積み木A

27個の積み木A　8個の積み木B

4 (1) 右のように、面積が9cm²の正三角形は、9個の小さな正三角形に分けることができる。小さな
正三角形1個の面積は9÷9＝1(cm²)であり、図1の色をぬった部分には、小さな正三角形が6個
入るから、求める面積は、1×6＝6(cm²)である。

(2) 右図の太線で囲んだ部分に注目すると、小さな正三角形と色のついたアの
三角形は、底辺と高さが等しいから、面積は等しく1cm²である。
図2には、このアの三角形が6個あるから、求める面積は6cm²である。

(3) (1)と(2)を利用して解くことにする。図2の図形を右のようにA、B、Cの3つの
部分に分けると、A、B、Cの面積はどれも6cm²とわかるから、このように作図する
とA、B、Cのそれぞれの面積は等しくなることがわかる。
図3の色をぬった部分は、(1)の色のついた図形を、右図と同じように作図したときの
Cにあたるから、求める面積は、(1)で求めた面積の$\frac{1}{3}$の6×$\frac{1}{3}$＝2(cm²)とわかる。

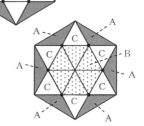

5 (1) A，Bの2人が地点Pを同時に出発した後，2人の差は1分あたり80－60＝20(m)ずつ開いていくから，BがAに240mの差をつけられるのは，地点Pを出発してから，240÷20＝12(分後)である。ここからBは速さを分速120mに変えてAを追いかけるから，2人の差は1分あたり120－80＝40(m)ずつ縮まっていく。Bがスピードを変えてからAに追いつくまでに240÷40＝6(分)かかるから，BがAに初めて追いつくのは，2人が地点Pを出発してから12＋6＝18(分後)になる。

(2) Bが初めて速さを変えたのは，12分後の60×12＝720(m)の地点である。

(1)より，分速120mで移動するBがAとの240mの差を追いつくのに6分かかったのだから，BがAに240mの差をつけるのにも6分かかるとわかる。したがって，BがAに240mの差をつけたのは，地点Pを出発してから18＋6＝24(分後)の720＋120×(6＋6)＝2160(m)の地点である。

また，(1)より，分速60mで移動するBがAに240mの差をつけられるのに12分かかったのだから，240mの差をつけていたBがAに追いつかれるのにも12分かかるとわかる。これは，24＋12＝36(分後)の2160＋60×12＝2880(m)の地点である。よって，グラフは，解答例のようになる。

(3) (2)より，36分で2人の位置関係と移動する速さは，地点Pを出発するときと同じになることがわかる。2時間＝120分だから，120÷36＝3余り12より，地点Pを出発してから2時間後の2人の位置関係と移動する速さは，地点Pを出発してから12分後と同じであるとわかる。(1)より，12分後に2人は240mはなれている。

6 (1) 99枚注文するときは，1枚あたり10円で，料金は10×99＝990(円)になり，100枚注文するときは，1枚あたり9円で，料金は9×100＝900(円)になるから，料金の差は，990－900＝90(円)になる。

(2) 238枚注文するときは，1枚あたり9円で，料金は9×238＝2142(円)になるから，99枚以下か，300枚以上で，料金が2142円になるときを調べる。

(1)より，99枚注文するときの料金が990円だから，99枚以下で料金が2142円になることはないとわかる。次に，300枚以上で料金が2142円になるときを調べると，2142÷7＝306(枚)となり，条件である300枚以上にあう。よって，求める枚数は306枚である。

(3) 9と7の最小公倍数は63だから，300枚以上の枚数では9枚増えたり減ったりしたとき，また，100枚以上299枚以下の枚数では7枚減ったり増えたりしたときに，料金が63円増えたり減ったりするため，枚数は違うが料金が同じになる。つまり，238枚から7枚ずつ減らしたり増やしたりしたときの料金と，306枚から9枚ずつ減らしたり増やしたりしたときの料金は同じになる。ただし，306枚から7枚減らすことはできないから，減らす場合は考えなくてもよい。(299－238)÷7＝8余り5だから，299枚をこえるまでに，238枚に7枚ずつ増やせる回数は8回ある。よって，これらと238枚のときの1つを加えた9通りの料金がある。

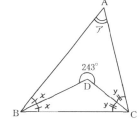

## 平成 28 年度 解答例・解説

=== 《解答例》 ===

1 (1) 6 　(2) 1 　(3) 12.5 　(4) 10 　(5) 112 　(6) 54 　(7) 62

2 (1) 7 　(2) 8

3 (1) 20 　(2) 540 　(3) 44

4 (1) 20 　(2) 右グラフ 　(3) 3，45

5 (1) 12.56 　(2) 45.68

6 (1) 6，40 　(2) 24 　(3) 7

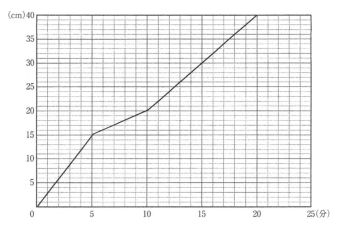

=== 《解　説》 ===

1 (1) □×5－22＝4×2 　□×5－22＝8 　□×5＝8＋22 　□×5＝30 　□＝30÷5＝6

(2) 与式＝$\frac{5}{3}－\frac{1}{15}÷(2\frac{3}{5}－\frac{15}{4}×\frac{2}{3})＝\frac{5}{3}－\frac{1}{15}÷(\frac{13}{5}－\frac{5}{2})＝\frac{5}{3}－\frac{1}{15}÷\frac{1}{10}＝\frac{5}{3}－\frac{2}{3}＝1$

(3) 60×60＝3600 より，1時間＝3600 秒である。よって，45×1000÷3600＝12.5 より，**秒速12.5m**

(4) アとイの目の数はそれぞれ4と6だから，4＋6＝**10**

(5) 21 と 48 の最大公約数は3だから，1辺が3cmのタイルをしきつめればよい。21÷3＝7，48÷3＝16 より，求める枚数は，7×16＝**112(枚)**

(6) 右図のように，記号をおく。

角ＢＤＣ＝360－243＝117(度)だから，三角形ＤＢＣの内角の和より，

角*x*＋角*y*＝180－117＝63(度)となる。

したがって，角*x*×2＋角*y*×2＝(角*x*＋角*y*)×2＝63×2＝126(度)となるから，三角形ＡＢＣの内角の和より，角ア＝180－126＝**54(度)**

(7) 男子の人数は200×(1－0.46)＝108(人)であり，このうちメガネをかけていない男子の人数は200×0.25＝50(人)だから，メガネをかけている男子の人数は 108－50＝58(人)とわかる。一方，メガネをかけている生徒の人数は，男女合わせて200×0.6＝120(人)だから，求める人数は，120－58＝**62(人)**

2 (1) ぬりつぶすカードの枚数が，1枚のときは1，2，4の3通り，2枚のときは1と2，1と4，2と4の3通り，3枚のときは1と2と4の1通り，これ以上の枚数になると7より大きくなる。

よって，求めるぬり方は，3＋3＋1＝**7(通り)**

(2) 1から(11個の数字の和)までのすべての数字は，この11個の数字の中の1つ以上の数字の和で表すことが

(10)

できる（例：$7 = 1 + 2 + 4$）。したがって，1916 から，カードに書かれている数字のうち大きい方から順に

次々とひくことにより，ぬりつぶすカードを調べることができる。

$1916 - \underline{1024} = 892$，$892 - \underline{512} = 380$，$380 - \underline{256} = 124$，$124 - \underline{64} = 60$，$60 - \underline{32} = 28$，$28 - \underline{16} = 12$，$12 - \underline{8} = \underline{4}$ だ

から，ぬりつぶすカードは 4，8，16，32，64，256，512，1024 の **8枚** である。

3 (1) Aさんは $3 + 1 = 4$（日）につき1日，Bさんは $4 + 1 = 5$（日）につき1日休む。4 と 5 の最小公倍数は 20

だから，2人が初めて同じ日に休むのは，働き始めてから **20日目** である。

(2) Aさんは $20 \div 4 = 5$（日）休み，Bさんは $20 \div 5 = 4$（日）休む。よって，求める個数は，

$20 \times (20 - 5) + 15 \times (20 - 4) = 300 + 240 = $ **540（個）**

(3) $1200 \div 540 = 2$ あまり 120 より，働き始めてから $20 \times 2 = 40$（日目）を終えると残りの個数は 120 個になって

いる。次の日から3日間は1日に $20 + 15 = 35$（個）の品物ができるから，$120 \div 35 = 3$ あまり 15 より，

$40 + 3 = 43$（日目）を終えると残りの個数は 15 個になっている。次の日はAさんが休むため 15 個の品物がで

きるので，$43 + 1 = $ **44（日目）**

4 (1) 10分間に入る水の量は $6 \times 5 + 2 \times (10 - 5) = 40$（L）より，40000 cm³ である。容器アの下の段の底面積は

$40 \times 50 = 2000$（cm²）だから，下の段に入る水の量は $2000 \times 20 = 40000$（cm³）となる。これより，水を入れ始めてか

ら10分後には，容器アの下の段がちょうどいっぱいになるとわかるので，求める高さは **20 cm** である。

(2) 水を入れ始めてから5分後までは，$6 \times 1000 \div 2000 = 3$ より，毎分 3 cm の割合で水面が高くなる。したが

って，5分後に $3 \times 5 = 15$（cm）になり，(1)より10分後に 20 cm になる。容器アの上の段の底面積は

$20 \times 50 = 1000$（cm²）だから，$(2 \times 1000) \div 1000 = 2$ より，その後，毎分 2 cm の割合で水面が高くなる。これよ

り，容器アが満水になるのは，水を入れ始めてから $10 + (40 - 20) \div 2 = 20$（分後）である。

(3) 容器イの水面の高さが 20 cm になるのは，水をぬき始めてから $1000 \times 20 \div (10 \times 1000) = 2$（分後）である。

このとき，容器アの水面の高さは $3 \times 2 = 6$（cm）である。したがって，その後，容器アに入れる水の量と容

器イからぬく水の量の合計が $2000 \times (20 - 6) \div 1000 = 28$（L）になる時間を求めればよい。容器アに毎分 6 L

の割合で水を入れた場合，ア，イの水面の高さが同じになるのは，水を入れ始めてから $2 + 28 \div (10 + 6) = $

$3\frac{3}{4}$（分後）であり，これは容器アに入れる水の量の割合を変える5分後より前なので，条件に合う。

よって，$60 \times \frac{3}{4} = 45$ より，求める時間は **3分45秒後** である。

5 (1) 右の図1のように補助線を引き，記号をおく。

図1の太線の長さを求め，それを2倍すればよい。

図1の3つの三角形はすべて正三角形だから，角a，角b，

角cの大きさはすべて60度である。したがって，太線の長

さは $2 \times 2 \times 3.14 \times \frac{60}{360} \times 3 = 6.28$（cm）となるから，求める

長さは，$6.28 \times 2 = $ **12.56（cm）**

(2) 右の図2の面積を求めればよい。

太線の正方形の面積は $2 \times 2 = 4$（cm²）である。また，斜線

のおうぎ形の面積は $2 \times 2 \times 3.14 \times \frac{90}{360} = 3.14$（cm²）である。

さらに，色をつけたおうぎ形の半径は $2 \times 2 = 4$（cm）だから，その面積は $4 \times 4 \times 3.14 \times \frac{90}{360} = 4 \times 3.14$（cm²）

である。以上より，求める面積は，$4 \times 2 + 3.14 \times 4 + (4 \times 3.14) \times 2 = 8 + 12 \times 3.14 = $ **45.68（cm²）**

6 　(1)〜(3)の問題を解くにあたり，太郎君と次郎君がコースＡとコースＢの重なっている部分（この部分をコー
　　スＣとする）にいる時間を求めておく。コースＣの長さは100×2＝200(m)である。
　　　太郎君はコースＡの１辺を歩くのに100÷50＝２(分)かかるから，太郎君がコースＣにいるのは，歩き出してか
　　ら０〜２分後，６〜10分後，14〜18分後，22〜26分後，30〜34分後，…となる。
　　次郎君はコースＢを１周するのに 150×4÷100＝６(分)かかる。このうち，コースＣ以外の部分を歩いている
　　のは，歩き出してから 100÷100＝１(分後)から(150×3＋50)÷100＝５(分後)までの４分間であり，コースＣ
　　を歩くのに 200÷100＝２(分)かかる。したがって，次郎君がコースＣにいるのは，歩き出してから０〜１分後，
　　５〜７分後，11〜13分後，17〜19分後，23〜25分後，…となる。
　　以上より，太郎君と次郎君がコースＣにいる時間を，歩き出してから１時間後までについてまとめると，下の
　　グラフのようになる。

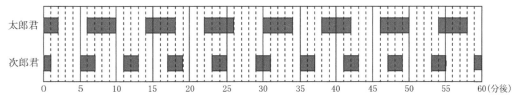

(1)　２人が歩き出してから６分後に太郎君はコースＣに入る。このとき，次郎君はコースＢを１周してスター
　　ト地点にいるから，２人の間の道のりは100mとなる。したがって，その後 $100÷(50＋100)＝\frac{2}{3}$(分後)に
　　２人は初めて出会う。よって，$60×\frac{2}{3}＝40$ より，求める時間は，**６分40秒後**

(2)　２人が２回目に出会うのは，歩き出してから 17〜18 分後の間であり，３回目に出会うのは 23〜25 分後の
　　間である。歩き出してから 23 分後に次郎君はコースＣに入る。これは太郎くんがコースＣに入ってから
　　23−22＝１(分後)だから，２人の間の道のりは 200−50×1＝150(m)である。したがって，その後
　　150÷(50＋100)＝１(分後)に２人は出会うから，求める時間は，23＋1＝**24(分後)**

(3)　(2)の後，２人は 30〜31 分後の間，41〜42 分後の間，47〜49 分後の間，54〜55 分後の間の４回出会う。
　　よって，求める回数は，3＋4＝**7(回)**

## 平成 ㉗ 年度 解答例・解説

━━━━━━━━━━━━━━━━━━ 《解答例》 ━━━━━━━━━━━━━━━━━━

1 　(1)2 　　(2)10 　　(3)28 　　(4)642.5 　　(5)18

2 　(1)0.4 　　(2)1500 　　(3)250

3 　(1)9.42 　　(2)2.28 　　(3)16.56

4 　(1)右グラフ 　　(2)14 　　(3)9，24

5 　(1)50 　　(2)402 　　(3)87

6 　(1)⑥ 　　(2)③ 　　(3)$\frac{7}{15}$

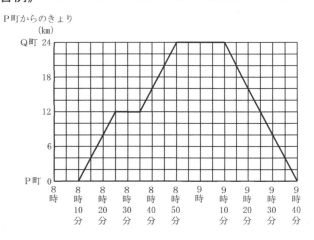

1 (1)　与式＝$\dfrac{1}{2}×(12-\dfrac{2}{3}×6)-2=\dfrac{1}{2}×(12-4)-2=\dfrac{1}{2}×8-2=4-2=$**2**

(2)　与式より，$(7-□÷2)×4-6=2$　　　$(7-□÷2)×4=2+6$　　　$(7-□÷2)×4=8$

$7-□÷2=8÷4$　　　$7-□÷2=2$　　　$□÷2=7-2$　　　$□÷2=5$　　　$□=5×2=$**10**

(3)　六角形の内角の和は $180×(6-2)=720$(度)で，正六角形の1つの内角の大きさは $720÷6=120$(度)だから，アの角度は $180-120-32=$**28**(度)である。

(4)　組み立ててできる立体は，右図のようになる。半径が $10÷2=5$ (cm)で，高さが 10 cmの円柱の半分と，底面積が $5×10÷2=25$ (cm²)で高さが 10 cmの三角柱を合わせた立体になるから，求める体積は，

$(5×5×3.14)×10÷2+25×10=$**642.5**(cm²)

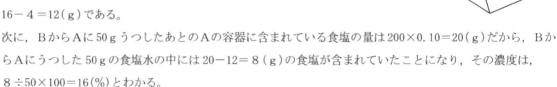

(5)　最初Aの容器に入っている食塩の量は $200×0.08=16$ ( g )で，そのうちの $50×0.08=4$ ( g )をBの容器にうつしたから，Aの容器に残った食塩の量は，$16-4=12$ ( g )である。

次に，BからAに50gうつしたあとのAの容器に含まれている食塩の量は $200×0.10=20$ ( g )だから，BからAにうつした 50 gの食塩水の中には $20-12=8$ ( g )の食塩が含まれていたことになり，その濃度は，$8÷50×100=16$(%)とわかる。

Aからうつした 50 gの食塩水の中に含まれていた食塩は4 gだから，はじめのBに含まれていた食塩の量は $250×0.16-4=36$ ( g )であり，その濃度は $36÷200×100=$**18**(%)である。

2 (1)　Aの値段とBの値段の比は，$1.5:1=3:2$ であり，Aの値段とCの値段の比は $0.6:1=3:5$ だからAの値段とBの値段とCの値段の比は $3:2:5$ である。

よって，Bの値段はCの値段の $2÷5=$**0.4**(倍)である。

(2)　(1)より，比の和である $3+2+5=10$ が 5000 円にあたるから，Aの値段は $5000×\dfrac{3}{10}=$**1500**(円)である。

(3)　(2)より，値下げ前のBの値段は $1500×\dfrac{2}{3}=1000$(円)で，Cの値段は $1500×\dfrac{5}{3}=2500$(円)である。

同じ金額だけ値下げをしても，BとCの値段の差は変わらないから，値下げ後のBの値段を①とすると，Cの値段は③であり，③－①＝②が $2500-1000=1500$(円)にあたるとわかる。よって，値下げ後のBの値段は①＝$1500÷2=750$(円)であり，値下げした金額は $1000-750=$**250**(円)である。

3 (1)　ひもが通ることのできる部分は右図1の色のついた部分であり，その面積は，$2×2×3.14×\dfrac{270}{360}=$**9.42**(m²)

図1　図2

(2)　ひもが通ることのできる部分は右図2の色のついた部分である。Aにつないだひもが通ることのできる部分の面積は $2×2×3.14×\dfrac{90}{360}=3.14$ (m²)で，Cにつないだひもが通ることのできる部分の面積も 3.14 m²である。

面積を求める部分は，2つのおうぎ形の重なった部分だから，求める面積は，$3.14+3.14-2×2=$**2.28**(m²)

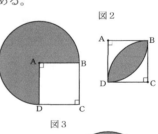

(3)　ひもが通ることのできる部分は右図3の色のついた部分であり，半径が 2 mの半円2個と，1辺の長さが 2 mの正方形に分けることができる。

よって，求める面積は$(2×2×3.14÷2)×2+2×2=$**16.56**(m²)

図3

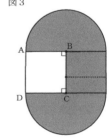

4 (1)　12 kmの道のりを時速 48 kmで進むと $12÷48=\dfrac{1}{4}$ (時間)，つまり 15 分かかるから，バスがバス停に着いたのは 8時25分で，バス停からふたたびQ町に向かって走ったのは 8時35分である。

また，バスがQ町に着いたのは8時50分であり，ふたたびP町に向かって走り出したのが9時10分。
そして，P町に着いたのが9時40分となる。これらの時間と位置に注意しながら線で結ぶと解答例のように
なる。

(2) バスがバス停からQ町に向かってふたたび走り出した8時35分には，A君はQ町から$16 \times \frac{35}{60} = \frac{28}{3}$(km)
進んでいて，A君とバスは$\left(24 - \frac{28}{3}\right) - 12 = \frac{8}{3}$(km)離れている。

同じ時間に進む道のりの比は速さの比に等しいから，8時35分からA君とバスが出会うまでの時間に，A
君とバスが進む道のりの比は$16 : 48 = 1 : 3$である。

よって，出会う地点はバス停から$\frac{8}{3} \times \frac{3}{1+3} = 2$(km)離れたところ，
つまり，P町から$12 + 2 = 14$(km)離れたところである。

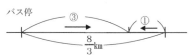

(3) バスがQ町からふたたびP町に向かって走り出した9時10分までにB君は50分間走っているから，
9時10分にはP町から$12 \times \frac{50}{60} = 10$(km)離れたところにいる。

B君とバスが1時間に進む道のりの和は$12 + 48 = 60$(km)だから，合わせて$24 - 10 = 14$(km)を進むのに
$14 \div 60 = \frac{7}{30}$(時間)かかる。$\frac{7}{30}$時間は，$60 \times \frac{7}{30} = 14$(分)だから，B君とバスが出会うのは9時10分の14分
後の**9時24分**である。

⑤ (1) 1枚の紙に4ページあるから，200ページの本を作るために必要な紙は$200 \div 4 = 50$**(枚)**である。

(2) ＜1＞と＜200＞が書かれた紙の裏側には＜2＞と＜199＞が書かれている。

＜3＞と＜198＞が書かれた紙の裏側には＜4＞と＜197＞が書かれている。

以上のことから，1枚の紙の片面に書かれた2つの数字の和はつねに201であることがわかる。

よって，1枚の紙の両面に書かれた4つの数字の合計はつねに$201 \times 2 = $**402**になる。

(3) 最後が＜n＞になる本を作るとすると，1枚の紙の片面に書かれた数字の和は$(n+1)$になり，
1枚の紙の両面に書かれた数字の合計は$(n+1) \times 2$になる。1枚の紙の両面に書かれた4つの数字の合
計が698なのだから，1枚の紙の片面に書かれた数字の和は$698 \div 2 = 349$であり，この本の最後のページ
の数字は$349 - 1 = 348$である。よって，この本を作るために必要な紙は$348 \div 4 = 87$**(枚)**とわかる。

⑥ ポールの番号を，スタート地点からアの方向に進んだきょりと考える。

(1) A君とB君が同じ時間に進む道のりの比は$3 : 1$であり，この比の差の$3 - 1 = 2$が⑫になるとき，B
君がA君に追いつかれる。比の1が$⑫ \div 2 = ⑥$だから，はじめて追いつかれるのは**⑥**番の地点である。

(2) (1)と同じように考えると，比の和の$3 + 1 = 4$が⑫になるとき，A君とB君は出会う。

比の1が$⑫ \div 4 = ③$だから，A君が$③ \times 3 = ⑨$進むごとにB君と出会う。A君を基準に考えると，出会う
地点は⑨→⑥→③→⑫→⑨→⑥→③→…と変わっていくから，2人が7回目に出会うのは**③**番の地点である。

(3) (2)より，A君とB君がはじめて出会うのは⑨番の地点であり，次にA君が1周して⑫の長さだけ進む間
にB君は$⑫ \times \frac{1}{3} = ④$進んでいる。A君が1周する間に，B君はC君と出会うまでイの向きに走り，C君と
出会った地点で向きを変えてアの向きに走ったところ，⑨番の地点でA君に追いつかれたのだから，C君と
出会ったのは⑨番の地点から$④ \div 2 = ②$の長さだけ進んだ**⑦**番の地点とわかる。

以上のことから，C君とB君の速さの比は，$⑦ : (⑫ - ⑦) = 7 : 5$とわかる。

また，A君とB君の速さの比が$3 : 1$だから，B君の速さを5として考えると，A君とB君の速さの比は
$(3 \times 5) : (1 \times 5) = 15 : 5$であり，A君とB君とC君の速さの比は$15 : 5 : 7$になる。

よって，A君とC君の速さの比は$15 : 7$とわかり，C君の速さはA君の速さの$\frac{7}{15}$**倍**である。

— 《解答例》—

1　(1)10　(2)6　(3)450　(4)77　(5)2，30　(6)62.8　(7)70

2　(1)36.56　(2)8.14

3　(1)7　(2)21

4　(1)4　(2)イ．7　ウ．3　(3)エ．6　オ．8

5　(1)Ⓐ，Ⓑ，Ⓒ　(2)5　(3)Ⓒ，Ⓐ，Ⓑ

6　(1)8.2　(2)(ア)11，30　(イ)3056

— 《解　説》—

1　(1)　与式＝ $2 \times \{7-(\frac{7}{12}-\frac{4}{12}) \div \frac{1}{8}\} = 2 \times (7-\frac{1}{4} \times 8) = 2 \times (7-2) = 2 \times 5 = $ **10**

(2)　与式より，（□－2）×3＝15－3　（□－2）×3＝12　□－2＝12÷3　□－2＝4　□＝4＋2＝**6**

(3)　81÷0.18＝**450**（人）

(4)　5回のテストの合計点は74×5＝370（点）であり，最初の3回のテストの合計点は72×3＝216（点）なので，
残り2回のテストの合計点は370－216＝154（点）とわかる。よって，その平均点は，154÷2＝**77**（**点**）

(5)　この飛行機の速さは，200×60÷1000＝12 より，分速 12 km である。
よって，1800 km のきょりを飛ぶのにかかる時間は1800÷12＝150（分）だから，150 分＝**2時間30分**

(6)　底面積は 2×2×3.14＝12.56（cm²）であり，底面のまわりの長さは 2×2×3.14＝12.56（cm）だから，側
面積は 12.56×3＝37.68（cm²）である。よって，求める表面積は，12.56×2＋37.68＝**62.8**（cm²）

(7)　右図のように記号をおく。

AＥ＝DＥより角ＥDA＝角ＥAD＝40度だから，角ＥDB＝180－40＝140（度）

四角形の内角の和は 360 度だから，四角形BＦＥDにおいて，

角ア＋角イ＝360－（140＋80）＝140（度）

角アと角イは同じ大きさなので，角ア＝角イ＝140÷2＝70（度）

三角形の内角の和は 180 度だから，三角形AＢＣにおいて，角ウ＝180－（40＋70）＝**70**（**度**）

2　(1)　右図の色を付けた部分の面積を求めればよい。

この部分の面積は，たて 2 cm，横 3 cm の長方形 4 個の面積と，半径 1×2＝2（cm）
の円 1 個の面積の和に等しいから，（2×3）×4＋2×2×3.14＝**36.56**（cm²）

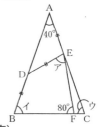

(2)　次ページの図の色を付けた部分の面積を求めればよい。

図のアの部分の面積は，$1 \times 1-1 \times 1 \times 3.14 \times \frac{90}{360} = 0.215$（cm²）だから，

求める面積は，3×3－0.215×4＝**8.14**（cm²）

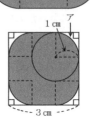

3　(1)　まず，42÷15＝2あまり12 より 1辺の長さが 15 cm の正方形が 2 個できる。

次に，15÷12＝1あまり3 より 1辺の長さが 12 cm の正方形が 1 個できる。

さらに，12÷3＝4 より 1辺の長さが 3 cm の正方形が 4 個できる。

以上より，切り分けられる正方形の数は，2＋1＋4＝**7**（個）

(2)　残り6個の正方形は1辺の長さがすべて異なるから，条件にあう正方形の1辺の長さは，小さい方から

順に，1 cm，1＋1＝2 (cm)，1＋2＝3 (cm)，2＋3＝5 (cm)，3＋5＝8 (cm)，5＋8＝13 (cm)，8＋13＝21 (cm)になる。よって，1番大きい正方形の1辺の長さは，**21 cm**である。

④ (1) 小さいてんびんの左側につり下げた2つの球の数の和は，大きいてんびんがつりあっていることから，8－3＝5とわかる。5を1から8までの異なる2つの整数の和で表すと，1＋4または2＋3であり，数が3の球は使われているので，左側につり下げた2つの球の数は1と4となる。大きい数の球を下につなげるので，アにあてはまる数は**4**である。

(2) 左側の小さいてんびんは，それぞれにつり下げた2つの球の数の和が8＋5＝13であり，13を1から8までの異なる2つの整数の和で表すと5＋8または6＋7なので，イにあてはまる数は**7**とわかる。

また，右側の小さいてんびんで，右側につり下げた2つの球の数として考えられるものは，4，5，6，7，8以外の1，2，3であり，この2つの球の数の和が4より大きいことから2と3であるとわかる。したがって，ウにあてはまる数は**3**である。

(3) 右図の四角Aでかこんだ部分の球の数の和はエにあてはまる数に等しいため，エにあてはまる数は3をふくむ異なる3つの整数の和で表せる数だから，1＋2＋3＝6より，6以上の整数とわかる。また，エにあてはまる数の2倍は四角Bでかこんだ部分の球の数の和より小さいから，(7＋8)÷2＝7.5より，エにあてはまる数は6以下の整数とわかる。したがって，エにあてはまる数は**6**となる。

四角Bでかこんだ部分の球の数の和は6×2＝12より大きく，この2つの球の数は1，2，3，6以外の数だから，5と8または7と8とわかる。いずれの場合でも，オにあてはまる数は**8**である。

⑤ (1) 横線が1本増えるごとに，下まで動かしたときの並びは左から順に，(Ⓐ，Ⓑ，Ⓒ) →$\overset{1本}{\to}$ (Ⓑ，Ⓐ，Ⓒ) →$\overset{2本}{\to}$ (Ⓑ，Ⓒ，Ⓐ) →$\overset{3本}{\to}$ (Ⓒ，Ⓑ，Ⓐ) →$\overset{4本}{\to}$ (Ⓒ，Ⓐ，Ⓑ) →$\overset{5本}{\to}$ (Ⓐ，Ⓒ，Ⓑ) →$\overset{6本}{\to}$ (Ⓐ，Ⓑ，Ⓒ) →…と変化する。したがって，横線を6本ひくと，左から順に**Ⓐ，Ⓑ，Ⓒ**となる。

(2) (1)より，下まで動かしたときの並びは横線の本数が6本増えるごとに同じになるとわかる。1番下の並びが左からⒸ，Ⓐ，Ⓑとなる，もっとも少ない横線の本数は4本であり，かくれていない横線が5本あるから，かくれている本数は(4＋6)－5＝**5 (本)**となる。

(3) 100÷6＝16あまり4より，横線を100本引くと，横線を4本引いたときと同じ並びになる。よって，左から順にⒸ，Ⓐ，Ⓑとなる。

⑥ (1) (3776－476)÷100＝33より，求める気温は，28－0.6×33＝**8.2 (℃)**

(2)(ア) 3776－1976＝1800 (m)登ればよい。計画通りに登ると，1800÷4＝450 (分)かかる。450分＝7時間30分だから，頂上に着くのは，午前4時＋7時間30分＝**午前11時30分**

(イ) 出発してからもどるまでにかかった時間は，午後6時－午前4時＝14時間である。富士山を下るのにかかった時間は1800÷12＝150 (分)だから，休んだ時間を除くと，登るのにかかった時間は14時間－(150分＋30分×2)＝10時間30分であり，これは計画より10時間30分－7時間30分＝3時間長い。半分の速さで登ると4m登るのに2分かかるから，4mごとに2－1＝1 (分)長くなる。したがって，半分の速さで登った高さは4×{(60×3)÷1}＝720 (m)とわかる。よって，体調が悪くなった地点の高さは，3776－720＝**3056 (m)**

━━━━━━━━━━━━━━ 《解答例》 ━━━━━━━━━━━━━━

1  (1)$\frac{1}{3}$  (2)$\frac{1}{2}$  (3)400  (4)78  (5)72  (6)3  (7)80

2  (1)18.84  (2)12.56

3  (1)7.5  (2)54  (3)750

4  (1)55  (2)48, 88  (3)14

5  (1)ⓒ  (2)⑥, ⑪

6  (1)C  (2)40  (3)9

━━━━━━━━━━━━━━ 《解　説》 ━━━━━━━━━━━━━━

1 (1)　与式＝$\left(\frac{3}{4}-\frac{1}{4}\right)\times\frac{2}{3}=\frac{1}{2}\times\frac{2}{3}=\frac{1}{3}$

(2)　右図のように記号をおく。

| ⓐ | | ⓘ |
|---|---|---|
| | | 1 |
| ア | ⓤ $\frac{5}{6}$ | |
| ⓔ $\frac{2}{3}$ | ⓞ $\frac{3}{2}$ | ⓚ |

ⓔ＋ⓤ＋ⓘ＝$\frac{4}{6}+\frac{5}{6}+\frac{6}{6}=\frac{15}{6}$だから，ⓚ＝$\frac{15}{6}-$ⓔ$-$ⓞ＝$\frac{15}{6}-\frac{4}{6}-\frac{9}{6}=\frac{2}{6}$

ⓐ＝$\frac{15}{6}-$ⓤ$-$ⓚ＝$\frac{15}{6}-\frac{5}{6}-\frac{2}{6}=\frac{8}{6}$　　ア＝$\frac{15}{6}-$ⓐ$-$ⓔ＝$\frac{15}{6}-\frac{8}{6}-\frac{4}{6}=\frac{3}{6}=\frac{1}{2}$

(3)　定価は，原価の100＋20＝120(％)にあたるから，$5000\times\frac{120}{100}=6000$(円)である。

定価の1割引きは，定価の10－1＝9(割)にあたるから，$6000\times\frac{9}{10}=5400$(円)である。

よって，このときの利益は，5400－5000＝**400(円)**

(4)　3人の合計点は72×3＝216(点)で，AとBの合計点は69×2＝138(点)だから，Cの点数は，

216－138＝**78(点)**

(5)　長針は1分で360÷60＝6(度)進むから，2時24分のとき，長針は12時ちょうどの位置から

6×24＝144(度)進んでいる。短針は1時間で360÷12＝30(度)進むから，1分で30÷60＝0.5(度)進む。

2時間24分＝(2×60＋24)分＝144分だから，2時24分のとき，短針は12時ちょうどの位置から

0.5×144＝72(度)進んでいる。

よって，長針と短針のつくる角のうち180度以下の角の大きさは，144－72＝**72(度)**

(6)　2つのチャイムは，4と6の公倍数である12分経過するごとに同時になる。

したがって，午前7時10分を過ぎてから午前8時までに2つのチャイムが同時になる時刻は，

7時10分＋12分＝7時22分，7時22分＋12分＝7時34分，7時34分＋12分＝7時46分，

7時46分＋12分＝7時58分だから，求める回数は，**3回**

(7)　この立体を2つ合わせると，1辺が4cmの正方形が底面で，高さが3＋7＝10(cm)の直方体となる。

よって，この立体の体積は，(4×4×10)÷2＝**80(cm³)**

2 (1)　頂点Bが動いてできる線は，右図の太線である。

⑦の長さは，半径が4cmで中心角が90度のおうぎ形の曲線部分の

長さだから，$2\times4\times3.14\times\frac{90}{360}=2\times3.14$(cm)

○と×の同じ印をつけた角度はそれぞれ等しく，○＋×＝90度である。

これより，⑦の長さは，半径が5cmで中心角が90度のおうぎ形の曲線部分の長さだから，

$2\times5\times3.14\times\frac{90}{360}=\frac{5}{2}\times3.14$(cm)

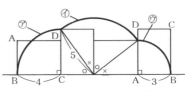

単位：cm

⑦の長さは，半径が3cmで中心角が90度のおうぎ形の曲線部分の長さだから，

$2×3×3.14×\dfrac{90}{360}=\dfrac{3}{2}×3.14(cm)$

よって，求める長さは，$2×3.14+\dfrac{5}{2}×3.14+\dfrac{3}{2}×3.14=\left(2+\dfrac{5}{2}+\dfrac{3}{2}\right)×3.14=$ **18.84(cm)**

(2) 辺ADが通る部分は右図の色をつけた部分である。右図のように記号をおくと，

色をつけた部分は，(おうぎ形CAP)＋(三角形CPQ)から，

(おうぎ形CQD)＋(三角形CAD)を除いた部分である。三角形CPQと三角形

CADは合同だから，求める面積は，おうぎ形CAPの面積から，おうぎ形CQD

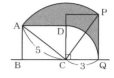

単位：cm

の面積を引いた値であり，$5×5×3.14×\dfrac{90}{360}-3×3×3.14×\dfrac{90}{360}=(25-9)×3.14×\dfrac{1}{4}=$ **12.56(cm²)**

3 (1) 求める時間は，列車Xの先頭が列車Xの長さ分進むのにかかる時間である。

$72×1000÷60÷60=20$ より，時速72kmは秒速20mだから，$150÷20=$ **7.5(秒)**

(2) 列車Xと列車Yがすれちがい始めてからすれちがい終わるまでにかかる時間は，2つの列車が進んだ道のりの

和が，2つの列車の長さの和となるまでにかかる時間である。

2つの列車の長さの和は，$150+200=350(m)$ $350÷10=35$ より，350mを10秒で通過する速さは，秒速35m

$35-20=15$ より，列車Yの速さは，秒速15m $15×60×60÷1000=54$ より，求める速さは，**時速54km**

(3) 列車Zは，列車Xがすれちがうまでに 15 秒かけて移動した道のりを 10 秒で移動したから，この道のりを列車

Xと列車Zが移動するのにかかった時間の比は$15：10＝3：2$である。

時間と速さは反比例するから，列車Zの速さは，$20×\dfrac{3}{2}=30$ より，秒速30m

列車Zはトンネルに入ってから$15+10=25(秒後)$にトンネルを出はじめたから，トンネルの長さは，

$30×25=$ **750(m)**

4 (1) 5で割り切れる数は一の位が「0」か「5」であり，この問題では一の位が「0」であるものは考えないから，

求める数は，**55**

(2) 一の位が8である8の倍数を考えると，48 と 88 がある。48 は，$48÷4=12$ あまり0より，4でも割り切れる

から条件にあてはまる。88は十の位も「8」だから，条件にあてはまる。よって，求める数は，**48と88**

(3) 条件にあてはまる2けたの数のうち，十の位が「9」の数は99の1個，十の位が「8」の数は88の1個，

十の位が「7」の数は77の1個，十の位が「6」の数は66の1個，十の位が「5」の数は55の1個，

十の位が「4」の数は44，48の2個，十の位が「3」の数は33，36の2個，

十の位が「2」の数は22，24の2個，十の位が「1」の数は11，12，15の3個ある。

よって，全部で，$1+1+1+1+1+2+2+2+3=$ **14(個)**

5 (2) 図2で見えている「学」の文字が，「西南学院中学」の1つ目の「学」の場合，展開図より，「学」の右に「院」

が同じ向きで並んでいることがわかるから，答えは，⑪

図2で見えている「学」の文字が，「西南学院中学」の2つ目の「学」の場合，展開図の

「学」の文字を組み立てたときに重なる辺に注意して移動させると，右図のようになるか

ら，答えは，⑥

| 西 | | |
|---|---|---|
| 南 | 学 | 院 | 中 |
| 竿 | | |

6 ボールがはね返る辺で長方形ABCDを折り返した長方形をかき，ボールの移動を表す線を新しくかいた長方形

の中までのばしていくという手順を，ボールの移動を表す線がいずれかの頂点にぶつかるまで続ける。

(1) 右のような図をかく。

色をつけた三角形を何倍かに拡大していき，DEに対応する辺が

60cmの倍数となるようにする。

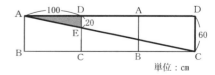

単位：cm

ＤＥ＝20 cmで，20 と 60 の最小公倍数は 60 だから，太線のような三角形をかくことでボールが**頂点Ｃで止まる**ことがわかる。

⑵ ＤＥの長さによって場合分けをし，⑴と同様に考える。

ＤＥ＝10 cmの場合は下のような図をかくことができ，ボールは頂点Ｂで止まることがわかる。

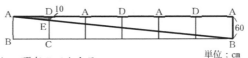

ＤＥ＝20 cmの場合は，⑴より，頂点Ｃで止まる。

ＤＥ＝30 cmの場合は右のような図をかくことができ，ボールは頂点Ｂで止まることがわかる。

ＤＥ＝40 cmの場合は右のような図をかくことができ，ボールは頂点Ｄで止まることがわかる。

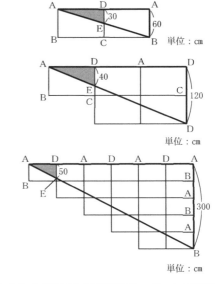

ＤＥ＝50 cmの場合は右のような図をかくことができ，ボールは頂点Ｂで止まることがわかる。

よって，ＤＥの長さは，**40 cm**

⑶ ＤＥの長さが 50 cmのとき，⑵の解説の図から，ボールが頂点Ｂで止まるまでにはね返る回数は，ボールの移動を表す線が長方形の辺と交わる回数に等しく，**9回**である。

# 理科

## 平成 ㉛ 年度 解答例・解説

=《解答例》=

1 (1)①しん食 ②外 ③運ぱん ④たい積　(2)ウ　(3)①ア　①の理由…川を流れていく間に，川底や他の石にぶつかって割れたり角がとれたりするから。②三角州　(4)カ　(5)イ

2 (1)ウ　(2)エ　(3)ア　(4)ウ　(5)右図　(6)イ　(7)ア，エ　(8)エ

3 (1)①酸素 ②二酸化炭素 ③減少 ④左　(2)エ　(3)酸素　(4)①減少 ②増加 ③呼吸 ④していない

4 (1)イ　(2)20，3／30，2　(3)40　(4)右／4　(5)2　(6)360　(7)皿の位置は変えずに支点の位置を左に動かせばよい。

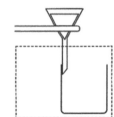

=《解　説》=

1 (2) 川の曲がって流れているところでは，外側の方が流れが速いため，外側でしん食作用が大きくはたらき，川岸や川底が大きくけずられる(右図)。よって，ウが正答である。(3)② 河口付近は流れがゆるやかだから，たい積作用が大きくはたらき，大量に運ばれてきた土砂がたい積して，三角州ができる。

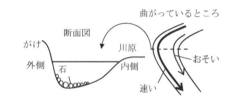

(4) つぶの大きい方から，れき→砂→どろの順である。大きいつぶほどはやく沈むため陸に近い方から，れき→砂→どろの順にたい積する。よって，カが正答である。

(5) イ．防波ていは，打ち寄せる波を防ぐために海中に設置されたもので，洪水被害を小さくする目的のものではない。ア．スーパーてい防は，てい防の上部の幅を 50m～100mと広くとって，水があふれたときの安全性を高めるとともに水辺を有効に利用できるようにしたてい防である。ウ．砂防ダムは，土砂災害を防ぐために山地や渓流に土砂をためる目的でつくられた小さなダムである。エ．多目的遊水地は，ふだんは公園などに利用されているが，洪水時には一時的に河川の水を引きこんでためることができる施設である。

2 (1) 温度計ではなく，ガラス棒でかき混ぜる。

(2) ア．30℃の水 50gにとけるホウ酸が 3g以上で 3gより少ないことはわかるが，2.5gより少ない可能性もあるから，2.5gがすべてとけるかどうかはわからない。イ，ウ．20℃や 40℃での実験は行っていないので，この実験結果からはわからない。エ．30℃の水 50gにとけるホウ酸が 2g以上であることがわかるから，ホウ酸を 4g加えたビーカーDのとけ残りは，4－2＝2(g)以下になるはずである。よって，エが正答である。

(3) ホウ酸の水よう液の重さは，水の重さ(50g)と加えたホウ酸の重さ(2g)を足した 52gである。とけている物質が見えない水よう液の状態になっても，とけている物質の重さは変化しない。

(4) とけた物質は水よう液中に一様に散らばっているので，水よう液全体が同じこさになっている。

(5) 液体がはねないように，ろうとのあしの長い方をビーカーのかべにくっつける。

(7) ア．水よう液は(色がついているものもあるが)とう明である。イ．ろ液は，ホウ酸が限度までとけた水よう液

(飽和水よう液)だから，これ以上ホウ酸はとけない。ウ．ろ液にとけているのは固体のホウ酸だから，加熱して水をすべて蒸発させると，固体のホウ酸が出てくる。エ．ホウ酸は，水の温度が高いととける量が多くなる。氷水で冷やすととける限度の量が少なくなって，とけきれなくなった固体のホウ酸が出てくる。よって，ア，エが正答である。

3 (2) 呼吸では酸素を吸収して二酸化炭素を放出するから，種子が呼吸をしていればふくろの中の二酸化炭素の量が増えて石灰水が白くにごると考えられる。

(3) 気体Xは，実験を始める前の濃度が21%になっているから，酸素である。

(4) 光合成とは，植物が日光を利用して二酸化炭素と水から養分をつくりだすはたらきのことで，そのとき酸素を放出する。もしも，種子が呼吸だけでなく光合成もしていれば，暗いところに置いたものよりも明るいところに置いたものの方が二酸化炭素の濃度は低く，酸素の濃度は高くなるはずである。しかし，暗いところに置いたものも明るいところに置いたものも，酸素と二酸化炭素の濃度が同じように変化したから，種子は光合成をしていないといえる。なお，光合成が行われるのは，葉などにある緑色をした葉緑体という部分であり，インゲンマメの種子には葉緑体がない。

4 (1) 支点の左右で棒をかたむけるはたらき〔おもりの重さ×支点からの距離〕が等しいとき，棒が水平になる。これは，支点の左右のおもりの重さの比と，支点から左右のおもりまでの距離の逆比が等しいということだから，支点から作用点までの距離を小さくして，支点から力点までの距離を大きくすれば，力点に加える力は小さくなるということである。よって，支点を左へ動かして支点から作用点までの距離を小さくし，力点を右へ動かして支点から力点までの距離を大きくすればよい。

(2) ここでは支点からの距離をうでの番号に置きかえて考える。左うでにつるした10gのおもりによる棒を左にかたむけるはたらきは10×6＝60だから，棒を右にかたむけるはたらきも60になるようにすればよい。60÷20＝3，60÷30＝2，60÷40＝1.5，60÷50＝1.2より，20gのおもりを目もり3につるす方法と，30gのおもりを目もり2につるす方法の2つがある。

(3) 100gのおもりが棒を右にかたむけるはたらきが100×8＝800だから，皿が棒を左にかたむけるはたらきも800になるように，皿の重さが800÷20＝40(g)であればよい。

(4) 皿に20gのおもりをのせると，棒を左にかたむけるはたらきが20×20＝400大きくなるから，100gのおもりが棒を右にかたむけるはたらきも400大きくなるように，右に400÷100＝4(cm)ずらせばよい。

(5) (4)で，20gのものを皿にのせたとき右に4cmずらしたから，10gのものを皿にのせたときは右に2cmずらせばよい。よって，2cmごとに目もりをつければ，10gずつはかることができる。

(6) 棒の長さは100cmだから，支点から棒の右端までの長さは100−20＝80(cm)で，100gのおもりは図3の状態から最大80−8＝72(cm)右にずらすことができる。(5)解説より，おもりを右に2cm動かすごとに目もりは10gずつ大きくなっていくから，右に72cmずらしたときの目もりは$10 \times \frac{72}{2} = 360$(g)である。

(7) 支点からおもりまでの距離が大きいときほど，皿により重いものをのせてつりあわせることができるから，支点とおもりの距離を図3のときの72cmより大きくできるように，支点を左に動かせばよい。

# 平成 ㉚ 年度 解答例・解説

《解答例》

1 (1)アルタイル　(2)はくちょう　(3)①×　②×　③〇
　(4)①角度…15　式…360÷24　②角度…30　式…15×2　③ア　(5)フレア

2 (1)右図　(2)イ，ウ　(3)エ　(4)①イ，エ　②エ　(5)A．イ　B．ウ
　(6)①赤潮　②ウ

3 (1)b　(2)ウ→エ→イ　A．青　(3)エ　(4)X→Y→Z

4 (1)固体A…イ　水よう液B…エ　(2)びんの中を水で満たす。　(3)石灰水

5 (1)ア，ウ　(2)ウ　(3)アンペール　(4)①イ　②ア　③ウ　④イ　(5)エ，カ

《解　説》

1 (1)(2)　Aはわし座のアルタイル，Bははくちょう座のデネブ，Cはこと座のベガである。これらの星を結んでできる三角形を夏の大三角という。

(3)　①ベガなどの星は自ら光を出してかがやいている。②星の色のちがいは表面の温度のちがいによるものである。温度の高い方から順に青白，白，黄色，赤となるので，星の表面の温度はベガの方が高い。③星の明るさは等級で表す。1等星が最も明るく数が大きくなるほど暗くなるので，1等星のベガは2等星の北極星よりも明るい。

(4)　①地球は1日に1回転しているので，1時間に360÷24＝15(度)回転する。②2時間で15×2＝30(度)動く。③地球が西から東(北極側から見て反時計回り)に回転するので，星は東から西へ動いて見える。

2 (1)　かには5対(10本)の脚をもち，一番上の脚がハサミ脚になっている。

(2)　イ．海そうや植物プランクトンは，光を受けて二酸化炭素と水を材料にして光合成を行う。光合成によってでんぷんと酸素が作られる。ウ．アサリやゴカイなどの生物は海そうや植物プランクトンなどをえさとしている。

(3)　それぞれの鳥のくちばしの形や飛行の速さから考えよう。ダイシャクシギは長いくちばしを利用して穴にかくれたカニやゴカイを食べ，ハヤブサは高速で飛んで小鳥を捕まえる。

(4)　①光合成を行って自ら養分を作り出すことができるのは，イの海そうとエの植物プランクトンである。②ふつう食べられる生物の数はその生物を食べる生物の数よりも多い。カニは動物プランクトンを食べ，動物プランクトンは植物プランクトンを食べるので，エが正答となる。

(5)　日本より南の方からやってくるわたり鳥は夏を日本ですごす夏鳥，日本より北の方からやってくるわたり鳥は冬を日本ですごす冬鳥である。夏鳥はイのツバメ，冬鳥はウのオナガガモである。

(6)　赤潮は生活排水が海へ流入するなどして，海でプランクトンが大量に増えて海面が赤くなる現象である。

3 (1)　aはコック，bは空気調節ねじ，cはガス調節ねじである。

(2)　ガスバーナーに点火するときは，火をガスバーナーの口のところに近づけてからガス調節ねじをガスが出る向きに回して点火する。また，炎の色がオレンジ色のときは空気が不足しているので，空気調節ねじを回して炎の色が青色になるようにする。

(3) けずりぶしの動きは，水の流れ方を示している。水はあたためられると軽くなって上にあがり，そこに新たな水が流れこんで，やがて全体があたたまる。したがって，エが正答となる。なお，このような熱の伝わり方を対流という。

(4) 金属を加熱すると，加熱した部分に近いところから順に熱が伝わっていく。したがって，図3の加熱した部分から近いX，Y，Zの順に熱が伝わる。なお，このような熱の伝わり方を伝導という。

4 (1) 発生した気体Cを集めて満たしたびんの中に，火のついたろうそくを入れるとはげしく燃えたことから，気体Cは酸素だとわかる。酸素は二酸化マンガンにうすい過酸化水素水を加えると発生する。

(2) びんの中には発生した気体が集められるので，空気と混じらないように，びんを水で満たしてから気体を集める。

(3) ろうそくが燃えると二酸化炭素が発生する。二酸化炭素を石灰水に通すと白くにごる。

5 (1) 電磁石を強くするには，エナメル線の巻き数を増やす，流れる電流を大きくするといった方法がある。電池を直列につなぐと回路に流れる電流は大きくなるが，並列につないでも回路に流れる電流の大きさは変わらないので，アが正答，エナメル線を同じ向きに巻いて巻き数を増やすと電磁石が強くなるのでウが正答である。なお，オのように電池を逆向きにつなぐと，電磁石の極が反対になるが，電磁石の強さは変わらない。

(2) 電磁石のコイルの中に鉄くぎを入れると電磁石が強くなる。鉄くぎをはずすと磁石の性質が弱くなるが，磁石の性質がなくなることはない。

(4) ①電磁石に電流が流れることで，鉄板Aが電磁石に引きよせられる。②鉄板Aが電磁石に引きよせられることで鉄板Aが鉄板Bからはなれる。③鉄板Aが鉄板Bからはなれると，回路がつながらなくなるので，電磁石に電流が流れなくなる。④電磁石の磁石の力がなくなって，鉄板Aは鉄板Bにふれ，再び回路がつながる。このように①～④がくり返されることで，鉄板Aが激しくふるえて，音が鳴る。

(5) エの電球は主に電気を光にかえ，カのトースターは主に電気を熱にかえる電気製品だが，電磁石は使われていない。

## 平成 29 年度 解答例・解説

=== 《解答例》 ===

1 (1)イ　(2)液体　(3)エ　(4)イ　(5)温度が下がる　(6)ア　(7)ウ

2 (1)アメダス　(2)イ　(3)エ　(4)積乱雲　(5)①A，B　②エ　(6)①(地球)温暖化　②二酸化炭素

3 (1)関節　(2)ウ　(3)①イ　②エ

4 (1)イ　(2)ウ　(3)ウ　(4)オ

5 (1)110　(2)40　(3)40　(4)5　(5)イ　(6)ウ

=== 《解　説》 ===

1 (1)　グラフ1で，熱しはじめて11分たったころ，温度は約100℃で一定になっている。このとき，水は沸とうして液体から気体に変化している。したがって，沸とうのようすを表しているイが正答となる。

(2)　水の気体の状態である水蒸気は，目で見ることができない。したがって，目で見ることができる湯気は，液体である。

(3)　水の量を変えても水が沸とうするときの温度は変化しないが，沸とうするまでにかかる時間や沸とうしている時間は水の量によって変化する。水の量を実験の2倍にしたので，沸とうするまでにかかる時間がグラフ1の2倍になっているエが正答となる。

(4)　温度が0℃で一定になりはじめた3分後に試験管内の水がこおりはじめ，7分後にすべて氷になったので，再び温度が下がりはじめた。

(5)　氷水は液体と固体が混ざった状態なので，グラフ2の温度が一定になっている部分と同じ状態で，その温度は0℃である。氷水に食塩を加えると，水が液体から固体に変化するときの温度が下がるので，図2では，ビーカー内の氷水の温度が0℃よりも低くなり，試験管の中の水が氷（0℃）になった後もさらに温度を下げることができる。

(6)　ビーカーのまわりに水滴がついたのは，ビーカーのまわりの空気中にふくまれる水蒸気が水滴に変化したためである。つまり，ア〜エの中で，水が気体から液体に変化している現象を選べばよいので，アが正答となる。なお，イは二酸化炭素が固体（ドライアイス）から気体に変化する現象，ウは水が液体から気体に変化する現象である。また，エは，水の温度が高いほどとける固体の重さが大きいことで起こる現象である。

(7)　ものはふつう，気体から液体，液体から固体へ変化すると体積が小さくなるが，水は例外で，液体から固体へ変化するときに体積が大きくなる。なお，状態が変化しても，重さは変化しない。

2 (2)　図1より，時間の経過とともに雲が東に向かって動いていることがわかる。また，図2で雨が観測された地域は，図1で雲がある位置とほぼ一致する。以上のことから，4月21日午後9時では，日本上空に雲はほぼなく，雨が観測される地点は少ないと考えられる。

(4)　積乱雲は，強い上昇気流によって生じる雲である。

(5)　①台風は，赤道付近の海上で発生し，北上するので，AとBが正答となる。太平洋の海上にある大きな空気のかたまり（気団という）の勢力が強いときにはA，弱いときにはBの方向に進む。　②台風は低気圧であり，低気圧の中心には，エのように，まわりから反時計回りに風がふきこんでいる。なお，高気圧の中心からは，イのように，まわりに時計回りに風がふき出していく。

(6) 植物を減らしたことで二酸化炭素が増えたのは，植物が二酸化炭素を吸収して酸素を放出する光合成というはたらきを行っているためである。二酸化炭素の増加が地球温暖化につながるのは，二酸化炭素が地球から宇宙空間に出て行こうとする熱を吸収するためだと考えられている。このようなはたらきをもつ気体を温室効果ガスという。

3 (2) うでを曲げたときには内側の筋肉がちぢみ，外側の筋肉がゆるむ。また，うでを伸ばしたときには内側の筋肉がゆるみ，外側の筋肉がちぢむ。

(3) ②あし首を動かすときにはたらく筋肉は，あし首の関節をまたぐようについている。したがって，下の方は足首の関節の下のbやdについている。なお，筋肉が骨にくっついていてじょうぶなつくりになっているところをけんという。

4 (1) 実験で，明るい時間を昼，暗い時間を夜と考えると，花が咲いたのは，暗い時間が9時間と10時間のときで，これらより暗い時間が短いときには花が咲かなかったので，イが正答となる。

(2) 葉がついているかついていないかという条件だけが異なるものを比べればよい。葉がついていないのは⑤だけなので，⑤と明るい時間(暗い時間)の条件が同じ②や⑥を比べればよい。このように，条件を1つだけ変えて結果を比べる実験を対照実験という。

(3) ア．茎では光を感じとっていないため，⑤では花が咲かなかった。イ，エ．葉が1枚しかない⑥でもすべての花が咲いた。

(4) ア，イ．⑧では花が咲かなかった。ウ，エ．⑦では花が咲いたが，⑧では花が咲かなかった。カ．⑧では花が咲かなかった。

5 (2) 直方体の重さが150gで，おもりの底面までの水の深さが4cmのときのばねはかりの値が110gなので，浮く力(浮力という)はそれらの差の150-110=40(g)分である。

(3)(4) グラフ2で，ばねはかりの値は，底面までの水の深さに対して一定の割合で小さくなっていく。したがって，グラフ2の続きをかくと右図のようになる。底面までの水の深さが4cmのときのばねはかりの値は10gなので，このときの浮力は50-10=40(g)分である。また，浮力が物体の重さより大きくなることはないので，この木材には最大で50g分の浮力がはたらき，右図より，このとき底面までの水の深さは5cmで，それ以上はしずまない。

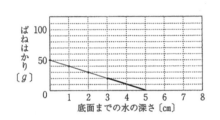

(6) 浮力は，物体が押しのけた液体の重さと等しい。水と濃い食塩水では，濃い食塩水の方が1cm³あたりの重さが重いので，濃い食塩水に入れたときの方が，氷が押しのける水の体積(水の液中部分の体積)は小さくなる。したがって，ウが正答となる。

## 平成 28 年度 解答例・解説

《解答例》

1 (1)③  (2)ウ  (3)イ  (4)エ  (5)④

2 (1)c  (2)ア  (3)ひまわり8号

3 (1)アンモニア水  (2)手であおぐようにしてかぐ。  (3)ウ  (4)アルカリ  (5)エ  (6)イ  (7)25

4 (1)アサガオ…ウ  イネ…エ  (2)受粉  (3)①お花  ②エ

5 (1)ウ  (2)B  (3)①A  ②イ

6 (1)ア  (2)a.イ  b.エ  (3)イ  (4)③ウ  ⑥エ

7 (1)①ウ  ②ア  ③ウ  (2)ウ  (3)イ

---

《解説》

1 (1)福岡市は地球の北半球にある。したがって，右側半分が光っている月を見るとき（月を正面にしたときに太陽が右側にあるとき）は月が③の位置にあるときである。

地球からの見え方

新月 ⟶ 三日月 ⟶ 上弦の月 ⟶ 満月 ⟶ 下弦の月 ⟶

(2)月の満ち欠けと月の名前の関係は上図の通りである。問題文の図の①に月があるときは，地球から見て月の光っている面が見えないときなので，新月である。　(3)三日月は，新月と比べて，太陽の方角よりも少し東に移動した月である。したがって，太陽が沈む夕暮れのころには，太陽より少し高い西の空にある。　(4)月の光っている部分は沈んでいく太陽の方向なので，右下が光っているエの月が正答である。　(5)地球から見た天体は1時間に 360÷24＝15(度) 移動する。真夜中（午前0時）に真南になるのが⑤の位置であり，21時

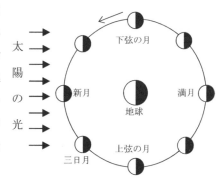

北極側から見た模式図

は真夜中の3時間前なので，⑤から時計回りに 3×15＝45(度)回転した位置にある④が正答である。

2 (1)日本付近の天気は，通常は偏西風（へんせいふう）の影響で西から東に移動していくので，グラフの気温の変化と雲の動きから見て1日目がb，2日目がc，3日目がaである。　(2)グラフより，3日目は1日の気温の変動が大きく，日の出とともに気温が上昇し，午後2時ごろに最高気温となり，夜になると下がっているので，日中は晴れであったと考えられる。

3 (1)手順1より，中性のBが食塩水である。また，アルカリ性のAとDが，アンモニア水と石灰水のどちらかであり，酸性のCとEが酢と炭酸水のどちらかであるが，手順2でAとCには鼻をさすようなにおいがあることか

ら，Aがアンモニア水，Dが石灰水，Cが酢，Eが炭酸水である。　(2)アンモニアは有害な物質であるため，直接大量に吸い込まないように，手であおぐようにしてかぐのがよい。　(3)Dは石灰水，Eは炭酸水(二酸化炭素の水よう液)なので反応して白くにごる。　(4)③で完全に中和して中性になっているので，それよりも塩酸の少ない②ではアルカリ性である。　(5)①はアルカリ性，③は中性，⑥は酸性の水よう液である。アルミニウムはアルカリ性の水よう液とも酸性の水よう液とも反応して水素を発生するが，鉄はアルカリ性の水よう液とは反応せず，酸性の水よう液と反応して水素を発生する。したがって，⑥とだけ反応するエが正答である。　(6)③では完全に中和して，水を蒸発させると食塩だけが残ったが，①と②では食塩以外にも水酸化ナトリウムが残り，④〜⑥では食塩以外にも塩化水素が残っている。ただし，水酸化ナトリウムは固体なので水を蒸発させると皿に残るが，塩化水素は気体なので皿に残らない。したがって，④で皿に残るのは食塩だけである。　(7)塩酸の体積：水酸化ナトリウム水よう液の体積＝8：20＝2：5のときちょうど中和するので，塩酸10cm³をちょうど中和させる水酸化ナトリウム水よう液の体積は10×5÷2＝25(cm³)である。

4 (1)いろいろな植物の花のつくりを理解しておこう。アサガオの花は，花びらがくっついている合弁花である。また，イネの花はえいをもつ。　(2)このように，こん虫の性質を利用して受粉する花を虫媒花という。　(3)Xの花がお花，Yの花がめ花である。このように，風によって受粉する花を風媒花という。

5 (1)アはチョウ，イはハエ，ウはミツバチ，エはトンボである。それぞれのこん虫の食べ物と関連付けて考えよう。　(2)図3では，太陽(真上)から見て時計回りに90度の方向に花の場所があることがわかる。　(3)3時間後には，太陽は3×15＝45(度)時計回りに回転したAの方角になり，花の場所はAの方角から45度時計回りに回転したBの方角なので，はたらきバチの動きは，巣箱の真上から45度を示すイとなる。

6 (1)地球は，北極がS極，南極がN極の大きな磁石になっている。そのため，方位磁石のN極が北を，S極が南を向く。　(2)cの方位磁石が問題文の図の向きになったのだから，実験1の図の向きにコイルに電流を流してできる電磁石は，右端がN極，左端がS極である。したがって，aは右側がN極，左側がS極のイ，bはその反対のエである。　(3)Xの右端(以下Xという)はN極，Yの左端(以下Yという)はS極なので，磁石の左側がS極，右側がN極の位置(イ)になったとき，引きつけられて動かなくなる。　(4)電磁石Xの電池の向きを反対にしたので，XもYもS極になる。したがって，③のタイミングでは，左側で反発し右側では引き合わないように，Xのスイッチを入れてYのスイッチを切る。また，⑥のタイミングでは，右側で反発し左側では引き合わないようにYのスイッチを入れてXのスイッチを切る。このようにすることで，磁石は回転し続ける。

7 (1)表より，ふりこがふれる時間に関係があるのはふりこの糸の長さだけであり，おもりの重さやふり始めの角度には関係がないことがわかる。　(2)図2の装置では，おもりが中央より左側にあるときは100cmのふりこ，おもりが中央より右側にあるときは50cmのふりことしてはたらくので，10往復で左側にかかる時間が20÷2＝10(秒)，10往復で右側にかかる時間が14÷2＝7(秒)となり，合計で17秒である。　(3)糸がだんだん短くなるので，1往復にかかる時間はだんだん短くなる。

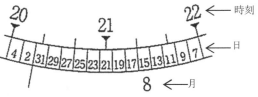

## 平成 ㉗ 年度 解答例・解説

《解答例》

1. 1．ウ　2．エ　3．ウ　4．イ
2. 1．A．しん食　B．たい積　2．イ
3. 1．エ　2．ウ
4. 1．ウ　2．石灰水　3．C　4．④　5．エ
5. 1．イ　2．ア, イ　3．ウ　4．ウ→オ→イ→エ　5．ウ　6．ウ, オ
6. 1．しくみ…てこ　A…作用点　B…支点　C…力点　2．ウ　3．15　4．X．45　Y．18
7. 1．エ, ク　2．イ　3．トーマス・エジソン　4．エ

《解 説》

1. 1．星座早見にかかれた数字が示しているものは右図の通りである。観察する時刻を観察する月日に合わせればよい。したがって，一番上の21(午後9時)が8月21日を指しているウが正答となる。　2．方位磁針の黒くぬられた部分が指す方位が北なので，東の方位はエである。　3．見たい方位が書かれた部分を下に向けて持つ。

2. 1．流れる水には，しん食，運ぱん，たい積という3つのはたらきがある。　2．地層は傾いたり逆さになったりしなければ，下にある層ほど古い時代にたい積したことになる。また，れき(直径2mm以上)，砂(直径0.06mm～2mm)，どろ(直径0.06mm以下)は粒の大きさで区別されており，大きい粒ほど海岸線から近く浅いところにたい積するので，イが正答となる。

3. 1．水の重さが2倍になると，とけるホウ酸の重さも2倍になる。したがって，①で50gの水にホウ酸を5g入れたので，②では100gの水に10gのホウ酸がとける温度になるまで加熱すればよい。　2．③で，水の温度を15℃まで下げると，水よう液中にとけきれなくなったホウ酸の結晶ができる。この液体をろ過すれば，水にとけているホウ酸はろ紙を通過するが，とけきれなくなってできたホウ酸の結晶がろ紙の上に残る。

4. 1．酸素とちっ素は水にとけにくく，二酸化炭素は水に少しとけるので，ウの方法(水上置換法という)で集めることができる。なお，二酸化炭素は空気よりも重いのでイの方法(下方置換法という)で集めることもできる。　2，3．実験1で，ろうそくの火が大きくなったことから，Bのびんの中には酸素が入っていたことがわかる。ろうそくの火が消えた後のBのびんの中には二酸化炭素があるので，実験2で白くにごった液体Xは石灰水だとわかり，同じく白くにごったAのびんには二酸化炭素が入っていたと考えられる。したがって，残ったCのびんにはちっ素が入っていたことになる。

5. 2．メダカは水中の小さな生物を食べる。　6．ある条件について調べるときには，その条件だけがちがう2つの実験で比べる。ア～ウ．メダカの条件だけがちがう①と②または③と④の結果を比べると，どちらの場

(28)

合でもメダカがいる方だけが1日に増加したウキクサの数が増えていることから，メダカがいる方がウキクサが増えやすいことがわかる。エ～カ．池のどろの条件だけがちがう①と③または②と④の結果を比べると，どちらの場合でも1日に増加したウキクサの数にあまり差がないことから，池のどろがあってもなくても，ウキクサの増加にはあまり関係しないことがわかる。

6 1，2．図のてこでは，Aが作用点，Bが支点，Cが力点である。これと同じように，支点が真ん中にあるのはウのくぎぬきである。なお，アは作用点，イとエは力点が真ん中にある。 3．支点の左右で，おもりの重さと支点からの距離の積の合計が等しくなるとき，装置はつり合う。図1では，支点の左側で $10(g) \times 3$（目もり）＋$10(g) \times 2$（目もり）＝50，支点の右側で $10(g) \times 5$（目もり）＝50となるので，つり合っている。したがって，図2で，このおもりの重さを□gとすると，$20 \times 3 + 10 \times 2 = □ \times 2 + 10 \times 5$ が成り立つので，□＝15(g)となる。 4．まずは，Yと12gの厚紙のつり合いを考えると，$Y \times 16 = 12 \times 24$ が成り立つので，Y＝18(g)となる。次に，これら2つとXの厚紙のつり合いを考えると，$X \times 20 = (Y + 12) \times 30$ が成り立つので，Y＝18より，X＝45(g)となる。

7 1．発光ダイオードとコンデンサーの＋極は，手回し発電機の＋極と，発光ダイオードとコンデンサーの－極は手回し発電機の－極とつなぐ必要があるが，豆電球はどちらにつないでも光る。 2．実験2の結果から，豆電球の方があかりのついている時間が短いので，より多くの電流が必要だとわかる。手回し発電機は，回路を流れる電流が大きいときほど手ごたえが大きくなるので，イが正答となる。

## 平成 26 年度 解答例・解説

=== 《解答例》 ===

1 1．エ 2．イ 3．オ 4．ウ
2 1．とけた 2．塩化水素 3．C 4．A
3 1．モンシロチョウ…エ，オ ナミアゲハ…イ，カ 2．トンボ…オ セミ…カ 3．ア 4．イ
　 5．イ
4 1．ア，エ 2．ア 3．イ
5 1．エ 2．1.9 3．ウ 4．ガリレオ・ガリレイ
6 1．ク 2．(1)ア (2)ウ (3)イ
7 1．オ 2．a 3．エ 4．A 5．40 6．(1)オ (2)カ (3)キ 7．エ 8．H

=== 《解 説》 ===

1 1～3．金属，空気，水の体積は，あたためられるとふえ，冷やされるとへる。1では，球は冷やさず，輪だけを冷やすと，輪の体積だけが小さくなり，穴が小さくなるので，球は通り抜けなくなる。2では，試験管の中の空気があたためられたことで体積がふえ，ゴムせんを押しのけた。3の試験管Aでは，水が冷やされて体積がへり，水面がへこみ，試験管Bでは，試験管の中の空気が冷やされて体積がへり，膜が下がった。

4．1～3はすべて温度変化にともなう，物質の体積変化によるものである。ウで，ペットボトルがへこんだのは，二酸化炭素が水にとけたためである。

2 1．実験1で，赤色リトマス紙が青色に変化したAがアルカリ性のアンモニア水である。BとCのうち，実

験3から，少しにおいがしたBが塩酸，Cがアンモニア水だとわかる。アルミニウムはくは塩酸にとける。なお，このとき水素が発生する。　２．Bの水よう液(塩酸)は，水に塩化水素がとけたものである。なお，アンモニア水にはアンモニア，炭酸水には二酸化炭素がとけている。　３．石灰水は二酸化炭素と反応して白くにごる。したがって，二酸化炭素がとけた炭酸水を加えることで白くにごる。　４．ｐＨは７のとき中性で，小さいほど強い酸性，大きいほど強いアルカリ性を示す。B(塩酸)とC(炭酸水)は酸性の水よう液なので，数字がもっとも大きくなるのはA(アンモニア水)である。

3　１．モンシロチョウはアブラナやキャベツなどのアブラナ科の植物に，ナミアゲハはカラタチやミカンなどのミカン科の植物に卵をうみつけ，ふ化した幼虫はそれらの葉を食べる。　２．トンボの幼虫(ヤゴという)にはえらがあり，水中で小さな生きものを食べて大きくなり，水中から出て成虫になる。　４．モンシロチョウやナミアゲハの成虫は花のみつを，アブラゼミの成虫は樹液を吸って養分を得ている。

4　１．サツマイモなどの植物は二酸化炭素と水を材料にして光合成をおこない，デンプンと酸素をつくる。　２．２枚の葉のうち，すぐに煮てヨウ素液をつけた葉が紫色に変化し，長時間置いた後の葉が緑色のままだったことから，葉でデンプンが使われていることがわかる。また，夜明け前にとってきた葉が緑色のままで，イモでは紫色になったことから，葉でつくられたデンプンがイモに移動したと考えられる。なお，このときデンプンは水にとけやすい糖になって移動している。　３．根は水にひたったところから，芽は発芽部に近いところから出てくるので，イが正答となる。

5　３．ふりこが１往復する時間は糸の長さによって変化し(糸が長いほど１往復する時間が長い)，おもりの重さによって変化しない。

6　１．手回し発電機の手ごたえは，電気をたくさん使うときの方が重くなる。　２．⑴太い電熱線の方が電流が流れやすい。電流が流れやすいほど熱をたくさん発生させるので，太い電熱線の方が熱くなる。⑵コンデンサーAとBは同じ種類だから，ためられる電気の量は同じで，電球が光り続ける時間も同じになる。　⑶コンデンサーにためられた電気の量は同じで，細い電熱線の方が電流が流れにくいので，細い電熱線の方が電流が流れる時間が長くなる。

7　１．ｃのような南の空で左半分が光って見える月を下弦の月という。　２．月を毎日同じ時刻に観察すると，少しずつ東の空へずれた位置に見える。図１と図３を組み合わせてみよう。下弦の月が図１のように見える時刻の地平線を右図のように考えると，下弦の月から３日後の月はａの位置に見える。　３．下弦の月から約７日後に新月になるので，下弦の月から３日後では，左側の光って見える部分が細くなったエのような形に見える。　４．地球から見て左半分が光って見えるAが正答となる。なお，Cは新月，Dは三日月，Eは上弦の月(南の空で右半分が光って見える月)，Gは満月の位置である。　５．$360度×\dfrac{3日}{27日}=40度$

６．⑵$360度÷27日=13.3…→13度$　⑶月は１日で$\dfrac{360}{27}$度，地球は１日で$\dfrac{360}{365}$度動くので，その差が360度になるのが何日後かを求めればよい。したがって，$360度÷(\dfrac{360}{27}度-\dfrac{360}{365}度)=29.1…→29日後$となる。　７．満月から27日後の月はあと２日で満月になる月なので，上弦の月よりも左側の光って見える部分が太くなる３のオのような形をしている。したがって，左側が少し欠けて見える。

８．月から見る地球の光って見える部分は，同じ日に地球から見る月の欠けている部分と同じである。図４で

は，地球の左側が大きく欠けているので，地球から見る月は左側が大きく光って見える（3のイのような形）。したがって，満月から少したったHが正答となる。新月から考えて，右側からだんだん光って見える部分が大きくなっていき，満月になった後は右側からだんだん欠けた部分が大きくなっていくように月の形が変化していくことを覚えておこう（下図参照）。

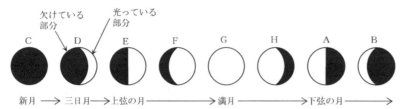

欠けている部分　光っている部分

C　　D　　E　　F　　G　　H　　A　　B

新月 ⟶ 三日月 ⟶ 上弦の月 ⟶ 満月 ⟶ 下弦の月 ⟶

## 平成 **25** 年度　解答例・解説

=== 《解答例》 ===

1　1．イ，エ，オ　　2．右グラフ　　3．晴れ　　4．イ　　5．台風の目
　　6．イ，ウ　　7．イ　　8．ア　　9．①ア　②ウ

2　1．イ　　2．エ　　3．イ　　4．エ　　5．ウ

3　1．ツバメ　　2．エ

4　1．溶解度　　2．①薬包紙ものせて重さを調べる。　②カ
　　3．食塩…D　酸素…E　　4．①A　②もの…C　重さ…12　　5．ウ　　6．オ

5　1．5A　　2．350　　3．エ　　4．220　　5．ア，イ　　6．29.8　　7．イ

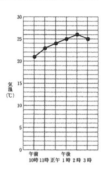

=== 《解　説》 ===

1　3．晴れの日は，気温が午後2時に向けて最高になり，その後下がっていくことが多い。　5・7．台風の目では下降気流が発生しており，雲がなく，雨も降っていない。台風の目のまわりでは，はげしい上昇気流によって積らん雲が発生する。　6．台風が日本に近づくのは，太平洋高気圧の勢いが弱くなる夏の終わりから秋のはじめにかけてである。　8・9．台風の中心に向かって反時計まわりに風がふきこみ，台風が北東へ進むので，進行方向の右側（東側）で風が強め合っている。

3　1，2．ツバメのように春から夏にかけて日本にやってきて，秋に南の土地にかえる鳥を夏鳥といい，ハクチョウのように秋から冬にかけて日本にやってきて，春に北の土地にかえる鳥を冬鳥という。

4　2．とかす前にDが薬包紙に乗せられていたことに着目する。なお，ふたをして操作をした場合，物質が別の物質に変化するような反応でも，操作の前後で重さは変わらない。　3．A～Cは温度が上がると溶解度が大きく増えるので，温度を上げて限界までとかした水よう液を冷やすことで大量の結晶を得ることができる（砂糖やミョウバンなど）。Dは温度の変化による溶解度の差が小さいので，水を蒸発させることで結晶を得ることができる（食塩）。Eは温度が上がると溶解度が小さくなるので，気体（酸素）が当てはまり，水の温度を上げることで，気体が水から出ていく。　4．①Aは20℃の水10gに $32(g) \times \frac{10}{100} = 3.2(g)$ とける。Bは20℃の水25gに $88(g) \times \frac{25}{100} = 22(g)$ とける。Cは20℃の水100gに34gとける。Dは20℃の水75gに $36(g) \times \frac{75}{100} = 27(g)$ とける。Dはすでにすべてとけており，同様の計算をすると，BとCが40℃ですべてとけているのに対し，Aは40℃でもとけ残っていることがわかる。②それぞれの水の重さで0℃のときに何gとけるかを①と同様に計算すると，Aは1.3g，Bは18g，Cは28g，Dは26.25gとなるので，Cが 40-28=12(g) となり，もっともたくさんの結晶が出てくる。　6．水を0℃にすると，Aはたくさん結晶が出

てくるが，Cは出てこない。これをろ過することで，Aの結晶がろ紙を通らずにろ紙の上に残る。

5  1．強い電流が流れると，針がふり切れてこわれてしまう。  3．①b，c，dを比べる。②（f＋g）とeを比べる。③fやgとaを比べる。  4．e＝（f＋g）＝P  5・6．表の結果から，水の温度の変化は，流れる電流の大きさや電流を流した時間に比例することがわかるので，例えば容器1（0.5A）の1分後に  17.4－17＝0.4（℃）  温度が上がっていることから，容器3（2A）の8分後には $0.4（℃）×\dfrac{2（A）}{0.5（A）}×\dfrac{8（分）}{1（分）}＝12.8（℃）$  上がる。したがって，17＋12.8＝29.8（℃）  が正答となる。  7．電池を直列につなぐと回路に流れる電流が大きくなり，電熱線を直列につなぐと回路に流れる電流は小さくなる。したがって，電池は直列に，電熱線は並列につないだイが回路に流れる電流がもっとも大きくなるので，5分後にもっとも水の温度が上がる。

# 社　会

《平成 ㉛ 年度 解答例・解説》

――――《解答例》――――

1　問1．ウ　　問2．エ　　問3．イ　　問4．日露　　問5．エ

2　問1．関東と九州の古墳の出土品に大王の名前が刻まれていたから。　　問2．ウ　　問3．⑴北条政子　⑵イ
　　⑶奉公　⑷ウ　⑸ア

3　問1．ア　　問2．オ　　問3．イ　　問4．国際連盟が満州国を認めなかったから。　　問5．イ　　問6．エ
　　問7．ウ　　問8．⑴平和　⑵ア　　問9．ウ

4　問1．⑴ウ　⑵イ　⑶ア　⑷カ　　問2．オ　　問3．液状化　　問4．ウ　　問5．エ　　問6．イ
　　問7．ア　　問8．エ　　問9．イ

――――《解　説》――――

1　問1　ウ．資料Aは，平塚らいてうが創刊した雑誌『青鞜』の巻頭である。田中正造は足尾銅山鉱毒事件の解決
　　に努めた人物，樋口一葉は『たけくらべ』などを書いた小説家，福沢諭吉は慶応義塾大学の創設者で，『学問の
　　すゝめ』などを書いた人物である。

　　問2　エ．『枕草子』は，清少納言が宮廷生活の中で感じたことをまとめた随筆である。『古今和歌集』は紀貫之など
　　が編集した最初の勅撰和歌集，『源氏物語』は紫式部が書いた長編小説，『土佐日記』は紀貫之が書いた日記である。

　　問3　イ．資料Cの「倭」「一人の女子を王にした」「まじないをする力」から卑弥呼を導く。卑弥呼が魏に使いを
　　送り，「親魏倭王」の称号のほか，銅鏡を授かったことが，中国の歴史書『魏志』倭人伝に記されている。

　　問4　資料Dは，歌人の与謝野晶子が日露戦争に出征した弟を思って詠んだ詩である。

　　問5　エが誤り。岩倉使節団の一員として欧米に派遣された木戸孝允や大久保利通らが帰国した後，征韓論を主張
　　する西郷隆盛や板垣退助らとの間で論争が起こり，西郷らが敗れて政府を去ったことを覚えておこう。

2　問1　江田船山古墳(熊本県)から出土した鉄刀と，稲荷山古墳(埼玉県)から出土した鉄剣の両方に「ワカタケル大王」
　　の文字が刻まれていることに着目しよう。古墳時代，大和(現在の奈良県)の豪族は強い勢力をほこり，やがて大和
　　朝廷(大和政権)を中心にまとまるようになった。大和政権の中心となった者は，大王(後の天皇)と呼ばれた。

　　問2　ウが誤り。「天智天皇」でなく「聖武天皇」ならば正しい。聖武天皇の治世のころ，全国的な伝染病の流行
　　やききんが起きて災いが続いたので，聖武天皇と妻の光明皇后は仏教の力で国家を守るため，国ごとに国分寺や国
　　分尼寺を，都には総国分寺として東大寺を建て，大仏を造らせた。

　　問3⑴　文章は，承久の乱の時の北条政子の言葉である。1221年，源氏の将軍が3代で途絶えたのをきっかけに，
　　後鳥羽上皇が鎌倉幕府打倒をかかげて挙兵した。鎌倉幕府方は，北条政子の呼びかけのもと，これを打ち破った
　　(承久の乱)。この後，幕府は西国の武士や朝廷の監視を目的に，京都に六波羅探題を置き，幕府の支配は九州～関
　　東に及んだ。　　⑵　平氏が滅亡した壇ノ浦の戦い(1185年)は平安時代末期だから，イを選ぶ。平安時代，藤原氏
　　は，娘と天皇の間に生まれた子を天皇に立て，自らは天皇の外戚として摂政や関白といった地位につき，実権をに
　　ぎった(摂関政治)。アは鎌倉時代，エは室町時代のできごとである。ウは「明」でなく「宋」ならば正しい。

(3)　鎌倉幕府は，将軍と，将軍に従う御家人との結びつきによって支えられた。将軍は，御恩として御家人の以前からの領地を保護したり，新たな領地を与えたりして，御家人は，奉公として京都や幕府の警備につき命をかけて戦った。

(4)　ウが正しい。本能寺の変(1582 年)についての記述である。アは奈良，エは東京でおこったできごとである。イは「足利義満」でなく「足利尊氏」ならば正しい。　　　(5)　ア．源氏の将軍が 3 代で途絶えた後も，御家人と将軍の主従関係は続いたが，将軍は名目的存在であり，執権という役職についた北条氏が政治の実権を握った。

3 問1　ア．豊臣氏が徳川氏による全国支配の妨げになっていると考えた家康は，方広寺の鐘に書かれている文字に言いがかりをつけ，大阪の陣(大阪冬の陣／1614 年・大阪夏の陣／1615 年)を引き起こして豊臣氏を滅ぼした。加藤清正は関ヶ原の戦い(1600 年)で徳川方につき，肥後一国の領主となった。石田三成が家康と対立して大敗したのは関ヶ原の戦い，武田勝頼が織田信長・家康の連合軍に大敗したのは長篠の戦い(1575 年)である。

問2　オ．C．近松門左衛門が人形浄瑠璃の脚本『曽根崎心中』を書く(元禄期／江戸時代前半)→A．解体新書の出版(1774 年／江戸時代後半)→B．ペリーが浦賀に来航する(1853 年／幕末)の順である。

問3　イ．Ⅰは正しい。【あ】は生糸である。開国以来，生糸は日本の主要な輸出品だったが，輸出が急増し，生産が追い付かず生糸の品質が低下してしまったため，生糸の品質を高めることや生産技術を向上させることを目的に，1872 年，群馬県に官営模範工場の富岡製糸場がつくられた。Ⅱは誤り。綿花の輸入額は，1890 年が $8173×0.051＝416.823(万円)$，1910 年が $46423×0.34＝15783.82(万円)$なので，1890 年から 1910 年にかけて $15783.82÷416.823＝\underline{37.8…(倍)}$になった。

問4　1931 年の柳条湖事件(関東軍が南満州鉄道の線路を爆破した事件)をきっかけとして始まった一連の軍事行動を満州事変という。関東軍は満州に兵を進め，翌年満州国を建国し，清朝最後の皇帝溥儀を元首としたが，リットン調査団の報告を受けた国際連盟が満州国を認めないとする決議を行ったので，1933 年，日本は国際連盟に対して脱退を通告し，1935 年に正式に脱退した。

問5　日本国憲法の公布は 1946 年，元号が昭和から平成に変わったのは 1989 年だから，イが誤り。日本万国博覧会の開催は 1970 年，ＦＩＦＡワールドカップの開催は 2002 年，オリンピック東京大会の開催と東海道新幹線の開通は 1964 年のできごとである。

問6　エ．Ｘについて，生類憐みの令(1685 年)を制定した 5 代将軍徳川綱吉は，戌年生まれであったことから特にイヌを大切にして殺傷する者を厳しく罰したので，「犬公方（いぬくぼう）」の呼び名がついた。Ｙについて，1867 年に 15 代将軍徳川慶喜が京都の二条城で朝廷に政権を返したことを大政奉還という。徳川家光は 3 代将軍，徳川吉宗は 8 代将軍である。

問7　ウ．1925 年制定の普通選挙法により，選挙権を持つようになった一般の労働者や農民に政治体制の変革につながる思想が広まることをおそれた政府は，同時に治安維持法を制定し，社会主義の動きを取り締まった。関東大震災の発生は 1923 年，全国水平社の創立は 1922 年，米騒動は 1918 年のできごとである。

問8(1)　日本国憲法の基本原理は，平和主義・国民主権・基本的人権の尊重の 3 つである。平和主義については，第 9 条に戦争放棄や戦力の不保持及び交戦権の否認を規定している。　　　(2)　アが誤り。法律の制定は国会の持つ権限である。国事行為とは天皇が国家機関として行う形式的・名目的・儀礼的な行為のことで，内閣総理大臣の任命や法律の公布，栄典の授与などもある。

問9　ウ．(ⅰ)の日光東照宮の建立は 1617 年なので a，(ⅱ)のサンフランシスコ平和条約の締結は 1951 年なので e である。

4 問1(1)　ウ．Aは札幌市，Bは高松市，Cは宮崎市である。①は比較的温暖で雨が少ないから瀬戸内地方の高松市，②は気温が低く雨も少ないから北海道地方の札幌市，③は比較的温暖で雨も多いから九州地方の宮崎市と判断する。

(2)　Fには，飛騨山脈・木曽山脈・赤石山脈(日本アルプス)などの 3000m 前後の山々が連なるため，イを選ぶ。

(3)　ア．北海道では牛などを飼育して生乳を加工する酪農，千葉県では大消費地周辺で行われる近郊農業，鹿児島県ではにわとりなどを飼育する畜産業がさかんである。　　　(4)　カ．市原市には石油化学コンビナートがあるので，

石油関連製品の割合が高い③と判断する。残った２都市の出荷額において，食料品日本一の神戸市を①，鉄鋼日本一の北九州市を②と判断する。

問2　オ．①は100世帯あたり乗用車台数が少なく，人口密度が圧倒的に高いことから東京都と判断できる。残った２県のうち，面積の広い高知県の方が人口密度は低く，森林面積の割合は高くなるので②，佐賀県を③と判断する。

問3　液状化現象は，砂を多く含む地盤が地震のゆれによって液体のようになることである。

問4　ウが誤り。肉類の自給率は年々減ってきている。

問5　エ．12海里(約22km)の領海を除く，沿岸から200海里以内の水域を排他的経済水域と呼び，この水域内では，沿岸国が水産資源・鉱産資源を優先的に開発・管理することができる。1970年代から各国が排他的経済水域を設定し始めたことで，ほかの国の経済水域内にあたる海洋で行う漁業が制限されるようになり，日本の遠洋漁業は衰退した。

問6　イ．イギリスの旧グリニッジ天文台を通る経度０度の経線を本初子午線という。

問7　ア．Aはアメリカからを中心に，カナダ，オーストラリアの３か国からの輸入が全体の約95%だから小麦，Bは主にオーストラリア，マレーシア，カタールなどから輸入しているから天然ガス，Cは輸入相手国１位がカナダであることから木材と判断する。

問8　エが正しい。機械工業は電気機械工業と輸送機械工業を指す。　ア．ベトナムのせんい工業の企業の数は2000年から2013年にかけて増えている。　イ．2000年から2013年にかけての電気機械工業の企業の増加割合は，中国が712÷382＝1.86…(倍)，タイが146÷121＝1.20…(倍)，ベトナムが83÷16＝5.18…(倍)で，ベトナムが最も高い。　ウ．アメリカ合衆国の輸送機械工業の企業の数は2000年から2013年にかけて減っている。

問9　イが誤り。ピアノは静岡県浜松市で生産がさかんである。千葉県銚子市では，水産加工や造船業などがさかんである。

# 平成30年度 解答例・解説

## 《解答例》

1 問1．エ　問2．エ　問3．ア　問4．イ　問5．(1)ア　(2)ウ　(3)イ　(4)イ　(5)ア　問6．奈良

2 問1．(1)ア　(2)ウ　問2．(1)カ　(2)エ　(3)(第一次)石油危機

3 問1．イ　問2．3　問3．エ　問4．ア　問5．楽市楽座

4 問1．イ　問2．立法　問3．ウ

5 問1．カ　問2．エ　問3．ア　問4．(1)オ　(2)エ　(3)エ　(4)姫路　問5．促成　問6．ア　問7．イ　問8．エ　問9．イ　問10．エ

## 《解　説》

1 **問1**　登呂遺跡は弥生時代の遺跡である。ナウマンゾウやオオツノジカは旧石器時代の動物だから，弥生時代にはいないのでエが誤り。

**問2**　エが正しい。大仙古墳は大阪府にあるからアは誤り。古墳の周りに並べられたのは土偶ではなく埴輪だからイは誤り。巨大な古墳は近畿地方に集中しているのでウは誤り。

**問3**　「現存する世界最古の木造建築物」から奈良県にある法隆寺と判断する。イは京都府にある清水寺，ウは沖縄県にある首里城(復元)，エは和歌山県にある金剛峯寺である。

**問4**　イが正しい。白村江の戦いの記述である。卑弥呼がもらった称号は「漢委奴国王」ではなく「親魏倭王」だからアは誤り。鑑真は中国の高僧だからウは誤り。３代将軍は足利義政ではなく足利義満だからエは誤り。

**問5(1)**　薩摩藩は琉球王国と，対馬藩は朝鮮と，松前藩はアイヌの人々と，それぞれ貿易や交易を行った。

(2)　ウが誤り。国学は仏教や儒教が伝わる前の日本古来の精神を学ぶものであり，幕末の尊王攘夷運動に影響を与えた学問だから，江戸幕府は奨励していない。江戸幕府は，儒学の中でも特に朱子学を奨励した。

(3)　aとcが誤り。江戸時代の人口の約80％は百姓であり，武士は約７％程度であった。「天下の台所」と呼ばれたのは江戸ではなく大阪であった。江戸は「将軍のおひざもと」と呼ばれた。

(4)　江戸城の無血開城は，勝海舟と西郷隆盛の間で話し合われた。海軍操練所では，勝海舟と坂本龍馬が師弟関係にあった。薩長同盟は薩摩藩の西郷隆盛と長州藩の木戸孝允の間で結ばれた。薩長同盟を働きかけたのは坂本龍馬であった。以上のことから，Wが勝海舟，Xが坂本龍馬，Yが西郷隆盛，Zが木戸孝允である。

(5)　日米修好通商条約を結んだことで，生糸の輸出量が増えたことがわかる資料である。表１から輸出額の伸びの方が輸入額より大きいことがわかる。以上のことから，アが正しいと判断する。

**問6**　Aは静岡県，BとCは奈良県，Dは福岡県，Eは長崎県である。

2 **問1(2)**　日英同盟を結んだころの風刺画である。ロシアの南下政策に対抗するために日本とイギリスは日英同盟を結んだ。

**問2(1)**　aは1972年の日中共同声明，bは1965年の日韓基本条約，cは1956年の日ソ共同宣言だから，c→b→aのカを選ぶ。　(2)　千島列島はソ連によって実効支配されたからエが誤り。　(3)　1973年，第四次中東戦争をきっかけと

して，アラブの産油国が石油価格の大幅な引き上げなどを実施したために，世界経済が大きく混乱して石油危機が起こった。この後，石油価格は値上がりし，各国の排他的経済水域の設定と相まって，日本の遠洋漁業は衰退していった。

3 問1　Aは飛鳥時代後半から平安時代の内容だから，イが正しい。租は取れ高の約３％程度だからアは誤り。庸は労役に代わる布だからウは誤り。60日の労働は国府で行われた雑徭がある。防人は九州の警備であり，都を警備したのは衛士だからエは誤り。

問2　Bは明治時代の地租改正だから，はじめは地価の３％であった。地租改正反対一揆が頻発したため，その後2.5％に引き下げられた。

問3　Cは太平洋戦争後の農地改革である。18歳以上のすべての男女に選挙権が与えられたのは2015年のことだからエが誤り。太平洋戦争直後の選挙権は，20歳以上のすべての男女に与えられた。

問4　五街道は，東海道・中山道・甲州道中(街道)・日光道中(街道)・奥州道中(街道)であり，栃木県を通るのは奥州道中と日光道中，長野県を通るのは中山道と甲州道中，和歌山県を通る五街道はない。

問5　室町時代から続く営業を独占した同業者の組合を座といった。座の特権をなくすことを楽座，市場で自由に営業することを楽市と呼んだ。

4 問1　イギリス流の政治を学んだのが大隈重信，フランス流の政治を学んだのが板垣退助，ドイツ流の政治を学んだのが伊藤博文である。

問2　国会の地位と立法権を規定した，日本国憲法第41条の内容である。

問3　A．最高裁判所の長官は，内閣が指名し天皇が任命する。B．裁判官をやめさせるかどうかの裁判を弾劾裁判といい，国会に常設される。C．法律が憲法に違反していないかどうかを判断することを違憲審査といい，裁判所が持つ権限である。以上のことからウと判断する。

5 問1　農業生産額に占める米の割合が高い都道府県は，水田単作地帯の広がる北陸地方や東北地方の日本海側に多いから③である。農業生産額に占める野菜の割合が高い都道府県は，近郊農業がさかんな東京周辺の県が多いから②である。きくの栽培は，愛知県と沖縄県に集中するから①である。以上のことから，カを選ぶ。

問2　船舶は，重量のあるものや大型のものの輸送に便利だから，過去でも現在でもあまり割合は変わらないので，Aである。道路網と自動車産業の発達によって，鉄道での輸送量が減った分，自動車の割合が増えたから，Bが鉄道，Cが自動車である。よって，エを選ぶ。

問3　かつおの遠洋漁業は静岡県の焼津港が有名だから①がかつおである。かきの養殖は，広島県と宮城県でさかんだから，③がかきである。さんまは冷たい水を好む寒流魚だから，②がさんまである。以上のことからアを選ぶ。

問4(1)　Bの愛知県は，日本最大の工業地帯である中京工業地帯の中心地で，自動車を中心とした輸送用機械の生産がさかんだから，③がBである。Cの山口県は，石油化学工業がさかんな瀬戸内工業地域にあるから，①がCである。Aの北海道は農業がさかんだから，②がAである。以上のことから，オを選ぶ。

(2)　①の１月は，気温が低く降水量も少ない。①の８月は気温が高く降水量が少ない。したがって，①は１年を通して降水量が少なく，夏と冬の気温差が激しい内陸の気候を示しているから，Yの滋賀県にあたる。②の１月は，気温が低く降水量が少ない。②の８月は気温が高く降水量が多い。したがって，②は夏に降水量が多い太平洋側の気候を示しているから，Zの三重県にあたる。③の１月は気温が低く降水量が多い。③の８月は気温が高く降水量が少ない。したがって，③は冬の降水量が多い日本海側の気候を示しているから，Xの新潟県にあたる。

(4)　姫路城は兵庫県にある世界文化遺産である。

問5　出荷時期を他の地域より早めることで，高値で販売することができる。

問6　アが正しい。日本とアメリカの貿易関係は，日本の貿易黒字が続き，貿易摩擦と呼ばれる。

問7　イオリくんが正しい。関税がなくなると，もともと食料自給率が高い作物でも安く輸入することができるから，アイコさんは間違っている。自由な貿易が進むと，工業製品だけではなく農業などにも影響が出るからウタノさんは間違っている。自由な貿易が進んでも，伝統工芸品の工場が海外に移転する可能性は低いからエイタくんは間違っている。

問8　ⓐはペルシャ湾から出ていることから石油，ⓑはオーストラリアの西岸から出ているから鉄鉱石，ⓒはオーストラリアの東岸から出ているから石炭と判断する。よって，エが正しい。

問9　シェールガスは，生産コストが高いことが問題点である。

問10　時事問題にも関心をもとう。隣国がバングラデシュであることからもミャンマーが導き出せる。

《解答例》

1　問1．三内丸山　　問2．ア

2　問1．(1)ウ　(2)エ　　問2．エ

3　問1．イ　　問2．エ　　問3．ウ　　問4．イ　　問5．ア　　問6．ケ

4　問1．イ　　問2．エ　　問3．ウ　　問4．野口英世　　問5．イ

5　問1．ア　　問2．(1)ポーランド　(2)象徴　(3)イ　　問3．オ　　問4．ア　　問5．警察予備隊　　問6．ウ

6　問1．(1)エ(2)イ(3)イ　　問2．エ　　問3．関税　　問4．前橋　　問5．(1)サ　(2)オ　　問6．オ
　　問7．ウ　　問8．エ　　問9．マングローブ

《解　説》

1　問1　青森県にある縄文時代の遺跡なので，三内丸山遺跡を答えればよい。

　　問2　ⓐは，佐賀県にある弥生時代の吉野ヶ里遺跡に関する写真である。縄文時代の終わりごろに大陸から稲作が伝わると，定住生活が広まり，生産手段を持つ者は作業の指導者として地位を高め，生産手段を持たない者との格差を広げていった。そのため，米作りが広まっていた弥生時代には，支配する者と支配される者の身分差がはっきりとしていたと考えられる。したがって，アは誤り。

2　問1(1)　「天下分け目の戦い」とは関ヶ原の戦いのこと。関ヶ原は現在の岐阜県の地名なので，ウが正答となる。

　　(2)　アは長州ではなく紀伊ならば正しい。イは御成敗式目ではなく武家諸法度ならば正しい。ウについて，島津氏は外様大名で，譜代大名ではない。

　　問2　鎖国体制にいたるまでの一連の流れを理解しておこう。幕領でキリスト教禁止（1612 年）→全国でキリスト教禁止（1613 年）→スペイン船の来航禁止（1624 年）→日本人の帰国・海外渡航の禁止（1635 年）→島原・天草一揆（1637 ～1638 年）→ポルトガル船の来航禁止（1639 年）→オランダの商館を平戸から出島に移す（1641 年）　参勤交代の制度が武家諸法度に追加されたのは 1635 年だから，エは誤り。

3　問1　「御家人たちを九州に集めて，元軍と戦いました」とあるので，一介の御家人にすぎないアの竹崎季長は不適当だと判断する。2 度にわたる元軍の襲来（蒙古襲来／元寇）は 13 世紀後半のできごとであり，ウの北条政子とエの源頼朝は 12 世紀末～13 世紀前半に活躍した人物である。

問2　Bは，平安時代末期に政治の実権をにぎった平清盛に関する文なので，エが正答となる。平清盛は大輪田泊（兵庫の港）を整備し，厳島神社に海路の安全を祈願して，日宋貿易を進めた。アは源頼朝，イは藤原道長，ウは源義経に関する文である。

問3　Cは，中大兄皇子（のちの天智天皇）に関する文である。中大兄皇子や中臣鎌足らは，蘇我氏を滅ぼした後，人民や土地を国家が直接支配する公地公民の方針を示し，政治改革に着手した。この頃，「大化」という元号が初めて用いられたので，この改革を大化の改新という。よって，ウが正答となる。

問4　Dは，豊臣秀吉に関する文である。豊臣秀吉は関白や太政大臣の地位についたことはあるが，征夷大将軍に任命されたことはないので，イは誤り。

問5　Eは，室町幕府を開いた足利尊氏に関する文である。アは室町時代に雪舟が描いた『天橋立図』で，これが正答となる。イ〜エはいずれも江戸時代に描かれたものである。イは葛飾北斎の『富嶽三十六景』の一つ，ウは歌川広重の『東海道五十三次』の一つで到着地の京都を描いたもの，エは東洲斎写楽の描いた役者絵である。

問6　Fは，平安時代前〜中期に活躍した菅原道真に関する文である。A〜Fを古い順に並べ替えると，C→F→B→A→E→Dの順となるから，ケが正答となる。

4　問1　Aは1858年，Bは1866年，Cは1864年のできごとだから，イが正答となる。1863年，長州藩は攘夷を決行し，下関海峡を通過する外国船を砲撃した。翌年（1864年），その報復にアメリカ・フランス・イギリス・オランダの4か国は下関砲台を攻撃し，占領した。この事件を通して，長州藩も攘夷が実現性のないものだとさとった。その後，犬猿の仲と呼ばれていた両藩は，坂本龍馬の仲立ちで1866年に薩長同盟を結んで倒幕の動きを強めていった。

問2　五か条の御誓文が定められたのは1868年，板垣退助が自由党をつくったのは1881年であり，エは大正時代の1925年のできごとである。

問3　貴族院→誤り。衆議院ならば正しい。貴族院は皇族・華族のほか，天皇が任命した議員で構成されたため，選挙では選ばれなかった。　25才→正しい。　約3％→誤り。第1回衆議院議員選挙で選挙権をもっていたのは，国民全体の約1.1％にすぎなかった。以上より，正しいものは1つだけだから，ウが正答となる。

問5　征韓論が退けられ政府を去った西郷隆盛は，鹿児島に帰郷して私塾を開いていたが，特権をうばわれたことに不満を持っていた士族らにかつぎ上げられ，1877年に西南戦争を起こした。よって，イが正答となる。自由民権運動は，西郷隆盛が起こした西南戦争以降に本格的に盛り上がるようになったので，合わせて覚えておこう。

5　問1　アのイギリスは自国通貨ポンドを使用している。

問2（3）　1931年，柳条湖事件（関東軍が奉天郊外の南満州鉄道の線路を爆破した事件）を契機として始まった一連の軍事行動を満州事変という。

問3　aは1944年ごろに本格化，bは1945年，cは1941年のできごとだから，オが正答となる。

問4　イについて，お金を引き出そうとする人々が，銀行におしかけた。ウはソ連ではなくアメリカならば正しい。エについて，昭和時代の前期にこのような事実はない。

問5　1950年，朝鮮戦争の勃発を受け，ＧＨＱ（連合国軍最高司令官総司令部）は，日本の警察力の増強という名目で警察予備隊の創設を命じた。警察予備隊は，1952年に保安隊，1954年に自衛隊となった。

問6　Aは1939年，Bは1946年，Cは1926年（昭和時代のはじまり），Dは1950年，Eは1922年のできごとだから，E→C→A→B→Dの順であり，ウが正答となる。

6　問1（1）　経度0度の経線はイギリスのロンドンを通るから，アフリカ大陸の西側を通るⅣを選ぶ。また，Xはアフリカ大陸とユーラシア大陸の間にある海洋だからインド洋である。よって，エが正答となる。

(2) ①は正しい。地図に描かれているのは南半球だけで，北半球は描かれていないことに注意する。南極点からA地点までの長さは，地球一周したときの4分の1の長さである。②は誤り。C地点の方がB地点より現地の時間は進んでいる。オーストラリア・日本は世界全体でみると，1日を迎えるのが非常にはやい。以上より，イが正答となる。

(3) D国はオーストラリア，E国はブラジル，F国は南アフリカ共和国である。アであればサウジアラビアなど中東の国々，ウはマレーシアなど，エはチリなどから多く輸入している。

問2　Aは自動車の輸出がさかんだから名古屋港，Bは電子部品の輸出入がさかんだから成田国際空港，Cは衣類や魚介類・肉類の輸入がさかんだから東京港である。よって，エが正答となる。東京港は東京大都市圏に近いため，身の回りの品々の需要が大きく，それらの輸入量が多い。

問4　「こんにゃくいもの生産」・「嬬恋村」などから，文章が群馬県について述べたものだと判断できる。

問5(2)　日本の端について，右表参照。

問6　③が工場数であることはすぐに判断したい。製品の部品をつくる機械工業の下請け工場と，中小工場でも完品をつくり，市場に流通させることができる食料品工業とでは，食料品工業の中小工場の方に分があると考え，①を機械工業，②を食料品工業と判断する。よって，オが正答となる。

| 最北端 | | 最西端 | |
|---|---|---|---|
| 島名 | 所属 | 島名 | 所属 |
| 択捉島 | 北海道 | 与那国島 | 沖縄県 |
| 最東端 | | 最南端 | |
| 島名 | 所属 | 島名 | 所属 |
| 南鳥島 | 東京都 | 沖ノ鳥島 | 東京都 |

問7　①は南九州(鹿児島県・熊本県)が上位だから，農業生産額である。畜産業がさかんな都道府県は農業生産額が大きくなりやすい。③は山形県(おうとうなど)・和歌山県/愛媛県(みかんなど)などが上位だから，果実が農業生産額にしめる割合だと判断でき，残った②は1農家当たりの耕地面積である。よって，ウが正答となる。

問9　東南アジアでは，主に日本へ輸出するえびの養殖池のため，熱帯雨林(マングローブ)の伐採が進められ，森林が減少している。

=《解答例》=

**1** 問1．(1)リアス　(2)ア　(3)カ　(4)オ　問2．オ　問3．カ　問4．エ　問5．加工
　　問6．番号…④　正しい語句…コーラン　問7．ア　問8．カ　問9．マイナンバー

**2** 問1．ウ　問2．イ　問3．渡来人　問4．エ　問5．イ　問6．ウ　問7．ウ　問8．琉球
　　問9．ウ　問10．ク　問11．オ　問12．イ

**3** 問1．エ　問2．イ　問3．エ　問4．ア　問5．イ　問6．広島　問7．エ　問8．ウ
　　問9．(1)イ　(2)ウ　問10．イ　問11．ア

=《解　説》=

**1** 問1．(1)丸で囲まれているのは，東北地方の三陸海岸，福井県の若狭湾岸，三重県の志摩半島である。リアス海岸は，土地が沈降することで，山地の谷であった部分に海水が入りこんでできた海岸である。

(2)②「この火山」とは長崎の雲仙普賢岳のこと。Bの位置には火山島の三宅島(東京都)，Dの位置には火山島の桜島(鹿児島県)がある。

(3)経線Ⅰは，兵庫県明石市を通る東経135度の経線である。この経線は，オーストラリア大陸の中央部を通過する。緯線Ⅱは，秋田県・岩手県を通る北緯40度の緯線である。この緯線は，中国のペキン・スペインのマドリード・アメリカのニューヨーク付近を通る。よって，カが正答。

(4)X地点は，北西季節風の影響を受けるために冬の降水量が多い。また，日本の中では高緯度に位置していて，梅雨前線の影響を受けにくいため，6月・7月の降水量が少ないから②である。Y地点は，夏に南東から吹く季節風が四国山地の南側に雨を降らせ，冬に北西から吹く季節風が中国山地の北側に雪を降らせるため，1年を通して乾いた風が吹き，降水量が少ない瀬戸内地方に位置するから③である。Z地点は，1年を通して温暖で雨が降る南西諸島に位置するから①である。よって，オが正答。

問2．Aは，宮城県・徳島県が上位だからわかめ類である。Bは，有明海・瀬戸内海沿岸の県が上位だからのり類である。Cは，鹿児島県・愛媛県が上位だからぶり類である。よって，オが正答。

問3．小麦は，福岡県・佐賀県にまたがる筑紫平野で米の裏作として栽培されているから，Aには福岡があてはまる(1年のうちに，同じ耕地で異なる作物を栽培することを二毛作という)。茶は，静岡県の牧之原台地でさかんに栽培されているから，Bには静岡県があてはまる。よって，AとBの組み合わせから，カが正答となる。

問4．エ．阿武隈川ではなく神通川ならば正しい。阿武隈川は，福島県・宮城県を流れる河川である。

問5．資源に乏しい日本では加工貿易が行われてきたが，近年は賃金の安い中国や東南アジアに工場を移し，そこで生産した製品を日本に輸入することも増えつつある。

問6．④ラマダンとは，イスラム教徒(ムスリム)が行う断食月のこと。夜明けから日没までの飲食が禁じられている。

問7．ア．A地点からB地点に歩いていくまでの間に，郵便局(〒)はあるが消防署(Y)はない。

問8．1935年時点で1位の割合だったXは，2010年では全体に占める割合がわずかだから，せんいである。逆に1935年時点で全体に占める割合が低かったZは，2010年には1位の割合だから機械である。よって，カが正答。

2 問1．縄文時代は約1万2千年前に始まり，2300〜2400年ほど前に終わったから，ウが正答となる。

問3．日本列島に移り住んだ渡来人は，漢字・仏教・儒学・須恵器の製法などを伝えた。

問4．エ．平城京は，現在の奈良県におかれた都であり，室町幕府は京都に開かれた。

問5．イ．漢字をくずしたひらがなや，漢字の一部をとったかたかながつくられた。

問6．c (現在の静岡県)／1180年→b (現在の兵庫県)／1184年→a (現在の山口県)／1185年の順に起こった。

問7．ア．守護には御家人が任命された。　イは地頭，エは征夷大将軍についての説明である。

問8．琉球王国は15世紀に尚氏によって建国され，中継貿易によって栄えた。

問9．安土城は，近江国(現在の滋賀県)の琵琶湖のほとりに建てられたから，ウが正答。

問10．ク．②近松門左衛門の脚本として，『曽根崎心中』・『国姓爺合戦』などがある。

問11．オ．b…大塩平八郎は，大阪町奉行所の与力だった。

問12．イ．北海道で稲作が始まったのは，明治時代に屯田兵が入植して以降のことである。

3 問1．エ．1894年，外務大臣陸奥宗光によって領事裁判権(治外法権)の撤廃に成功し，1911年，外務大臣小村寿太郎によって関税自主権の回復に成功した。

問2．下線部②は地租改正(1873年)について述べたものである。地租改正は，土地の所有者に税の負担義務を負わせて地券を交付し，課税の対象を収穫高から地価の3％に変更し，現金で納めさせた政策である。

ア．1869年(版籍奉還)　イ．徴兵令(1873年)　ウ．廃藩置県(1871年)　エ．五か条の御誓文(1868年)

問3．下関条約とポーツマス条約の内容について，右表参照。　エ．bは朝鮮半島であり，日本が朝鮮半島を植民地としたのは1910年の韓国併合のときである。

| 下関条約(1895年)の主な内容 | ポーツマス条約(1905年)の主な内容 |
|---|---|
| ○清国は日本に賠償金を支払う | ○賠償金規定はなし |
| ○清国は日本に台湾・澎湖諸島・遼東半島を譲り渡す　※三国干渉を受け，遼東半島は後に清に返還 | ○ロシアは旅順・大連の租借権，南満州鉄道の利権，南樺太を日本に譲り渡す |
| ○清国は朝鮮の独立を認める | ○ロシアは日本の韓国に対する優越権を認める |

問4．杉原千畝は，多数のユダヤ人を救った功績が認められ，イスラエル政府より「諸国民の中の正義の人」として表彰された。

問5．ア．ペキン郊外で日本軍と中国軍が衝突した盧溝橋事件により，日中戦争が始まった。　ウ．国際連盟が「満州国」を認めなかったため，日本は国際社会で孤立した。　エ．関東軍(日本軍)が南満州鉄道を爆破したことにより，関東軍は軍事行動を開始し，満州事変が始まった。

問6．1945年8月6日に広島，その3日後の8月9日に長崎に原子爆弾が投下された。

問7．エ．労働者の権利を保障するために，労働組合の結成をすすめた。

問8．ウ．自衛隊を率いる権限は内閣総理大臣に与えられている。

問9．(1)太平洋戦争が終わる…1945年　朝鮮戦争がおこる…1950年　東海道新幹線が開通する…1964年　日本万国博覧会が開かれる…1970年　沖縄が日本に復帰する…1972年　ア．大韓民国と日韓基本条約で1965年に国交を回復した。　イ．サンフランシスコ平和条約は1951年に結ばれた。　ウ．1980年代のできごとである。エ．石油危機(オイルショック)は1973年に起こった。　(2)三種の神器の一つである電気冷蔵庫は1960年代，3Cの一つであるクーラーは1970年代以降，パソコンは1990年代後半以降に普及したから，ウが正答。

問10．ア．非政府組織　ウ．国連児童基金　エ．世界保健機関

問11．イ．朝鮮民主主義人民共和国(北朝鮮)ではなく中国ならば正しい(日中共同声明)。　ウ．北方領土問題は

ロシアとの間にある問題である。　エ．日本はソ連と1956年に国交を回復した（日ソ共同宣言）。拉致問題は朝鮮民主主義人民共和国との間にある問題である。

## 平成 ㉗ 年度　解答例・解説

=== 《解答例》 ===

1　問1．応仁　　問2．ア　　問3．ウ　　問4．イ　　問5．ア　　問6．イ　　問7．エ　　問8．堺
　　問9．東大寺　　問10．エ　　問11．カ　　問12．キ

2　問1．ウ　　問2．文明開化　　問3．田中正造　　問4．エ　　問5．イ　　問6．F　　問7．ウ

3　問1．ウ　　問2．エ　　問3．イ　　問4．イ　　問5．ウ

4　問1．(1)オ　(2)イ　(3)カ　(4)オ　　問2．ア　　問3．ウ　　問4．ウ　　問5．イ　　問6．イ
　　問7．輪作　　問8．ユニバーサル　　問9．北陸

=== 《解　説》 ===

1　問1．応仁の乱は，室町幕府第8代将軍足利義政の後継者争いから起きた。1467年から1477年まで続き，主な戦場になった京都はあれ，室町幕府はおとろえた。

　問2．ポルトガル船の来航が禁止され，鎖国が完成したのは1639年のこと。アは1641年，イは1637年から1638年，ウは1635年，エは1613年のできごとである。

　問3．御家人は，普段は武芸にはげんで戦いに備え，いざという時は鎌倉幕府のために戦った。幕府は御家人に先祖からの土地の所有を認め，手柄をあげると恩賞として新しい土地を与えた。この関係を「御恩と奉公」と呼ぶ。ウは江戸時代，大名に義務付けられた参勤交代の制度である。

　問4．聖武天皇の時代は反乱や伝染病などのため政治が不安定であり，たびたび都が移された。　ア．冠位十二階を定めたのは聖徳太子である。　ウ．『古事記』は712年，『日本書紀』は720年といずれも奈良時代初期に成立した。聖武天皇の時代は奈良時代中期である。　エ．浄土信仰は平安時代中期以降広まり，藤原道長・頼通らの貴族が多くの阿弥陀堂を建てた。

　問5．鑑真は何度も日本への渡航に失敗し，6回目の渡航でようやく来日することができた。　イ．唐招提寺は奈良に建てられた。　ウ．東大寺の大仏建立の責任者である行基は，人々のために橋や道路などを造った。エ．一向宗は浄土真宗の別名で，鎌倉時代に親鸞が始めた。

　問6．イ．邪馬台国は30余りの国を従え，女王卑弥呼の時には中国（魏）に使いを送った。

　問7．⑦弥生時代に米づくりが広まると，土地や水などをめぐってむらどうしで争いが起きるようになったためⅡとなる。　⑧豊臣秀吉の刀狩令によって農民は武器を奪われ，武士が農民を支配する力が強まったためⅣとなる。

　問8．堺は室町時代以降，外国との貿易でさかえ，戦国時代には商人の治める町になった。外国の進んだ技術が伝えられ，鉄砲も盛んに生産された。

　問9．図1は金剛力士像で，鎌倉時代につくられた。図2は正倉院で，聖武天皇の宝物などがおさめられている。　問10．エ．二毛作は鎌倉時代に始まった。千歯こきやとうみなどの農具は，江戸時代に考案された。

問11．A．日明貿易は足利義満の時代に始まった。　C．元はモンゴル人が中国を支配して建てた国で，鎌倉時代の日本を攻めた。　E．邪馬台国の女王卑弥呼は，魏に使いを送って「親魏倭王」の称号を授かった。

問12．Aは室町時代，Bは江戸時代，Cは鎌倉時代，Dは奈良時代，Eは弥生時代，Fは安土桃山時代となる。Gは平安時代のできごとなので，順番は「E→D→G→C→A→F→B」となる。

2 問1．富岡製糸場は，現在の群馬県富岡市につくられた。

問2．江戸時代までの古い生活習慣を変え，西洋の文化を取り入れた明治時代のうごきを文明開化という。

問3．明治時代，栃木県・群馬県の渡良瀬川流域で足尾銅山鉱毒事件が起き，田中正造がこの問題に取り組んだ。　問4．沖縄県がアメリカから返還されたのは1972年のこと。　ア．1973年　イ．1970年　ウ．1964年

問5．1931年，日本は満州事変を起こして中国東北部に満州国を建てた。このことに国際的な批判が強まり，反発した日本は国際連盟を脱退した。

問6．関東大震災は大正時代の1923年に起こった。建物の倒壊や火災で大きな被害が出たほか，朝鮮の人が暴動を起こすといううわさのため，朝鮮の人が殺される事件も起きた。

問7．Eは1933年，Fは1923年，Gは1938年，Hは1956年のできごとである。Iは太平洋戦争末期の1945年8月15日以前で，Jは1945年に太平洋戦争が終わった直後。順番は「F→E→G→I→J→H」となる。

3 問1．津田梅子は，女子英学塾(現在の津田塾大学)を開き，女子の英語教育に力を注いだ。

問2．下線部②は樋口一葉で，五千円札の肖像である。アは平塚らいてう，イは津田梅子，ウは与謝野晶子。

問3．与謝野晶子は，日露戦争に従軍した弟を心配して『君死にたまふことなかれ』で始まる詩を発表した。

問4．平塚らいてうは，女性を太陽にたとえ，女性の権利向上をうったえた。

問5．国連難民高等弁務官は，世界の難民を保護することを役割としている。緒方貞子さんは，1990年から2000年までこの役職を務めた。

4 問1．(1)Aは冬の気温が低く年間の降水量が少ないため中央高地の③があてはまる。CはBに比べ冬の降水量が多いため，日本海側の気候に属する②が該当する。　(2)Cは住宅地の割合が高いため最も人口の多いtの大阪府が当てはまる。sの茨城県は関東平野が広がり，近郊農業もさかんなため森林の割合が低く田や畑の割合が高いためBに当てはまる。　(3)Xの倉敷市は石油化学コンビナートがあることからCが当てはまる。Yの浜松市はオートバイの生産がさかんであることから，Bに当てはまる。　(4)吉野川は高知県と徳島県を流れ，「四国三郎」とも呼ばれる。天竜川は長野県・愛知県・静岡県を，最上川は山形県を流れる。

問2．アメリカは一人当たりの二酸化炭素排出量が世界一なのでAに当てはまる。また，日本はアメリカ・ブラジルに比べ食事に魚介類を使うことが多いため，Bに当てはまる。

問3．イギリスの首都ロンドンは経度0度の経線(本初子午線)上，ニューヨークは北アメリカ大陸の大西洋岸，ロサンゼルスは北アメリカ大陸の太平洋岸に位置している。時刻は，ほぼ経度180度の経線に沿った日付変更線の西側に近いほど早い。ロンドン・ニューヨーク・ロサンゼルスの順に日付変更線の西側に近いので，ウが正答。

問4．ア．人間の生活で発生する二酸化炭素などの温室効果ガスを，植林や森林保護などの活動で吸収する取り組み。　イ．食品などの安全性のため，生産から流通までの流れを明確にすること。　エ．食べ物が運ばれる間，どれだけ燃料を使って二酸化炭素を排出したかを表す数値。

問5．各項目の輸入金額は，輸入総額×割合で求められる。1980年からの燃料の輸入金額は32兆×0.5＝16兆円，1990年は33.9兆×0.24＝約8兆円と減少している。

※問6．2012年の林野庁の統計によれば，日本の国土に占める森林の割合は約66%である。

問7．輪作で違う性質の作物を育てることで，土地の栄養のかたよりを減らし，連作障害を防ぐことができる。

問8．文化や言語が違ったり，障害があったりしても使うことができる設計をユニバーサルデザインという。

問9．北陸新幹線は2015年3月14日に開業する予定。長野から富山をへて金沢を結ぶ区間が新しく開通する。

※出典…4問6．『平成25年度 森林・林業白書』

## 平成㉖年度 解答例・解説

=== 《解答例》 ===

1 問1．ク　問2．イ　問3．ア　問4．エ　問5．イ　問6．イ　問7．ウ　問8．ア
　問9．地産地消　問10．コンテナ　問11．ウ　問12．エ

2 問1．オ　問2．書院造　問3．イ　問4．ア　問5．ウ　問6．寺子屋　問7．イ
　問8．守護　問9．エ　問10．オ　問11．ア

3 問1．エ　問2．ア　問3．ア　問4．文化の日　問5．信教　問6．イ　問7．日米安全保障
　問8．カ　問9．ウ　問10．温室効果

4 明治時代…ア　昭和時代…キ　平成時代…カ

=== 《解　説》 ===

1 問1．A．茨城県・群馬県が上位だからレタス。レタスの生産量は長野県（X）が日本で最も多い。　C．1
つの都道府県の生産量が極めて多いからさくらんぼ（Zは山形県）。よって，残ったBはぶどう（Yは山梨県）だ
から，クが正答。

問2．イ．A．日本の最南端は東京都に属する沖ノ鳥島。　D．日本列島の長さ（北海道〜沖縄県）が約3000km
である。

問3．ア．季節風は，夏は南東から，冬は北西から吹く。

問4．A．県庁所在地の人口から兵庫県。　B．工業生産額にしめる化学の割合から千葉県（京葉工業地域で
は化学工業がさかんである）。　C．農業生産額にしめる畜産の割合から鹿児島県。よって，エが正答。

問5．アはアジやブリ，ウはイワシ，エはサケの漁獲量が多い。

問6．イ．間伐を行うことで，混み合ってきた林が整理され，残った木に十分な日光が行き渡るようになる。

問7．オーストラリアは100％を大きく上回る食料自給率をほこるから，A。アメリカとドイツで，工業国の
ドイツは，比較的食料自給率が低いからC。よって，アメリカがBとなるから，ウが正答。

問8．イ．日本の高度経済成長は，1973年に起こった石油危機によって終わった。　ウ．日本の自動車会社は，
外国での生産を増やしている。　エ．日本国内で，外国の自動車会社が急増したことはない。

問9．地産地消…地元で生産したものを地元で消費すること。

問11．ウ．ハザードマップには，津波・噴火・高潮などの種類がある。

問12．A．石炭・鉄鉱石が上位だからオーストラリア。　B．工業製品が上位だから韓国。　C．液化天然ガス
が上位だからインドネシア。よって，エが正答。

2 問1．オ．I．日光東照宮　II．銀閣　III．平等院鳳凰堂

問2．ふすまや違いだなが設けられている書院造は，現代における和風住宅様式の基本となった。

問4．イ〜エは，3代将軍徳川家光のときに武家諸法度に加えられた内容である。

問5．ア．『古事記』ではなく『古事記伝』。　イ．『東海道中膝栗毛』ではなく『曽根崎心中』『国姓爺合戦』など。　エ．浮世草子ではなく浮世絵。

問6．庶民の子は寺子屋，武士の子は藩校で学んだ。

問7．切通…山などを切り開いてつくられた道路。

問8．軍事・警察の役割を持つ守護は国ごとに，年貢の取り立てなどを行う地頭は荘園や公領ごとにおかれた。

問9．エ．鉄剣は埼玉県の稲荷山古墳から，鉄刀は熊本県の江田船山古墳からそれぞれ発見された。

問10．A/Z．室町時代　B/X．平安時代　Y．奈良時代

問11．C．江戸時代　D．鎌倉時代　E．古墳時代

したがって，E→B→D→A→Cの順となるから，アが正答。

3 問1．ポツダム宣言の発表・受諾は1945年。その50年前は1895年である。

ア．1890年　イ．1885年　ウ．1905年(ポーツマス条約)　エ．1895年(下関条約)

問2．ア．戦後，義務教育は，小学校6年・中学校3年の計9年とされた。

問3．イ．裁判所の仕事である。　ウ．内閣総理大臣の指名は国会の仕事，最高裁判所長官の指名は内閣の仕事である。　エ．国会の仕事である。

問4．憲法が公布された11月3日は文化の日，施行された5月3日は憲法記念日として国民の祝日となっている。

問5．イラストで仏教の僧・キリスト教のシスター・神道の宮司を思い描く男性のように，日本国民は，どんな宗教を信じてもよいとする信教の自由が憲法で保障されている。

問6．アメリカのサンフランシスコで講和会議が開かれたので，イを選ぶ。アはシアトル，ウはヒューストン，エはシカゴ，オはワシントンD.C.，カはニューヨークの位置である。

問7．日米安全保障条約は1960年に改定され，以後，10年ごとに自動延長されている。

問8．カ．問6の解説参照。なお，国際連盟の本部はスイスのジュネーブに置かれていた。

問9．ウ．2014年の冬季オリンピックは，ロシアのソチで開催された。

4 まず，時代ごとに分けよう。

ア．明治時代　イ．昭和時代　ウ．昭和時代　エ．大正時代　オ．江戸時代　カ．平成時代　キ．昭和時代　ク．平成時代　ケ．明治時代　コ．大正時代　サ．明治時代　シ．平成時代より，エ・オ・コを除外する。

明治時代：ア・ケ・サで，ア(1877年)・ケ(1871〜1873年)・サ(1886年)だから，ケ→ア→サの順となり，アが正答。

昭和時代：イ・ウ・キで，イ(1941〜1945年)・ウ(1965年)・キ(1950〜1953年)だから，イ→キ→ウの順となり，キが正答。

平成時代：カ・ク・シで，カ(2002年)・ク(2003年)・シ(1995年)だから，シ→カ→クの順となり，カが正答。

## 平成 25 年度 解答例・解説

=== 《解答例》 ===

1 問1．A．ウ　B．エ　C．イ　D．ア　E．イ　F．ア　問2．ウ　問3．ア　問4．1932
　　問5．エ　問6．江戸

2 問1．ア　問2．イ　問3．(1)聖武天皇　(2)国分寺　問4．ウ　問5．ア　問6．イ　問7．エ

問8. エ　　問9. ウ　　問10. エ

③ 問1. カ　　問2. ウ　　問3. ウ　　問4. オ　　問5. ア　　問6. エ　　問7. ウ　　問8. イ

問9. 石見　　問10. ナショナルトラスト　　問11. 輪中　　問12. イ　　問13. ア　　問14. エ

---

《 解　説 》

① 問1. A－ウ. 1889：正しい，内閣→国会，20才以上の男子→直接国税を15円以上納める満25才以上の男子。

B－エ. ロシア→中国，韓国→中国，国際連合→国際連盟。

C－イ. 1970→1972(日中共同声明)，日中平和友好：正しい，韓国：正しい(日韓基本条約)。

D－ア. いずれも正しい。

E－イ. 1854：正しい，下田：正しい，300→1603～1867年のおよそ265年。

F－ア. いずれも正しい。

問2. ア. 陸奥宗光，イ. 福沢諭吉，ウ. 伊藤博文，エ. 板垣退助。

問3. B. 満州事変(1931年)のころ。F. 韓国併合(1910年)，三・一独立運動(1919年)。

ア. 1923年，イ. 1877年，ウ. 1941年，エ. 1886年。

問4. 満州事変(1931年)の翌年に建国した。

問5. ア. イギリス，イ. フランス，ウ. ドイツ，エ. イタリア。イギリス・フランスは連合国であり，ドイツの降伏は1945年5月。

問6. 幕末のできごと。大政奉還により江戸時代が終わったのは1867年。

② 問1. A－エ. 三内丸山遺跡(縄文時代)，B－ウ. 馬高遺跡(縄文時代)，C－ア. 吉野ヶ里遺跡(弥生時代)，D－イ. 大山古墳(古墳時代)。

問2. ア. 遣隋使ではなく渡来人。　ウ. 低温ではなく高温(須恵器)。　エ. 唐の成立は618年(7世紀)。

問3. ⑵ 聖武天皇と光明皇后は仏教の力で国を守ろうと，国ごとに国分寺・国分尼寺を，都には東大寺を建て，東大寺には大仏を造らせた。

問4. A. 平清盛，B. 源頼朝。ア. 平氏→藤原氏。イ. 源氏→平氏。エ. 「奉公」→「御恩」。

問5. ア. 囲碁は海外から伝わったもの。

問6. イ. 『蒙古襲来絵詞』。絵は，竹崎季長が文永の役(1274年)における自らの武功を幕府に証明するために作らせた絵巻物である。

問7. ア・イ. 江戸時代，ウ. 平安時代。

問8. エ. 織田信長は，延暦寺や石山本願寺などの仏教勢力と対立していた。

問9. ウ. 本居宣長→歌川(安藤)広重。絵は『東海道五十三次』。

問10. エ. 五人組→名主(庄屋)・組頭など。五人組は年貢の納入などについて，百姓らに連帯責任を負わせ，相互監視させた制度。

③ 問1. カ. 飛驒山脈・木曽山脈・赤石山脈を合わせて日本アルプスという。

問2. ウ. DとEで自給率の高いDが野菜。自給率が最も低いFは小麦。

問3. ウ. サケは，特にチリからの輸入量が多い(2010年)。また，インドネシアなどでは，日本に輸出するためのエビの養殖場が作られている。

問4. オ. G. これを排他的経済水域という。

問5. ア. KとLで，1980年・2010年ともに輸出割合が高いKが金属類。

問6．エ．牛肉・大豆から，P.アメリカ，Q.オーストラリアを読み取る。

問7．ウ．SとTで，東京都が1～5位であるTが人口密度で，Sが工業生産額。U.都市部以外の地方の割合が高いことに着目する。

問8．日本の世界自然遺産には，ほかに北海道の知床がある。

問9．島根県にある石見銀山は，大正時代まで採掘が行われた。

問10．ナショナルトラスト運動は，知床など日本全国で行われている。

問11．Zは，木曽三川の下流域である濃尾平野。

問12．イ．木材→アドベ(日干しレンガ)，高床式の家→高層住宅。

問13．ア．Aの赤道は，アマゾン川の河口付近を通過する。Bの秋田県・岩手県を通る緯線は北緯40度であることは覚えておこう。

問14．エ．ヨーロッパ連合(EU)は，60年以上もの間，欧州における平和と和解，民主主義と人権の向上に貢献した，というのが受賞理由である。

## ■ ご使用にあたってのお願い・ご注意

（1）問題文等の非掲載

　著作権上の都合により，問題文や図表などの一部を掲載できない場合があります。

　誠に申し訳ございませんが，ご了承くださいますようお願いいたします。

（2）過去問における時事性

　過去問題集は，学習指導要領の改訂や社会状況の変化，新たな発見などにより，現在とは異なる表記や解説になっている場合があります。過去問の特性上，出題当時のままで出版していますので，あらかじめご了承ください。

（3）配点

　学校等から配点が公表されている場合は，記載しています。公表されていない場合は，記載していません。

　独自の予想配点は，出題者の意図と異なる場合があり，お客様が学習するうえで誤った判断をしてしまう恐れがあるため記載していません。

（4）無断複製等の禁止

　購入された個人のお客様が，ご家庭でご自身またはご家族の学習のためにコピーをすることは可能ですが，それ以外の目的でコピー，スキャン，転載（ブログ，ＳＮＳなどでの公開を含みます）などをすることは法律により禁止されています。学校や学習塾などで，児童生徒のためにコピーをして使用することも法律により禁止されています。

　ご不明な点や，違法な疑いのある行為を確認された場合は，弊社までご連絡ください。

（5）けがに注意

　この問題集は針を外して使用します。針を外すときは，けがをしないように注意してください。また，表紙カバーや問題用紙の端で手指を傷つけないように十分注意してください。

（6）正誤

　制作には万全を期しておりますが，万が一誤りなどがございましたら，弊社までご連絡ください。

　なお，誤りが判明した場合は，弊社ウェブサイトの「ご購入者様のページ」に掲載しておりますので，そちらもご確認ください。


## ■ お問い合わせ

　解答例，解説，印刷，製本など，問題集発行におけるすべての責任は弊社にあります。

　ご不明な点がございましたら，弊社ウェブサイトの「お問い合わせ」フォームよりご連絡ください。迅速に対応いたしますが，営業日の都合で回答に数日を要する場合があります。

　ご入力いただいたメールアドレス宛に自動返信メールをお送りしています。自動返信メールが届かない場合は，「よくある質問」の「メールの問い合わせに対し返信がありません。」の項目をご確認ください。

　また弊社営業日（平日）は，午前９時から午後５時まで，電話でのお問い合わせも受け付けています。

2025 春

株式会社教英出版

〒422-8054　静岡県静岡市駿河区南安倍３丁目 12-28

TEL　054-288-2131　　FAX　054-288-2133

URL　https://kyoei-syuppan.net/

MAIL　siteform@kyoei-syuppan.net

# 算　数

（100点　50分）

**注意事項**

1. 試験開始のチャイムが鳴るまで、この問題冊子を開いてはいけません。
2. 問題冊子は表紙をのぞいて8ページです。
3. 答えはすべて解答用紙に正確に記入しなさい。
4. 問題冊子および解答用紙の印刷が悪いときや、ページが足りないときは、手をあげて先生に知らせなさい。
5. 問題冊子・解答用紙は切り取ってはいけません。
6. 試験が終わったら問題冊子は持ち帰りなさい。

西南学院中学校

# 1 次の問いに答えなさい。

(1) $\dfrac{2}{5} + \dfrac{3}{5} + \left( \dfrac{1}{2} - \dfrac{1}{6} \right)$ を計算しなさい。

(2) 次の $\boxed{\phantom{xx}}$ にあてはまる数を<u>小数</u>で答えなさい。

$$1 + 0.5 + 0.25 + \boxed{\phantom{xxx}} = 1\dfrac{7}{8}$$

(3) 縮尺 $\dfrac{1}{25000}$ の地図上では $20\,\text{cm}$ ある道のりを，時速 $20\,\text{km}$ で進むと何分かかるか。

(4) 図のように，三角形 ABC の中に正三角形がある。アの角度は何度か。

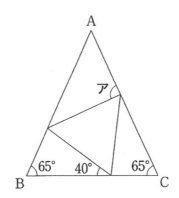

(5) 図のように，$0，1，2，3，\cdots$ を規則にしたがって並べていく。

31 は左から何番目，上から何番目の位置にあるか。

| 0 | 1 | 4 | 9 |
|---|---|---|----|
| 3 | 2 | 5 | 10 |
| 8 | 7 | 6 | 11 |
|   | … | 13 | 12 |
|   |   |   |    |
|   |   |   |    |

(6)　底面の半径が 2 cm の円柱を図のように平面でななめに 2 回切った。
　　この立体の体積は何 cm³ か。ただし，円周率は 3.14 とする。

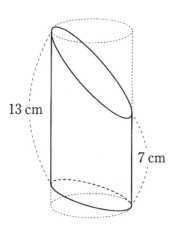

13 cm

7 cm

(7)　30 人の生徒が国語，算数，理科それぞれ 5 点満点のテストを受けた。
　　下の表は，その点数と人数をまとめたものである。
　　たとえば，表の ※3 は算数が 4 点，理科が 3 点の生徒は 3 人いることを表している。
　　算数が 1 点，理科が 1 点の生徒の国語の点数は何点か。

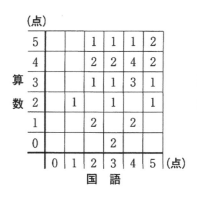

(点)

| 算数＼理科 | 0 | 1 | 2 | 3 | 4 | 5 |
|---|---|---|---|---|---|---|
| 5 |  |  |  |  | 1 | 4 |
| 4 |  |  |  | ※3 | 7 |  |
| 3 |  |  | 2 | 4 |  |  |
| 2 |  |  |  | 3 |  |  |
| 1 |  | 1 | 3 |  |  |  |
| 0 |  | 2 |  |  |  |  |

理科

(点)

| 算数＼国語 | 0 | 1 | 2 | 3 | 4 | 5 |
|---|---|---|---|---|---|---|
| 5 |  |  | 1 | 1 | 1 | 2 |
| 4 |  |  | 2 | 2 | 4 | 2 |
| 3 |  |  | 1 | 1 | 3 | 1 |
| 2 |  | 1 |  | 1 |  | 1 |
| 1 |  |  | 2 |  | 2 |  |
| 0 |  |  |  | 2 |  |  |

国語

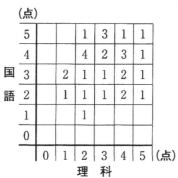

(点)

| 国語＼理科 | 0 | 1 | 2 | 3 | 4 | 5 |
|---|---|---|---|---|---|---|
| 5 |  |  | 1 | 3 | 1 | 1 |
| 4 |  |  | 4 | 2 | 3 | 1 |
| 3 |  | 2 | 1 | 1 | 2 | 1 |
| 2 |  | 1 | 1 | 1 | 2 | 1 |
| 1 |  |  | 1 |  |  |  |
| 0 |  |  |  |  |  |  |

理科

**2** 直方体から直方体を切り取った形の水そうを，図1のように ━━━ で囲まれた面が下になるように床に置いた。この水そうに蛇口から一定の割合で水を入れる。
水を入れ始めてから12分後に水面の高さは6cmになった。

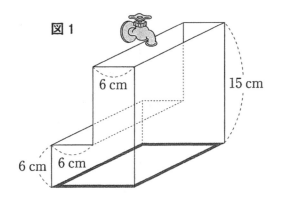

図1

(1) 水面の高さと時間の関係をグラフに表したものとして，もっとも適当なものをア〜ウのうちから1つ選びなさい。

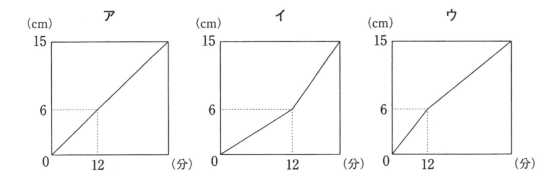

(2) 水面の高さが10cmになるのは，水を入れ始めてから何分後か。

(3) 図2は，図1の置き方で水面の高さが10cmになるまで水を入れてふたをした
ものである。図3のように，図2の ━━━ で囲まれた面が下になるように床に
置きなおした。図3において，水面の高さは何cmか。

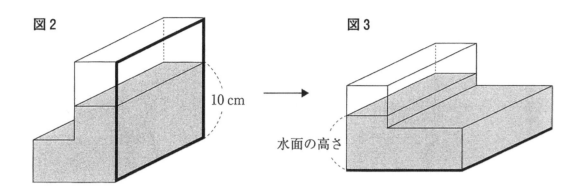

図2

10 cm

図3

水面の高さ

**3** 図1は，1辺の長さが20cmの立方体である。図2は，1辺の長さが20cmの正三角形を4つ合わせてできる立体である。図1，図2ともに，1つの頂点に長さ20cmのひもをつなげた。ただし，円周率は3.14とする。

図1
図2

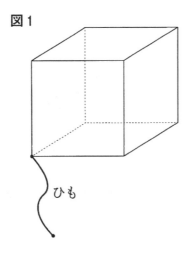
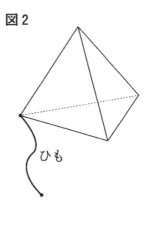

(1) 図1の立体を持ち上げてひもを動かす。
　　このとき，立体の表面上でひもが届く部分の面積は何cm²か。

(2) 図2の立体を持ち上げてひもを動かす。
　　このとき，立体の表面上でひもが届く部分の面積は何cm²か。

**4** 箱Ｘと箱Ｙにボールが入っており，ロボットＡ，Ｂ，Ｃは次の作業をする。
ただし，作業にかかる時間は考えないものとする。

> ・ロボットＡは，１分毎に箱Ｘから箱Ｙにボールを３個移す。
> ・ロボットＢは，１分毎に箱Ｙからボールを２個取り除く。
> ・ロボットＣは，４分毎に箱Ｘへボールを12個入れる。

９時ちょうどに，３台のロボットが同時に作業をした。この作業の直後に，箱Ｘと箱Ｙ
に入っているボールの個数の比が３：２になった。また，９時20分の作業の直後に，
２つの箱に入っているボールの個数は同じになっていた。

(1) ９時ちょうどの作業の直後に，箱Ｙに入っているボールの個数は何個になったか。

(2) 箱Ｘと箱Ｙに入っているボールの個数の比が５：６になるのは，何時何分か。

(3) ２つの箱に入っているボールの個数の和が130個になるときは２回ある。
何時何分と何時何分か。

5 図のような池を囲んだ道に3つの地点A，B，Cがあり，あきらさんがAから出発してCに向かう。

コース(ア)は，1000mの平らな道である。

コース(イ)は，AB間が200mの上り坂，BC間が800mの下り坂である。

コース(ウ)は，AとCをつなぐ橋である。

あきらさんの走る速さは平らな道のときと比べると，上り坂では $\frac{1}{3}$ 倍，下り坂では $\frac{5}{3}$ 倍，橋の上では $\frac{2}{3}$ 倍となる。

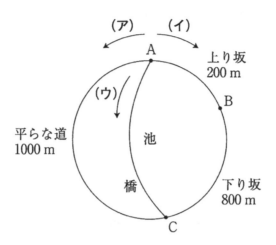

(1) (ア)でかかる時間と(イ)でかかる時間の比を求めなさい。

(2) (イ)でかかる時間と(ウ)でかかる時間は同じである。橋の長さは何mか。

6 　容器A，B，Cには8％の食塩水が400gずつ入っている。また，容器ア～オには次のような水または食塩水が入っている。

　　　容器ア：水 100 g
　　　容器イ：水 80 g
　　　容器ウ：6％の食塩水 ☐ g
　　　容器エ：5％の食塩水 1000 g
　　　容器オ：4％の食塩水 1000 g

(1) 　Aから300gをアに移したとき，アは何％の食塩水になるか。

(2) 　Bのうち何gかをイに移し，Bの残りをすべてウに移した。このとき，イとウの食塩水は同じ量で，とけている食塩の量も同じになった。
　　はじめにウに入っていた食塩水は何gか。

(3) 　エとオから，合わせて1000gをCに移す。このとき，6％の食塩水1400gを作ることができるか。「できる」「できない」のどちらかを丸で囲み，その理由をくわしく説明しなさい。

教英出版

# 理　科

（100点　40分）

## 注意事項

1．試験開始のチャイムが鳴るまで、この問題冊子を開い
てはいけません。

2．問題冊子は表紙をのぞいて13ページです。

3．答えはすべて解答用紙に正確に記入しなさい。

4．問題冊子および解答用紙の印刷が悪いときや、ページ
が足りないときは、手をあげて先生に知らせなさい。

5．試験が終わったら問題冊子は持ち帰りなさい。

西南学院中学校

教英出版

**1** SさんとWさんは流れる水のはたらきを調べるために，次の実験を行いました。下の問いに答えなさい。

〈実験〉

　図1のように土でつくったゆるやかな坂に，水の通るみぞをつけてしばらく水を流した。地点Aは坂の上部でかたむきが大きく水の流れが速いところ，地点Bは水の流れが曲がっているところ，地点Cはかたむきが小さく水の流れがおそいところである。

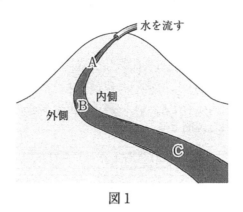

図1

（1）　次の文章は，この実験からわかることを話しあったSさんとWさんの会話文である。（　①　）～（　④　）にあてはまる言葉を答えよ。ただし，（　②　）には「内」か「外」のどちらかを答えよ。

　Wさん：地点A，地点B，地点Cとそれぞれ特ちょうがあったね。
　Sさん：地点Aでは水の流れが速く，水を流す前に比べてみぞが深くなったよ。
　Wさん：流れる水のはたらきで土がけずられたんだね。このはたらきを（　①　）というんだよ。
　Sさん：地点Bでは内側と外側で流れる水の速さにちがいがあったね。（　②　）側の方が速かったよ。
　Wさん：内側と外側で流れる水の速さがちがうからみぞの形に変化がみられたんだね。
　Sさん：地点Cではみぞのはばが広くなり，土が積もったね。
　Wさん：流れる水のはたらきでけずられた土が流れてきたんだね。このはたらきを（　③　）というんだよ。そして，流れてきた土が積もることを（　④　）というよ。
　Sさん：実際の川でもこのようなことが起きているのかな？調べてみよう。

（2）　会話中の下線部について，地点Bで見られるみぞの形として正しいものを次の中から1つ選び，記号で答えよ。図の中の点線はけずられる前のみぞの形を表している。

ア　外側——内側　　イ　外側——内側　　ウ　外側——内側

（3）　Sさんは実際に川に向かい，川の上流から下流にかけて流れる水のはたらきを調べた。

①　Sさんは上流と下流で石を観察した結果，石の大きさと形がちがっていることに気がついた。上流の石と下流の石の特ちょうを比べたとき，大きさと形について正しく表したものを次の中から1つ選び，記号で答えよ。また，下流の石の形がそのようになる理由を説明せよ。

|  | 上流の石の特ちょう | 下流の石の特ちょう |
|---|---|---|
| ア | 大きくて角ばった形 | 小さくて丸みをもった形 |
| イ | 大きくて丸みをもった形 | 小さくて角ばった形 |
| ウ | 小さくて角ばった形 | 大きくて丸みをもった形 |
| エ | 小さくて丸みをもった形 | 大きくて角ばった形 |

②　Sさんは河口付近に特ちょうのある地形ができていることに気がついた。この地形は流れてきた土砂が積もってできたものである。この地形を何というか，漢字で答えよ。

（4） 流れる水のはたらきによって運ばれたどろ，砂，れきは，海にたどり着いた後，海底にしずみ地層をつくる。地層が図2のようになっているとき，図2のa〜cの組み合わせとして正しいものをア〜カから1つ選び，記号で答えよ。

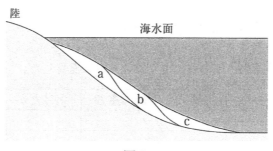

図2

|  | a | b | c |
|---|---|---|---|
| **ア** | どろ | 砂 | れき |
| **イ** | どろ | れき | 砂 |
| **ウ** | 砂 | どろ | れき |
| **エ** | 砂 | れき | どろ |
| **オ** | れき | どろ | 砂 |
| **カ** | れき | 砂 | どろ |

（5） 雨が短い時間に多く降ることによって，洪水やがけくずれなどの自然災害が生じる。そのような災害に備えるために地域によってさまざまな工夫がされている。洪水を防いだり，洪水による被害を小さくしたりする目的で利用される施設ではないものを次の中から1つ選び，記号で答えよ。

　　ア　スーパーてい防　　イ　防波てい　　ウ　砂防ダム　　エ　多目的遊水地

— 3 —

2 　30℃の水50 g にどれくらいホウ酸がとけるか調べるために，次の実験を行いました。下の問いに答えなさい。

〈実験〉
　30℃の水50 g を入れたビーカーA～Dを用意した。これらのビーカーを30℃にたもちながら，ホウ酸をそれぞれ1 g，2 g，3 g，4 g 加えてかき混ぜ，とけるかどうか観察した。実験結果は下の表のようにノートに記録した。

| ビーカー | 加えたホウ酸の重さ | とけたか，とけ残ったか |
| --- | --- | --- |
| A | 1 g | すべてとけた |
| B | 2 g | すべてとけた |
| C | 3 g | とけ残った |
| D | 4 g | とけ残った |

（1）　図1はこの実験のようすを表している。実験でしてはいけないことを図中のア～エから1つ選び，記号で答えよ。

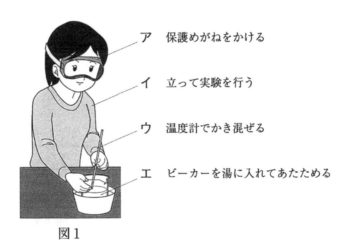

ア　保護めがねをかける

イ　立って実験を行う

ウ　温度計でかき混ぜる

エ　ビーカーを湯に入れてあたためる

図1

（2）　この実験結果からわかることはどれか。正しいものを次の中から1つ選び，記号で答えよ。

　　ア　30℃の水50 g にホウ酸を2.5 g 加えると，すべてとける。

　　イ　ビーカーAを20℃にすると，ホウ酸が出てくる。

　　ウ　ビーカーCを40℃にすると，すべてとける。

　　エ　ビーカーDのとけ残りは2 g 以下である。

（3）　ビーカーBについて，この水よう液の重さは何 $g$ か。正しいものを次の中から1つ選び，記号で答えよ。

　　　ア　ホウ酸がとけた分重さが増えるので，52 $g$ である。
　　　イ　ホウ酸はとけると少し軽くなるので，51 $g$ である。
　　　ウ　ホウ酸はとけると重さがなくなるので，50 $g$ である。
　　　エ　ホウ酸がとけた分重さが減るので，48 $g$ である。

（4）　図2のようにビーカーBにラップフィルムをしてしばらく静かに置いたが，水よう液はとうめいのままで固体は出てこなかった。このときの水よう液のこさは場所によってどうなっているか。正しいものを次の中から1つ選び，記号で答えよ。

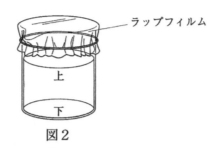

図2

　　　ア　水よう液の上の方がこく，下の方がうすい。
　　　イ　水よう液の下の方がこく，上の方がうすい。
　　　ウ　水よう液全体が同じこさである。

ビーカーDからとけ残ったホウ酸を取りのぞくために，図3のようにろ過をした。このとき，ろ紙は図4のように四つ折りにして使用した。

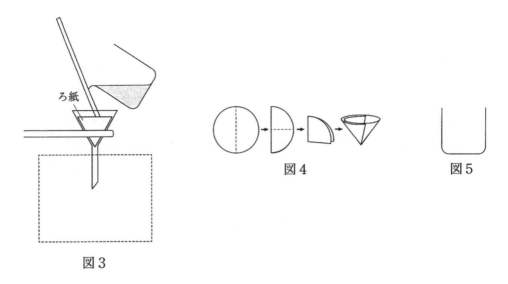

図3

（5）　図3について，ろ過をするとき，ろ液を受けるビーカーはどこに置けばよいか。位置に注意してビーカーの図を |　　　| の中にかけ。ただし，ビーカーは図5のようなものでよい。

（6）　ろ紙にはホウ酸が残っていた。ろ紙を広げたとき，とけ残ったホウ酸がついている部分として正しいものを次の中から1つ選び，記号で答えよ。ただし，図中の点線は四つ折りの折り目，ぬりつぶしているところはホウ酸がついていたところとする。

（7）　このろ液について説明した文として正しいものを次の中からすべて選び，記号で答えよ。

　　ア　とうめいである。
　　イ　ホウ酸を加えるととける。
　　ウ　蒸発皿にとって加熱して水をすべて蒸発させても，何も残らない。
　　エ　氷水で冷やすと固体が出てくる。

（8）　実験でわかったことを自由研究レポートとして提出することにした。レポートの書き方について，**してはいけないこと**を次の中から１つ選び，記号で答えよ。

　　　ア　文だけでは実験のようすが伝わりにくいと思ったので，図もかいた。

　　　イ　ビーカーＡは実験中に29℃になってしまったので，「ビーカーＡだけ29℃で実験を行った」と書いた。

　　　ウ　本で調べていると「30℃の水50gにホウ酸は3.4gとける」とのっていたので，本のタイトルや本を書いた人の名前とともにこの文を書いた。

　　　エ　ビーカーＣではとけ残りがあったが，本で調べるとすべてとけることがわかったので，ビーカーＣの結果は「すべてとけた」と書いた。

**3** 生き物の呼吸や光合成について調べるために，Ｓさん，Ｗさん，先生の３人で実験を行いました。下の問いに答えなさい。

Ｓさん：植物は呼吸と光合成を，動物は呼吸をしているよね。
Ｗさん：植物の種子は呼吸や光合成をしているのかな？
先　生：それでは，実験で調べてみましょう。

〈実験１〉

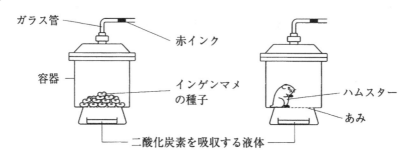

　上図のように，容器の中にあみをしき，あみの下の部分には二酸化炭素を吸収する液体が入ったペトリ皿を置いたものを２つ用意した。これらにインゲンマメの種子とハムスターを入れ，ガラス管のついたふたで閉じた。ガラス管の中には赤インクを入れておいた。

（1）　次の文章は，実験１についての会話文である。（　①　）〜（　④　）にあてはまる言葉を答えよ。ただし，（　③　）には「増加」か「減少」のどちらかを，（　④　）には「左」か「右」のどちらかを答えよ。

　　Ｓさん：なぜガラス管の中に赤インクを入れるのですか？
　　先　生：赤インクの移動によって，容器の中の気体の量の変化を知るためだよ。
　　Ｗさん：気体の量？
　　先　生：呼吸では空気中の（　①　）をとり入れて，（　②　）を出すよね。でも，この容器では，ペトリ皿の中の液体に二酸化炭素が吸収されるようになっているんだ。
　　Ｗさん：ということは，呼吸をするたびに容器の中の（　①　）の量が（　③　）して，容器の中の気体の量も（　③　）していくのですね。
　　Ｓさん：インゲンマメの種子の容器もハムスターの容器も，どちらも赤インクが（　④　）に移動したから，種子も呼吸をしていそうだね。
　　先　生：そうだね。

先　生：でも，この実験だけで種子は呼吸をしていると言い切れるかな？
Ｗさん：それでは，インゲンマメの種子と石灰水を使って実験してみたいです。

〈実験２〉

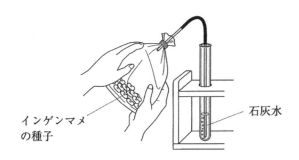

インゲンマメ
の種子

石灰水

　空気の入ったポリエチレンのふくろにインゲンマメの種子を入れ，しばらく置いた後，
ふくろの口にガラス管をつないだ。ガラス管のもう一方の先は上図のように石灰水の
入った試験管に入れ，ふくろの中の気体を石灰水に送り込んだ。

（２）　Ｗさんはどのようなことを確かめるために実験２を行ったのか。正しいものを次の
　　中から１つ選び，記号で答えよ。

　　　ア　種子の呼吸によって酸素が吸収されていること
　　　イ　種子の呼吸によって酸素が放出されていること
　　　ウ　種子の呼吸によって二酸化炭素が吸収されていること
　　　エ　種子の呼吸によって二酸化炭素が放出されていること

Wさん：実験１と２の結果から，種子は呼吸をしていると言えそうだけど，まだ光合成を
　　　　しているかどうかはわからないよね？
Sさん：気体検知管を使えば調べられるかもしれないよ。やってみよう。

〈実験３〉

暗いところ

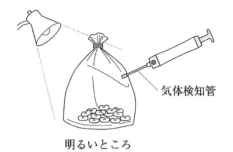

気体検知管

明るいところ

　　空気の入ったポリエチレンのふくろにインゲンマメの種子を入れたものを２つ用意し，
これらを暗いところと明るいところに12時間置いた。
　　実験を始める前と12時間後に，気体検知管を使ってふくろの中の酸素と二酸化炭素の
濃度（体積の割合）をはかったところ，気体検知管はそれぞれ下図のようになった。
ただし，下図中の気体Xと気体Yは，酸素と二酸化炭素のどちらかを表している。

実験を始める前

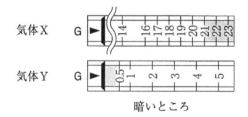

暗いところ

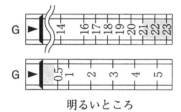

明るいところ

12時間後

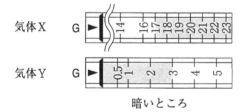

暗いところ

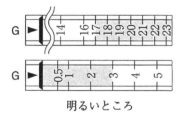

明るいところ

（3） 気体Xは酸素，二酸化炭素のどちらか。

（4） 次の文章は，実験3についての会話文である。（　①　）～（　④　）にあてはまる言葉を答えよ。ただし，（　①　），（　②　）には「増加」か「減少」のどちらかを答えよ。

　　　Ｗさん：暗いところに置いたものも明るいところに置いたものも，酸素の濃度が
　　　　　　　（　①　）し，二酸化炭素の濃度が（　②　）していたね。
　　　Ｓさん：暗いところでは植物は（　③　）だけをしているはずだよね。
　　　Ｗさん：暗いところでも明るいところでも同じ結果になったということから，種子は
　　　　　　　光合成を（　④　）と言えそうですね。
　　　先　生：その通り。実験結果からしっかり考えることができましたね。

**4** 　次の文章は，SさんとWさんがてこについて話しあった会話文です。下の問いに答えなさい。

SさんΣ：この前，てこについて授業で習ったね。

Wさん：うん。てこを利用すると重いものを小さい力で動かせることがわかったね。

Sさん：そうだったね。でもこのとき①支点と力点と作用点の位置関係も大事だったよね。

Wさん：そうそう。

Sさん：②実験用てこを使って実験もしたね。

Wさん：実験用てこのうでが水平になるようにおもりを色々な位置につるして計算したね。

Sさん：実験で使った上皿てんびんは，このしくみを利用していることも習ったよ。

Wさん：そういえば昔は③さおばかりを使って重さをはかっていたそうだよ。

Sさん：じゃあ，さおばかりを作ってみようよ。

Wさん：そうしよう。

（1）　下線部①について，図1のようにてこを使って砂ぶくろを持ち上げる。このとき支点と力点はそれぞれ左右どちらに動かすと，より小さい力で砂ぶくろを持ち上げることができるか。正しい組み合わせをア～エから1つ選び，記号で答えよ。

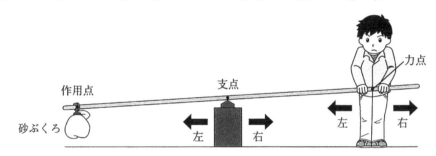

図1

|  | 支点 | 力点 |
|---|---|---|
| ア | 左 | 左 |
| イ | 左 | 右 |
| ウ | 右 | 左 |
| エ | 右 | 右 |

（2）　下線部②について，SさんとWさんは実験用てこ，10g，20g，30g，40g，50g
のおもりを1つずつ用意し，図2のように10gのおもりを目もり6につるした。この
とき残りのおもりのうちの1つだけを右うでにつるして，つりあわせる方法を2つ答
えよ。

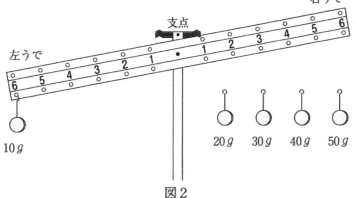

図2

　　　下線部③について，「さおばかり」とは皿に重さをはかりたいものをおき，棒が水平
になるようにおもりの位置を変えることで，重さをはかることのできる道具である。S
さんとWさんは，長さ100cmの棒，100gのおもり，皿，糸を材料にして図3のような
「さおばかり」を作った。また色々な重さをはかれるように棒に目もりをつけることに
した。ただし，糸と棒の重さは考えないものとし，おもりは棒のはしまでつるすことが
できるものとする。

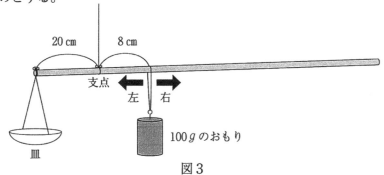

図3

（3）　図3の状態で棒は水平になっていた。皿の重さは何gか。

（4）　20gのものを皿にのせたとき，おもりの位置をずらして棒を水平にしたい。このと
き図3のおもりの位置から左右どちらに何cmずらせばよいか。

（5）　10gずつはかれるように支点の右側に目もりをつけたい。何cmごとに目もりをつけ
ればよいか。

（6）　このさおばかりはおもりの位置をずらすことで，最大何gのものをはかることがで
きるか。

（7）　材料を変えずにもっと重いものをはかるためには，このさおばかりをどのように作
り変えればよいか。説明せよ。

Ｋ 教英出版

2019（平成31）年度

# 社　会

（100点　40分）

**注意事項**

1. 試験開始のチャイムが鳴るまで、この問題冊子を開い
   てはいけません。
2. 問題冊子は表紙をのぞいて13ページです。
3. 答えはすべて解答用紙に文字または記号で正確に記入
   しなさい。
4. 問題冊子および解答用紙の印刷が悪いときや、ページ
   が足りないときは、手をあげて先生に知らせなさい。
5. 試験が終わったら問題冊子は持ち帰りなさい。

西南学院中学校

**1** 次の資料A〜Eについて調べた小学生の会話文を読んで、問1〜問5に答えなさい。

A　もとは、女性は太陽だった。しかし、今は、他の光によってかがやく、病人のような青白い顔色の月である。わたしたちは、かくされてしまったわたしたちの太陽を、取りもどさなければならない。

B　春は夜明けのころがよい。だんだんと白くなっていく空の、山に近いあたりが、少し明るくなって、紫がかった雲が細く横に長く引いているのがよい。
夏は夜がよい。月がきれいなことはいうまでもない。

C　倭では、もとは男子が王であったが、くにぐにの争いが続いた。そこで、王たちが相談して、一人の女子を王にした。……まじないをする力があり、人々を従えた。王になってからは、その姿を見た者は少なく、1000人の女子に身のまわりの世話をさせている。宮殿には物見やぐらやさくがあり、武器を持った兵士が守りについている。

D
あゝをとうとよ、
君を泣く、
君死にたまふことなかれ、
末に生れし君なれば
親のなさけはまさりしも、
親は刃をにぎらせて
人を殺せとをしへしや、
人を殺して死ねよとて
二十四までをそだてしや。

E

はるきくん：Aの資料は、男性より低くおさえられている女性の地位向上を目指して、
　　　　　　【　X　】が、当時の人々に呼びかけた文章だったよ。

なつみさん：そうなの？私たちが調べた資料Bの作品を書いた女性やCの資料に登場する
　　　　　　女性など、時代によっては宮中で活躍をする人や国を支配する人もいたみ
　　　　　　たいよ。

あきらくん：うん。①資料Bの作品は、作者が身のまわりのできごとをとても個性豊かな
　　　　　　視点で描いているんだよ。資料Bは春や夏の良いところを描いているよ。

なつみさん：そして、資料Cは中国の古い歴史の本に記されているもので、この資料から、当時の日本に女王が治める国があったことがわかっているのよ。女王からおくり物をもらった②中国の皇帝は、そのお返しに倭王の称号をこの女王に与えたらしいわ。でも、その女王の国があった場所については、いくつかの説があるらしいわ。

ふゆみさん：へー、面白いね。Dの資料は、ある女性が、③戦場の弟を思って歌った詩で、戦争に反対する気持ちが込められているのよ。

あきらくん：戦争に行かせるために育ててきたのではない、という意味かな。

ふゆみさん：そうね。ところで、Eの写真の右から2番目の女の子はとても幼いみたい。この女の子は誰かしら。

はるきくん：彼女は、欧米の国々を視察するための④使節団とともにアメリカに渡った留学生の一人で、当時満6歳だったらしいよ。帰国した後、女子教育に力を注ぎ女子英学塾をつくったんだ。

問1　会話文中の【　X　】にあてはまる人物をア～エから1つ選び、記号で答えなさい。

ア　田中正造　　イ　樋口一葉　　ウ　平塚らいてう　　エ　福沢諭吉

問2　下線部①について、この作品の名前をア～エから1つ選び、記号で答えなさい。

ア　古今和歌集　　イ　源氏物語　　ウ　土佐日記　　エ　枕草子

問3　下線部②について、この時の中国の王朝をア～エから1つ選び、記号で答えなさい。

ア　漢　　イ　魏　　ウ　隋　　エ　唐

問4　下線部③について、この詩で反対している戦争を解答らんにあてはまるように、**漢字**で答えなさい。

問5　下線部④について、この使節団に参加した人物として**誤っているもの**をア～エから1つ選び、記号で答えなさい。

ア　岩倉具視　　イ　大久保利通　　ウ　木戸孝允　　エ　西郷隆盛

2 次の問1～問3に答えなさい。

問1 次の地図と写真は、5世紀ごろにつくられた2つの古墳の場所と、そこから発見された出土品（鉄刀と鉄剣）を示しています。これらから、5世紀ごろには、大和朝廷の力が九州から関東までおよんでいたと考えられます。このように考えられる理由を**20字以上30字以内**で説明しなさい。

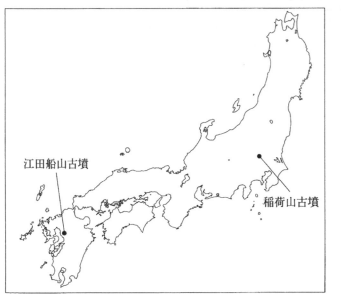

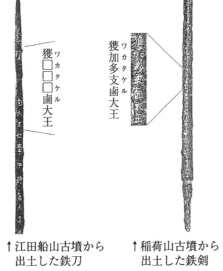

↑江田船山古墳から
出土した鉄刀

↑稲荷山古墳から
出土した鉄剣

問2 日本と仏教との関わりについての説明として**誤っている**ものをア～エから1つ選び、記号で答えなさい。

ア 渡来人は、漢字や仏教などの新しい文化を日本に伝えた。
イ 聖徳太子は、仏教をあつく信仰することを十七条の憲法で定めた。
ウ 天智天皇は、全国に国分寺と国分尼寺を建て、都には東大寺を建てた。
エ 奥州藤原氏は、戦いのない世の中を願って、平泉に中尊寺金色堂を建てた。

問3　次の文章を読んで、（1）～（5）に答えなさい。

みな心を一つにして聞きなさい。これが最後の言葉です。頼朝様が①平氏をたおして鎌倉に幕府を開いてからの御恩は、山よりも高く、海よりも深いものです。お前たちも②御恩にむくいる気持ちがあるでしょう。ところが、朝廷は、幕府をたおせという命令を出しました。名誉をたいせつにする者は、③京都に向かって出陣し、④源氏3代の将軍がきずきあげたものを守りなさい。

（1）「尼将軍」として知られ、この言葉を述べた人物の名前を**漢字**で答えなさい。

（2）下線部①に関して、平氏が源氏によって倒される前におこったできごとで、さらに内容の正しいものをア～エから1つ選び、記号で答えなさい。

　ア　武士の裁判の基準となる御成敗式目がつくられた。

　イ　中臣鎌足の子孫である藤原氏が、娘を天皇のきさきにして、大きな力を持った。

　ウ　明との貿易を進めるために、平清盛によって兵庫の港が整えられた。

　エ　『浦島太郎』や『ものぐさ太郎』などの御伽草子がつくられた。

（3）下線部②に関して、将軍の御恩にむくいるために、御家人が幕府のために戦ったり、鎌倉の警備をしたりすることなどを何というか、**漢字**で答えなさい。

（4）下線部③に関して、京都でおこったできごととして正しいものをア～エから1つ選び、記号で答えなさい。

　ア　8世紀の初め、都が平城京に移された。

　イ　14世紀前半、足利義満が新しい幕府を開いた。

　ウ　16世紀後半、織田信長が本能寺で家来の明智光秀におそわれ自害した。

　エ　19世紀末、鹿鳴館で舞踏会などが開かれ、日本の洋風化が示された。

（5）下線部④に関して、源氏の将軍が3代で途絶えた後、幕府の実権をにぎった役職として正しいものをア～エから1つ選び、記号で答えなさい。

　ア　執権　　　イ　守護　　　ウ　地頭　　　エ　関白

3　次の略年表について、問1～問9に答えなさい。

```
徳川家康が江戸幕府を開く
              ［a］
 X が生類憐みの令を制定する
              ［b］
 Y が政権を朝廷に返す
              ［c］
①男子普通選挙の制度を定める
              ［d］
②日本国憲法を公布する
              ［e］
元号が昭和から平成に変わる
```

問1　略年表中［a］の期間におこった大阪夏の陣で、徳川家康と対立した人物として
　　　正しいものをア～エから1つ選び、記号で答えなさい。

　ア　豊臣秀頼　　　イ　加藤清正　　　ウ　石田三成　　　エ　武田勝頼

問2　略年表中［b］の期間におこったA～Cのできごとを古い順に並べた場合、正しい
　　　ものをア～カから1つ選び、記号で答えなさい。

　　A　杉田玄白と前野良沢が『解体新書』を出版する。
　　B　ペリーが浦賀に来航する。
　　C　近松門左衛門が『曽根崎心中』を書く。

　　ア　A → B → C　　　イ　A → C → B　　　ウ　B → A → C
　　エ　B → C → A　　　オ　C → A → B　　　カ　C → B → A

**問3** 下の図は略年表中［c］の期間の日本の主要な貿易品目の推移を表しています。図について述べた文Ⅰ・Ⅱが正しいか誤っているかを判断し、その組み合わせをア～エから1つ選び、記号で答えなさい。

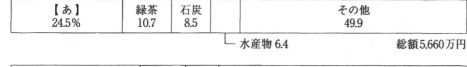

《輸出》

| 1890年 | 【あ】 24.5% | 緑茶 10.7 | 石炭 8.5 | | その他 49.9 |

└─ 水産物 6.4　　　　　　　　　　総額5,660万円

| 1910年 | 【あ】 28.4% | 綿糸 9.9 | | その他 54.5 |

└─ 絹織物 7.2　　　　　　　　　総額4億5,843万円

《輸入》

| 1890年 | 綿糸 12.1% | 砂糖 10.3 | 機械類 8.9 | 毛織物 8.2 | 石油 6.1 | | その他 49.3 |

└─ 綿花 5.1　　　　　　　　　　総額8,173万円

| 1910年 | 綿花 34.0% | 鉄類 7.0 | | その他 53.9 |

└─ 機械類 5.1　　　　　　　　　総額4億6,423万円

Ⅰ：グラフ中の【　あ　】にあてはまるものは、富岡製糸場などでつくられていた。

Ⅱ：綿花の輸入額は、1890年から1910年にかけて約7倍になった。

| | ア | イ | ウ | エ |
|---|---|---|---|---|
| Ⅰ | 正 | 正 | 誤 | 誤 |
| Ⅱ | 正 | 誤 | 正 | 誤 |

**問4** 略年表中［d］の期間に日本は国際連盟を脱退しました。その理由を次の言葉を使って**20字以内**で説明しなさい。

【　　満州国　　】

問5　略年表中［e］の期間のできごととして、**誤っているもの**をア〜エから1つ選び、記号で答えなさい。

ア

日本万国博覧会の開催

イ

日本と韓国でサッカーワールドカップを共催

ウ

オリンピック東京大会の開催

エ

東海道新幹線の開通

問6　略年表中の空らん　X　・　Y　にあてはまる人物の正しい組み合わせをア〜エから1つ選び、記号で答えなさい。

|   | ア | イ | ウ | エ |
|---|---|---|---|---|
| X | 徳川家光 | 徳川家光 | 徳川綱吉 | 徳川綱吉 |
| Y | 徳川吉宗 | 徳川慶喜 | 徳川吉宗 | 徳川慶喜 |

問7　略年表中の下線部①と同じ年のできごととして正しいものをア〜エから1つ選び、記号で答えなさい。

ア　関東大震災がおこり、東京では地震のときにおきた火災が3日間続いた。

イ　日常生活で差別されていた人々によって全国水平社が創立された。

ウ　政治や社会のしくみを変えようとする運動を取りしまる治安維持法がつくられた。

エ　米の値段が急に上がったことに反対する米騒動がおこった。

(3) | 時 | 分 | と | 時 | 分

5
(1) | : | (2) | m

6
(1) | % | (2) | g

(3) | ( できる ・ できない )

理由：

総計

※100点満点
（配点非公表）

## 3

|  | (1) | | |
|---|---|---|---|
| ① | ② | ③ | ④ |
|  |  |  |  |

| (2) | (3) | |
|---|---|---|
|  |  |  |

|  | (4) | | |
|---|---|---|---|
| ① | ② | ③ | ④ |
|  |  |  |  |

## 4

| (1) | (2) | |
|---|---|---|
|  | $g$ のおもりを目もり　　　につるす | $g$ のおもりを目もり　　　につるす |

| (3) | (4) | | (5) | (6) |
|---|---|---|---|---|
| $g$ | に　　　　　cmずらす | | cm | $g$ |

| (7) |
|---|
|  |

| 総<br>計 |  |
|---|---|
|  | ※100点満点<br>（配点非公表） |

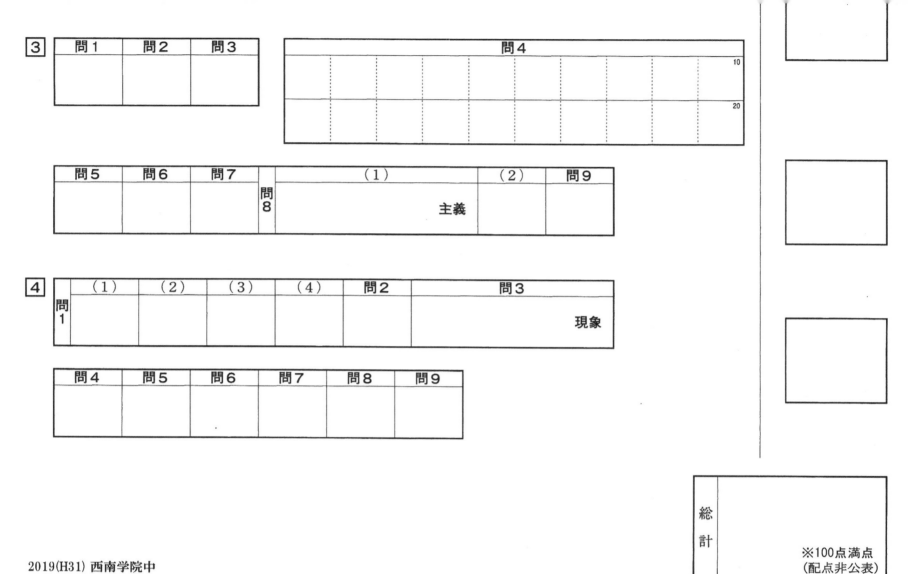

2019（平成31）年度

# 社　会　解　答　用　紙

| 1 | 問1 | 問2 | 問3 | 問4 | | 問5 |
|---|---|---|---|---|---|---|
| | | | | | 戦争 | |

| 2 | 問1 |
|---|---|
| | |

20　　　　　　　　　　　　　　　　　　　　　　　30

| | 問2 | | （1） | （2） | （3） | （4） | （5） |
|---|---|---|---|---|---|---|---|

受験番号

2019（平成31）年度

# 理 科 解 答 用 紙

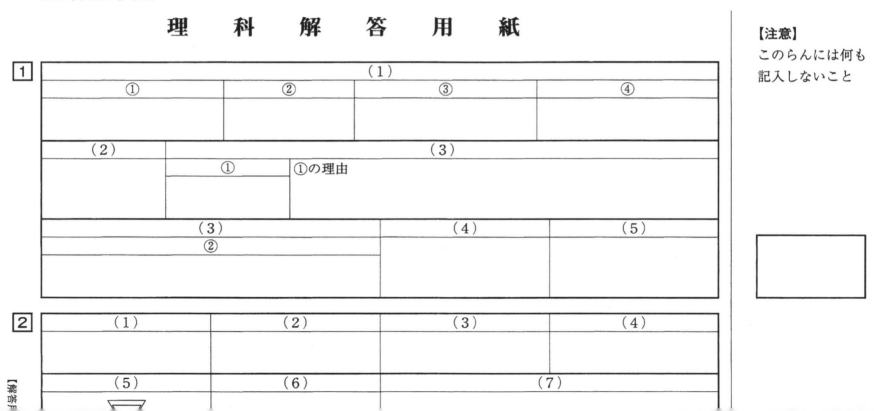

| 1 | | | | |
|---|---|---|---|---|
| | | (1) | | |
| ① | ② | ③ | ④ |
| | | | | |

| (2) | (3) | | |
|---|---|---|---|
| | ① | ①の理由 | |
| | | | |

| (3) | (4) | (5) |
|---|---|---|
| ② | | |
| | | |

| 2 | | | | |
|---|---|---|---|---|
| (1) | (2) | (3) | (4) |
| | | | |
| (5) | (6) | (7) | |

受験番号

2019（平成31）年度

# 算 数 解 答 用 紙

**1**

| (1) | | (2) | | (3) | 分 | (4) | 度 |
|-----|--|-----|--|-----|---|-----|---|
| (5) | 左から　　　　番目，上から　　　　番目 | | | (6) | $cm^3$ | (7) | 点 |

**2**

| (1) | | (2) | 分後 | (3) | cm |
|-----|--|-----|-----|-----|----|

**3**

| (1) | $cm^2$ | (2) | $cm^2$ |
|-----|--------|-----|--------|

**4**

| (1) | 個 | (2) | 時　　　　分 |
|-----|---|-----|-----------|

問8　略年表中の下線部②について、次の文章を読んで（1）・（2）に答えなさい。

> 2019年4月30日、現在の天皇が退位し、翌5月1日に現在の皇太子が即位することが決定しています。A日本国憲法においては、天皇は憲法で定められたB国事行為のみ行い、国の政治についての権限はいっさいもたないことになっています。日本国憲法では、主権が国民にあることが規定されており、国のさまざまなことを決定するのは国民自身です。

（1）下線部Aについて、日本国憲法には3つの原則があります。このうち、戦争を二度とくり返さないという決意のもと、外国との争いごとを戦争や武力で解決しないことや、そのための戦力をもたないことを定めた原則を何というか、解答らんにあてはまるように**漢字2字**で答えなさい。

（2）下線部Bについて、天皇の国事行為として**誤っているもの**をア〜エから1つ選び、記号で答えなさい。

ア　法律を制定する　　　　　イ　国会を召集する
ウ　最高裁判所長官を任命する　　エ　衆議院を解散する

問9　次の（ⅰ）・（ⅱ）のできごとは、略年表中［a］〜［e］の期間のいずれかにそれぞれあてはまります。正しい組み合わせをア〜カから1つ選び、記号で答えなさい。

（ⅰ）日光東照宮が建てられる
（ⅱ）サンフランシスコ平和条約が結ばれる

|  | ア | イ | ウ | エ | オ | カ |
|---|---|---|---|---|---|---|
| （ⅰ） | a | a | a | b | b | b |
| （ⅱ） | c | d | e | c | d | e |

次の問1～問9に答えなさい。

問1　次の地図をみて、（1）～（4）に答えなさい。

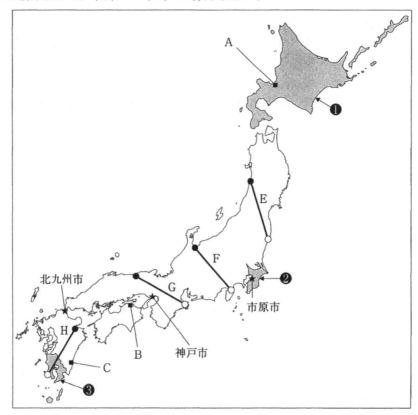

（1）次の図中の①～③は、地図中の都市A～Cの年平均気温と全年降水量を示したもの
　　　です。①～③とA～Cの正しい組み合わせをア～カから1つ選び、記号で答えなさい。

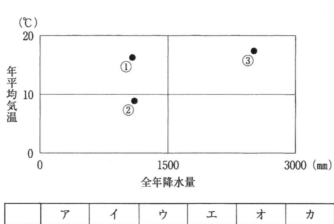

|  | ア | イ | ウ | エ | オ | カ |
|---|---|---|---|---|---|---|
| ① | A | A | B | B | C | C |
| ② | B | C | A | C | A | B |
| ③ | C | B | C | A | B | A |

（2）次のア～エは、地図中のE～Hの●から○までの線の断面図を示したものです。
　　Fの線の断面図にあてはまるものをア～エから1つ選び、記号で答えなさい。

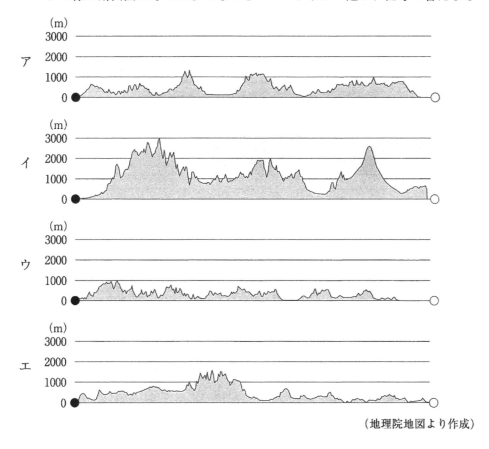

（地理院地図より作成）

（3）次の表は、牛乳、大根、食用にわとりの生産量の上位5道県（2015年）を示したも
　　のです。表中のJ～Lにあてはまる道県と地図中の❶～❸の正しい組み合わせを
　　ア～カから1つ選び、記号で答えなさい。

|  | 牛乳 | 大根 | 食用にわとり |
|---|---|---|---|
| 1位 | J | J | L |
| 2位 | 栃木県 | K | 宮崎県 |
| 3位 | 熊本県 | 青森県 | 岩手県 |
| 4位 | 群馬県 | L | 青森県 |
| 5位 | K | 宮崎県 | J |

|  | ア | イ | ウ | エ | オ | カ |
|---|---|---|---|---|---|---|
| ❶ | J | J | K | K | L | L |
| ❷ | K | L | J | L | J | K |
| ❸ | L | K | L | J | K | J |

（4）次のグラフ①〜③は、地図中の市原市、北九州市、神戸市の製造品出荷額の割合（2014年、％）を示したものです。①〜③と都市の正しい組み合わせをア〜カから1つ選び、記号で答えなさい。

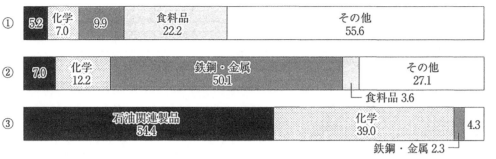

| ① | 5.2 | 化学 7.0 | 9.9 | 食料品 22.2 | その他 55.6 |

| ② | 7.0 | 化学 12.2 | 鉄鋼・金属 50.1 | その他 27.1 |
└ 食料品 3.6

| ③ | 石油関連製品 54.4 | 化学 39.0 | 4.3 |
鉄鋼・金属 2.3 ┘

（工業統計表より作成）

|  | ア | イ | ウ | エ | オ | カ |
|---|---|---|---|---|---|---|
| ① | 市原 | 市原 | 北九州 | 北九州 | 神戸 | 神戸 |
| ② | 北九州 | 神戸 | 市原 | 神戸 | 市原 | 北九州 |
| ③ | 神戸 | 北九州 | 神戸 | 市原 | 北九州 | 市原 |

問2　次の表は、高知県、佐賀県、東京都の100世帯あたり乗用車台数（2014年）、人口密度（2016年）、森林面積の割合（2015年）を示したものです。表中の①〜③と都県の正しい組み合わせをア〜カから1つ選び、記号で答えなさい。

|  | 100世帯あたり 乗用車台数（台） | 人口密度（人/km²） | 森林面積の 割合（％） |
|---|---|---|---|
| ① | 46.3 | 6123 | 34.8 |
| ② | 111.2 | 104 | 83.3 |
| ③ | 153.4 | 345 | 45.2 |

|  | ア | イ | ウ | エ | オ | カ |
|---|---|---|---|---|---|---|
| ① | 高知県 | 高知県 | 佐賀県 | 佐賀県 | 東京都 | 東京都 |
| ② | 佐賀県 | 東京都 | 高知県 | 東京都 | 高知県 | 佐賀県 |
| ③ | 東京都 | 佐賀県 | 東京都 | 高知県 | 佐賀県 | 高知県 |

問3　2018年9月6日、北海道胆振（いぶり）地方を中心に大きな地震が発生し、札幌市などでは、地面から水や砂があふれたり、道路がへこんだり、建物がかたむいたりする被害がありました。同じような被害が東日本大震災や阪神淡路大震災の時にもみられました。地震によっておこるこのような現象を何というか、解答らんにあてはまるように漢字で答えなさい。

**問4** 次のグラフは、日本のおもな食料の１人１日あたりの消費量（ｇ）と自給率（％）の変化を示したものです。1960年から現在までの変化について、このグラフからわかることとして、**誤っているもの**をア〜エから１つ選び、記号で答えなさい。

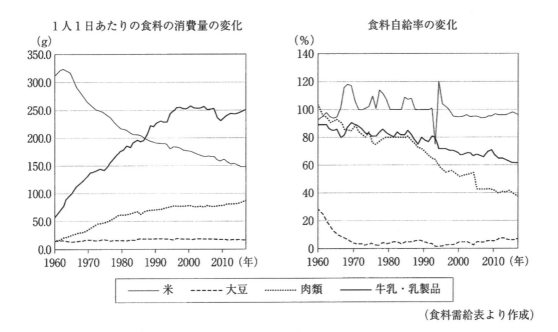

１人１日あたりの食料の消費量の変化　　　　食料自給率の変化

米　------ 大豆　……… 肉類　—— 牛乳・乳製品

（食料需給表より作成）

ア　米の消費量は半分ほどに減り、2000年以降、自給率も100％を下回っている。

イ　大豆の消費量はほとんど変わらないが、輸入の割合は80％をこえるようになった。

ウ　肉類の消費量は少しずつ増えてきているが、自給率はそれほど変わっていない。

エ　牛乳・乳製品の消費量は、２倍以上に増えたが、輸入の割合は肉類より低くなった。

**問5**　世界各国は、海岸から200海里（約370km）の範囲の海で、外国の漁船がとる魚の種類や量を制限しています。この影響などで、1970年代から漁かく量が減少し始めた日本の漁業をア〜エから１つ選び、記号で答えなさい。

ア　養殖業　　　　イ　沿岸漁業　　　　ウ　沖合漁業　　　　エ　遠洋漁業

**問6**　経線は、ある国の旧グリニッジ天文台を通る線を０度としています。旧グリニッジ天文台のある国として、正しいものをア〜エから１つ選び、記号で答えなさい。

ア　アメリカ　　　イ　イギリス　　　ウ　イタリア　　　エ　ロシア

問7　次のグラフは、日本の小麦、天然ガス、木材の輸入相手国とその割合（2016年、％）を示したものです。A〜Cにあてはまる品目の正しい組み合わせをア〜カから１つ選び、記号で答えなさい。

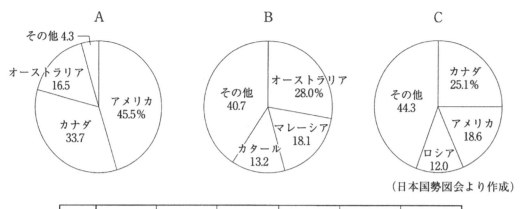

<table>
A

その他 4.3
オーストラリア 16.5
アメリカ 45.5％
カナダ 33.7

B

その他 40.7
オーストラリア 28.0％
マレーシア 18.1
カタール 13.2

C

その他 44.3
カナダ 25.1％
アメリカ 18.6
ロシア 12.0
</table>

（日本国勢図会より作成）

|   | ア | イ | ウ | エ | オ | カ |
|---|---|---|---|---|---|---|
| A | 小麦 | 小麦 | 天然ガス | 天然ガス | 木材 | 木材 |
| B | 天然ガス | 木材 | 小麦 | 木材 | 小麦 | 天然ガス |
| C | 木材 | 天然ガス | 木材 | 小麦 | 天然ガス | 小麦 |

問8　次の表は、日本企業の海外の進出先と、分野別の進出企業の数を示したものです。この表についての説明として正しいものをア〜エから１つ選び、記号で答えなさい。

|  | 中国 | | アメリカ合衆国 | | タイ | | ベトナム | |
|---|---|---|---|---|---|---|---|---|
|  | 2000年 | 2013年 | 2000年 | 2013年 | 2000年 | 2013年 | 2000年 | 2013年 |
| せんい工業 | 296 | 240 | 25 | 17 | 47 | 36 | 15 | 19 |
| 電気機械工業 | 382 | 712 | 212 | 161 | 121 | 146 | 16 | 83 |
| 輸送機械工業 | 161 | 468 | 278 | 261 | 160 | 203 | 17 | 47 |

（地理統計より作成）

ア　せんい工業は、2000年から2013年にかけてすべての国で企業の数が減っている。

イ　電気機械工業は、2000年から2013年にかけて中国での企業の増加の割合が最も高い。

ウ　輸送機械工業は、2000年から2013年にかけてすべての国で企業の数が増えている。

エ　タイでは、2000年から2013年にかけて機械工業の企業の数が増えている。

問9　日本の４つの都市とそこで生産されている特産品の組み合わせとして誤っているものをア〜エから１つ選び、記号で答えなさい。

ア　愛媛県今治市　―　タオル　　　　　イ　千葉県銚子市　―　ピアノ

ウ　兵庫県豊岡市　―　かばん　　　　　エ　福井県鯖江市　―　めがねわく

2018（平成30）年度

# 算　数

（100点　50分）

**注意事項**

1. 試験開始のチャイムが鳴るまで、この問題冊子を開い
   てはいけません。
2. 問題冊子は表紙をのぞいて8ページです。
3. 答えはすべて解答用紙に正確に記入しなさい。
4. 問題冊子および解答用紙の印刷が悪いときや、ページ
   が足りないときは、手をあげて先生に知らせなさい。
5. 問題冊子・解答用紙は切り取ってはいけません。
6. 試験が終わったら問題冊子は持ち帰りなさい。

西南学院中学校

**1** 次の問いに答えなさい。

(1) $\left(1.2+\dfrac{1}{3} \div 2\dfrac{1}{2}\right) \times 3$ を計算しなさい。

(2) 次の □ にあてはまる数を求めなさい。

($\boxed{\phantom{xxx}} \times 2 + 12$) $\div 3 - 4 = 6$

(3) 23000 cm³ は何 m³ か。

(4) 100 円玉，50 円玉，10 円玉の枚数の比が 1：2：3 で，合計金額が 2990 円である。このとき，100 円玉は全部で何枚あるか。

(5) <u>2けたの2つの整数</u>がある。最大公約数が18，最小公倍数が108のとき，2つの整数は何と何か。

(6) 次のように，規則にしたがって左から順番に数字を書いていく。

1 2 3 4 5 6 7 8 9 10 11 12 13 14 15 16 ‥‥‥

このとき，4回目に現れる1は，左から数えて13番目の数字である。
15回目に現れる1は，左から数えて何番目の数字か。

(7) 三角柱の容器に水が入っている。図のように，四角形BCFEを下にして床に置いたところ，水面の高さは2cmになった。この容器を，三角形ABCを下にして床に置きなおしたとき，水面の高さは何cmになるか。式や考え方も書きなさい。

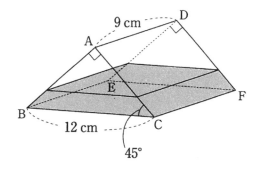

2 A～Eの5人が昨年1年間で借りた本の冊数について，次のことがわかった。

- ・A，D，Eの平均は，42冊である。
- ・B，Cの平均は，47冊である。
- ・Eは5人の平均より3冊少ない。
- ・AはDより5冊多い。
- ・5人の冊数はすべて異なり，それぞれ50冊未満である。

(1) 5人の冊数の平均は何冊か。

(2) 一番少ない人の冊数は何冊か。

(3) 一番多い人の冊数は何冊か。

**3** 　川の下流にはA町，上流にはB町があり，2つの町は6000mはなれている。A町と
　B町の間を行き来している船があり，この船は流れが止まっている水の上では分速
　450mで進む。下のグラフは，この船がA町からB町まで上ったときの時間ときょり
　の関係を表したものである。ただし，川は一定の速さで流れているものとする。

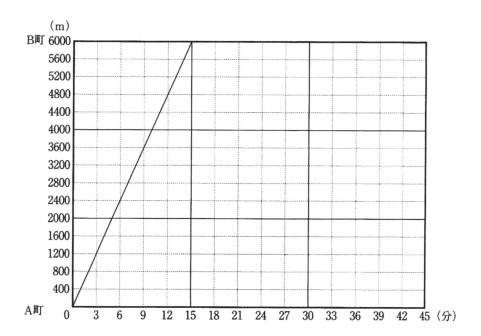

(1)　B町を出発してからA町に到着するまでにかかる時間は何分か。

(2)　ある日，船がA町からB町まで川を上る途中でエンジンが止まった。川に流され
　　ていると，エンジンが動くようになり，B町に向かって再び上りはじめた。
　　　A町を出発してからB町に到着するまで42分かかったとき，船が流されたきょりは
　　何mか。

**4** 次のような A，B，C の3種類のレールを何本か組み合わせて，模型電車の道を作る。
ただし，円周率は 3.14 とする。

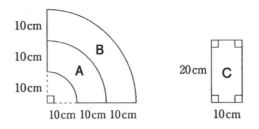

(1) 図1において，▨ 部分の面積は何 cm² か。

図1

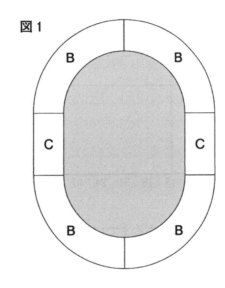

(2) 図2において，▨ 部分の面積は何 cm² か。

図2

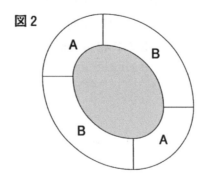

(3) 図3において，——— ① は ——— ② より何 cm 長いか。

図3

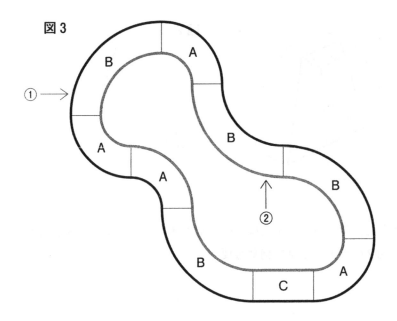

**5** 図1は，側面がすべて合同で，▨ 部分が図2の台形となる立体である。

図1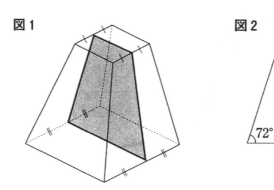

図2

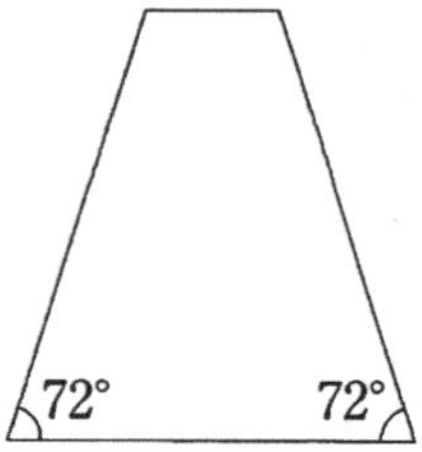

(1) 図3のように，平らな面の上に図2の台形を重ならないようにすきまなく並べて輪を作る。図2の台形は全部で何個必要か。

図3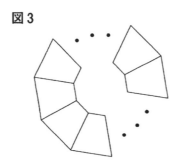

(2) 図4のように，図1の立体の側面どうしをはり合わせてドーナツ状の立体を作った。できあがった立体の面の数を**ア**，頂点の数を**イ**，辺の数を**ウ**とするとき，**ア**＋**イ**－**ウ**を計算しなさい。ただし，はり合わせた部分の面の数は数えないものとする。

図4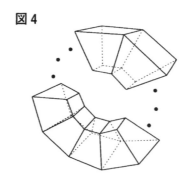

**6** Sカードは買い物の支払いができるカードで，次の2つの機能がついている。

- ・Sカードに入金すると，入金額の10％がSカードに加算される。
  ただし，小数点以下は切り捨てられる。
- ・Sカードで買い物をすると，支払い後に代金の1％がSカードに加算される。
  ただし，小数点以下は切り捨てられる。

　たとえば，残金が0円のSカードに1000円入金し，Sカードで650円の買い物をする。支払い後のSカードの残金は 0＋1000＋100－650＋6 を計算し，456円となる。

(1) 残金が500円のSカードに1500円入金した後，できる限り高い商品をSカードで1つ買う。支払い後のSカードの残金は何円か。

(2) 残金がいくらか入ったSカードで買い物をすると，支払い後のSカードの残金は50円となった。支払った代金は何円か。ただし，考えられる代金のうち，もっとも高いものを答えること。

(3) 残金が456円のSカードに1000円入金した後，Sカードで買い物をすると，支払い後のSカードの残金は500円となった。支払った代金は何円か。

K 教英出版

K 教英出版

# 理　　科

（100点　40分）

**注意事項**

1. 試験開始のチャイムが鳴るまで、この問題冊子を開いてはいけません。
2. 問題冊子は表紙をのぞいて12ページです。
3. 答えはすべて解答用紙に正確に記入しなさい。
4. 問題冊子および解答用紙の印刷が悪いときや、ページが足りないときは、手をあげて先生に知らせなさい。
5. 試験が終わったら問題冊子は持ち帰りなさい。

西南学院中学校

問題は次のページからはじまります

**1** 太郎さんは７月７日の午後９時の空を観察しました。東の空には，図１のような夏の大三角が見え，南の空にはさそり座が見えました。下の問いに答えなさい。

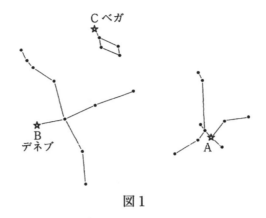

図１

（１） 図１のＡの星の名前を答えよ。

（２） 図１のＢの星（デネブ）をふくむ星座の名前を答えよ。

（３） 次の文は図１のＣの星（ベガ）について説明したものである。文中の下線部①〜③が正しければ〇，まちがっていれば×とそれぞれ答えよ。

　　ベガは夏の夜空に白くかがやく１等星である。ベガがかがやいて見えるのは，①月と同じように太陽の光を反射しているためである。南の空のさそり座にふくまれるアンタレスは赤くかがやいて見えるが，色のちがいから星の表面の温度はベガの方が②低いことがわかる。また，北の空にかがやく２等星の北極星よりベガの方が③明るい。

（4）　7月7日の午後11時にアンタレスを見ると，午後9時とはちがう位置にあった。太郎さんはなぜ星の位置が変わって見えたのか不思議に思ってその理由を調べたところ，地球の回転が関係していることがわかった。これを説明した次の文の空らんをうめよ。ただし，①，②は角度とその答えを求める式を，③は図2のア，イから選んで答えよ。

　　地球は図2に示すように北極と南極を結ぶ線を軸として1日に1回転している（自転している）。地球から星を見ると星が動いて見えるのは，このためである。南の空の星は，図3のように地平線の下にかくれている点を中心として，回転しているように見える。回転の中心のまわりを1時間で動く角度は，　①　度である。よって，午後11時のアンタレスの位置は午後9時の位置に比べて　②　度だけ西に動いて見える。時間がたつにつれて星が東から西へ動いて見えることから，地球は図2の　③　の向きに1日1回転しているといえる。

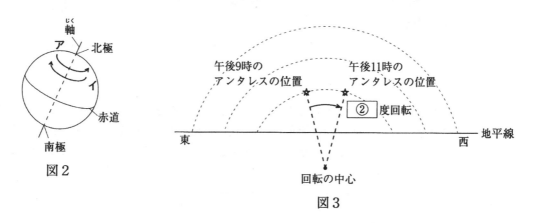

図2

図3

（5）　太陽の表面では大規模な爆発現象がときどき観測されている。この現象により発生した放射線などが地球に到達すると，通信機器やGPS（全地球測位システム）にえいきょうが出る可能性があるといわれている。2017年9月6日には通常の1000倍規模の爆発が観測された。この現象を何というか。カタカナ3文字で答えよ。

**2** 干潟で生活する生物について，下の問いに答えなさい。

　潮の満ち引きによって１日に２回，干上がったり海水にしずんだりをくり返す砂やどろでできた平らな土地のことを干潟とよびます。干潟には多くの栄養分があつまるため，海そうや植物プランクトンなどの小さな生物が発生し，アサリやゴカイ，カニ，ヨコエビなどやそれらをエサとする鳥や魚などのたくさんの生物が生活します。干潟で生活する貝などは川から流れる栄養分を取り込むため，水をきれいにするはたらきがあります。

　また，干潟はシギやチドリなどのわたり鳥の休息地としても重要で，春や秋には多くのわたり鳥がおとずれ，エサをとり，しばらくしてまた飛び立ちます。

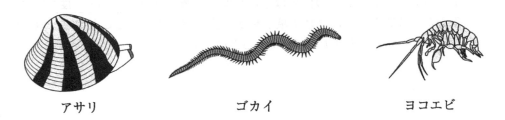

アサリ　　　　　　　ゴカイ　　　　　　　ヨコエビ

（1）　干潟でカニをつかまえて背中側から見てスケッチをした。例にならってカニの脚を図に書き入れよ。脚の絵は簡単でよいが，本数と生えている位置がわかるように書きなさい。なお，ハサミはハサミ脚といって脚にふくめる。ただし，例の図の脚の本数は正確ではない。

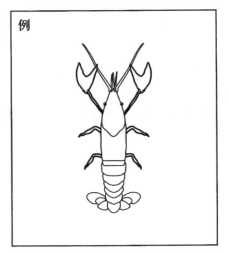

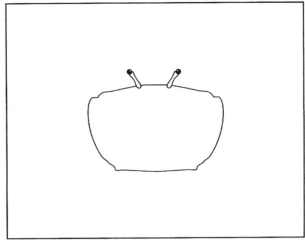

（2）　干潟に生活する海そうや植物プランクトンのはたらきとして，正しいものを次の中からすべて選び，記号で答えよ。

　　　ア　太陽の光をうけて二酸化炭素を作りだす
　　　イ　太陽の光をうけて酸素を作りだす
　　　ウ　アサリやゴカイなどの生物の栄養分となる
　　　エ　小さな生物をとりこんで，水をきれいにする
　　　オ　干潟の砂をこまかくする

（3）　干潟をおとずれる鳥であるダイシャクシギとハヤブサはおもにどんなエサを食べると考えられるか。説明文と絵を参考にして次の中から1つ選び，記号で答えよ。

　　ダイシャクシギ：春と秋のわたりの途中に日本の干潟で休けいする。長いくちばしを
　　　　　　　　　　利用してエサをとる。
　　ハヤブサ：高速で飛び，エサをねらって急降下するときには速さは時速300㎞以上に
　　　　　　　なることもある。

　　　　　　ダイシャクシギ　　　　　　　　　　　　　ハヤブサ

　　　ア　ダイシャクシギは植物プランクトンなどの小さな生物を，ハヤブサは穴にかく
　　　　　れたカニやゴカイを食べる。
　　　イ　ダイシャクシギは植物プランクトンなどの小さな生物を，ハヤブサは小鳥を食
　　　　　べる。
　　　ウ　ダイシャクシギは穴にかくれたカニやゴカイを，ハヤブサは植物プランクトン
　　　　　などの小さな生物を食べる。
　　　エ　ダイシャクシギは穴にかくれたカニやゴカイを，ハヤブサは小鳥を食べる。

（4） 生物の間には「食べる・食べられる」の関係があり，この関係の中で自ら養分を作り出すことができる生物を生産者，生産者が作り出した養分を食べる生物を消費者とよぶ。生産者や消費者となる生物の個体数は常に変化するが，ある範囲内に保たれ，バランスがとれた状態となっている。

① 次の生物の中から生産者をすべて選び，記号で答えよ。

ア カニ
イ 海そう
ウ アサリ
エ 植物プランクトン
オ 動物プランクトン

② この「食べる・食べられる」の関係のバランスが安定に保たれているとき，ある地域での①に示す生物の数の関係を表したものはどれか。正しいものを次の中から1つ選び，記号で答えよ。

| | | | | |
|---|---|---|---|---|
| ア | カニ | ＜ | アサリ | ＝ 動物プランクトン |
| イ | 植物プランクトン ＝ | 動物プランクトン | ＜ | 海そう |
| ウ | アサリ | ＜ | 植物プランクトン | ＜ 海そう |
| エ | カニ | ＜ | 動物プランクトン | ＜ 植物プランクトン |

（5） 私たちの身の回りの自然にはわたり鳥も数多くやってくる。次のA，Bにあてはまる鳥を下のア〜オからそれぞれ1つずつ選び，記号で答えよ。

A 日本より南の方からやってくるわたり鳥
B 日本より北の方からやってくるわたり鳥

ア スズメ
イ ツバメ
ウ オナガガモ
エ キジバト
オ ハシボソガラス

（6） 海ではプランクトンが大量に増えて海面が赤くなることがある。

① この現象を何というか。
② この現象の原因を次の中から1つ選び，記号で答えよ。

ア 気温が低下したから
イ 大気が汚染されたから
ウ 生活排水が海へ流入したから
エ オゾン層が破かいされたから

問題は次のページに続きます

**3** 図1はガスバーナーを表した図です。下の問いに答えなさい。

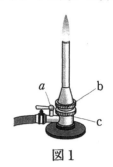

図1

（1） 空気の調節ねじは図1の *a* ～ *c* のうちどれか，記号で答えよ。

（2） 次のア～オはガスバーナーを正しく使用するときの手順を示したものである。始めをア，終わりをオとして，途中の操作を正しい順に並べ，記号で答えよ。また，（ A ）にあてはまる色を答えよ。

ア　空気の調節ねじとガスの調節ねじが閉まっていることを確かめてから，元せん，コックを開ける。

イ　空気の調節ねじを空気が出る向きに少しずつ回す。

ウ　点火のための火を，ガスバーナーの口のところに近づける。

エ　ガスの調節ねじをガスが出る向きに少しずつ回す。

オ　炎の色が（ A ）色になるように空気の量を調節する。

— 7 —

ビーカーに入った水の中にけずりぶしを入れ，図2のようにガスバーナーでビーカーの
はしを熱してけずりぶしの動きを調べた。

図2

（3）　熱しているときのけずりぶしの動きを矢印で表すとどうなるか。正しいものを次の
　　中から1つ選び，記号で答えよ。

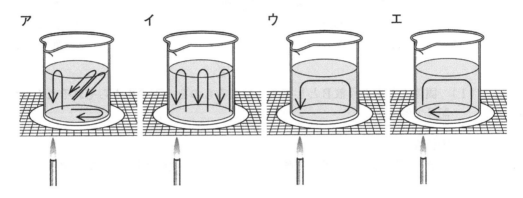

（4）　正方形のうすい金属の板を準備し，X〜Zに温度が高くなると色が変わるインクを
　　ぬった。この金属の板を図3のように地面に対して垂直に固定し，1つの角を熱した。
　　このとき，インクの色が変化した順を記号で答えよ。

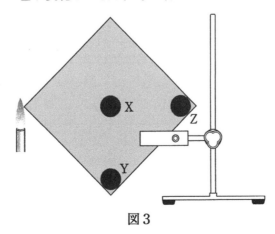

図3

**4** 次の実験について，下の問いに答えなさい。

　　固体Aに水よう液Bを加えると気体Cが発生し，これをびんに集めた（図1）。この気体Cは空気よりも重く，水に溶けにくい性質を持つ。この気体Cを集めて満たしたびんの中に，火のついたろうそくを入れるとはげしく燃えた（図2）。ろうそくが燃えたあとのびんにとうめいな水よう液Dを加えてよくふると白くにごった。このことから，ろうそくが燃えたことにより二酸化炭素が生じたことがわかった。

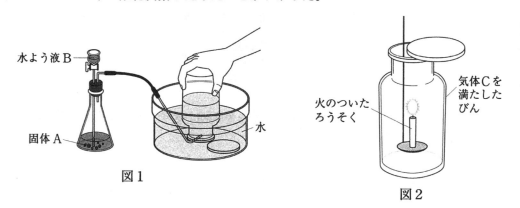

図1　　　　　　　　　　　　　　　図2

（1）　固体Aと水よう液Bとしてあてはまるものを，下の中からそれぞれ1つずつ選び，記号で答えよ。

　固体A
　　ア　石灰石　　　イ　二酸化マンガン　　　ウ　銅　　　エ　アルミニウム

　水よう液B
　　ア　炭酸水　　　イ　食塩水　　　ウ　うすい塩酸　　　エ　うすい過酸化水素水

（2） 図3は実験において気体Cを集めはじめたときの図であるが、内に適切でないところがある。どのようにするとよいか説明せよ。

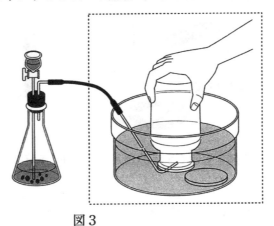

図3

（3） 水よう液Dの名前を漢字で答えよ。

**5** ストローに鉄くぎを通し，そのまわりにエナメル線を200回巻いて，電池につなぎ電磁石をつくりました。下の問いに答えなさい。

 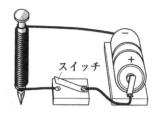

（1） 電磁石の強さを強くする方法として，正しいものを次の中からすべて選び，記号で答えよ。

　　ア　電池の数を1つ増やして，直列につなぐ。
　　イ　電池の数を1つ増やして，並列につなぐ。
　　ウ　エナメル線をさらに100回，同じ向きに巻く。
　　エ　エナメル線をさらに100回，巻く向きを反対にして巻く。
　　オ　電池を逆向きにつなぐ。

（2） 電磁石から鉄くぎをはずすとどうなるか。次の中から正しいものを1つ選び，記号で答えよ。

　　ア　N極とS極がいれかわる。
　　イ　磁石の性質がなくなる。
　　ウ　磁石の性質が弱くなる。
　　エ　磁石の性質が強くなる。
　　オ　熱が発生してコイルが変形する。

（3） 電流と磁石の力との関係について研究したフランスの科学者で，電流の単位にもなっている人物の名前を答えよ。

（4） この電磁石を使って，図のように鉄板Aが上下にふるえて音が鳴るブザーを作成
した。このブザーが鳴るしくみについて，述べた文の①〜④にあてはまる語句を
（　）内から1つずつ選び，記号で答えよ。

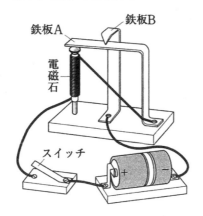

鉄板A　　　　鉄板B
電磁石
スイッチ

スイッチを入れると，電磁石に電流が流れて，鉄板Aが電磁石①（ア からしりぞけられ，
イ に引きよせられ）て，鉄板Aが動く。

そうすると，鉄板Aが鉄板B ②（ア からはなれて，イ に近づき），電磁石に流れる電
流が③（ア 強くなる，イ 弱くなる，ウ なくなる）ため，鉄板Aは元の位置にもどり，
④（ア 電磁石，イ 鉄板B）にふれる。

再び電流が流れ鉄板Aが移動するため，この動きがくり返される。このようにして，鉄
板Aが激しくふるえて，音が鳴るしくみになっている。

（5） 電磁石はブザーやモーターなどさまざまな電気製品で利用されている。次の中から
電磁石が**使われていない**電気製品を2つ選び，記号で答えよ。

ア　せん風機　　　　イ　ドライヤー　　　　ウ　洗たく機

エ　電球　　　　オ　スピーカー　　　　カ　トースター

# 社　　会

（100点　40分）

**注意事項**

1．試験開始のチャイムが鳴るまで、この問題冊子を開い
てはいけません。

2．問題冊子は表紙をのぞいて14ページです。

3．答えはすべて解答用紙に文字または記号で正確に記入
しなさい。

4．問題冊子および解答用紙の印刷が悪いときや、ページ
が足りないときは、手をあげて先生に知らせなさい。

5．試験が終わったら問題冊子は持ち帰りなさい。

西南学院中学校

1　次のA～Eは、それぞれある県について述べたものです。これらを読んで、問1～
　問6に答えなさい。

> A：この県には、登呂遺跡がある。この遺跡は、<u>1～3世紀ごろ</u>のもので住居跡や水田
> 跡などが見つかっている。

> B：この県には、高松塚古墳がある。この<u>古墳</u>の中の壁には、色あざやかな女性の姿が
> えがかれている。

> C：この県には、世界文化遺産に登録された寺院がある。この寺院は、現存する世界最
> 古の木造建築物である。

> D：この県には、鴻臚館（こうろかん）の遺跡がある。鴻臚館は、7世紀後半から11世紀前半までの
> およそ400年間、<u>外交</u>の窓口として重要な役割を果たした。

> E：この県には、かつて海に囲まれていた<u>①出島</u>があった。ここでは、<u>②江戸時代</u>に
> 幕府の監視のもとオランダと貿易が行われていた。

問1　Aの<u>下線部</u>に関連して、この時期の遺跡から出土する銅たくには、その当時の
　　人々の様子がえがかれています。銅たくと、当時の人々の生活の様子の説明として、
　　**誤っているもの**をア～エから1つ選び、記号で答えなさい。

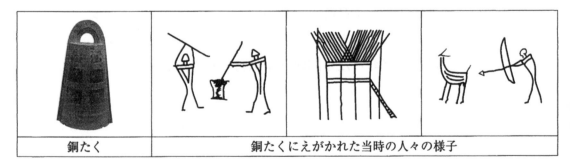

| 銅たく | 銅たくにえがかれた当時の人々の様子 |
|---|---|

ア　銅たくは、祭りの時にかざったり鳴らしたりして使われたと考えられる。
イ　うすやきねなどの木製農具で農作業を行っていたと考えられる。
ウ　ねずみの害やしっけを防ぐため、床が地面より高い建物に米をたくわえていたと
　　考えられる。
エ　ナウマンゾウやオオツノジカなどを狩り、生活していたと考えられる。

2018(H30) 西南学院中
K教英出版

**問2** Bの下線部に関連して、古墳についての説明として正しいものをア〜エから1つ
選び、記号で答えなさい。

ア　京都府にある大仙古墳は、日本で最も大きな前方後円墳である。
イ　古墳の周りには、多くの土偶が並べられていた。
ウ　渡来人の土木技術が伝わり、特に巨大な古墳は、九州地方に多く集中している。
エ　勾玉や鏡、剣などの副葬品から古墳にほうむられた人物の力の大きさが想像される。

**問3** Cの文章が説明する寺院をア〜エから1つ選び、記号で答えなさい。

ア

イ

ウ

エ

**問4** Dの下線部に関連して、日本と中国の関係についての説明として正しいものを
ア〜エから1つ選び、記号で答えなさい。

ア　邪馬台国の卑弥呼は、魏に使いを送り、魏と対等な関係と認められ、「漢委奴国王」
と記された金印をもらった。
イ　百済との関係を深めていた日本は、百済がほろぶと、その復興を助けるために軍
を送ったが、唐と新羅の連合軍に敗れた。
ウ　遣唐使として中国に渡った鑑真は、帰国後、中国の進んだ文化や文物を日本にも
たらし、唐招提寺を開いた。
エ　3代将軍足利義政の時代には、幕府の力が最も強まり、義政は明と貿易を行うと
ともに、茶の湯や生け花などの文化や芸術を保護した。

問5　Eについて（1）～（5）に答えなさい。

（1）下線部①について、出島以外で「鎖国」のもとでも海外との交流が許されていた場所があります。その場所として、**誤っているもの**をア～エから1つ選び、記号で答えなさい。

　　ア　会津　　　イ　薩摩　　　ウ　対馬　　　エ　松前

（2）下線部②に関連して、江戸時代の出来事について、**誤っているもの**をア～エから1つ選び、記号で答えなさい。

　　ア　江戸幕府は、絵踏みを行わせて、キリスト教を厳しく取りしまった。
　　イ　江戸幕府は、尾張・紀伊・水戸の御三家から将軍を出すことを認めた。
　　ウ　江戸幕府は、儒学にかわって国学を奨励し、多くの藩もこれに従った。
　　エ　江戸幕府は、金が大量に産出した佐渡に役所を置いて、直接治めた。

（3）下線部②に関連して、江戸時代の様子を述べた次の文章中の下線部a～cが正しいか誤っているかを判断し、ア～エからあてはまるものを1つ選び、記号で答えなさい。

> 　幕府や藩は、身分の違いをもとに支配をかためました。江戸時代の人口の80％以上は、a武士でした。武士には、名字を名のり、刀を差すなどの特権がありました。他方、幕府や藩は、武士の暮らしを支えた百姓たちにb五人組をつくらせ、きまりを破る者があると共同で責任を取らせました。平和が続き、社会が安定するのにともなって、江戸や大阪は、政治や経済の中心地としてにぎわいました。c「天下の台所」と言われていた江戸は、人口が100万人をこえる世界有数の都市となりました。

　　ア　aが正しい　　イ　bが正しい　　ウ　cが正しい　　エ　すべて誤っている

（4）下線部②に関連して、次ページの図は、江戸時代の4人の人物のつながりを示しています。図中のW～Zにあてはまる人物の正しい組み合わせをア～エから1つ選び、記号で答えなさい。

2018(H30) 西南学院中
K 教英出版

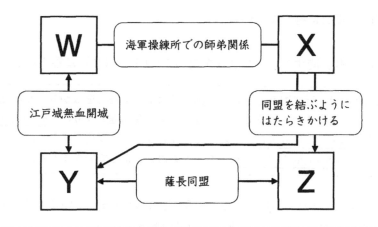

| | ア | イ | ウ | エ |
|---|---|---|---|---|
| W | 勝海舟 | 勝海舟 | 坂本龍馬 | 坂本龍馬 |
| X | 坂本龍馬 | 坂本龍馬 | 勝海舟 | 勝海舟 |
| Y | 木戸孝允 | 西郷隆盛 | 木戸孝允 | 西郷隆盛 |
| Z | 西郷隆盛 | 木戸孝允 | 西郷隆盛 | 木戸孝允 |

（5）下線部②に関連して、外国との貿易を示した表1・表2の説明として、正しいものをア～エから1つ選び、記号で答えなさい。

[表1] 日本の貿易額

| | 輸出額 | 輸入額 |
|---|---|---|
| 1860年 | 約470万ドル | 約170万ドル |
| 1863年 | 約1210万ドル | 約470万ドル |

（『詳説日本史』より作成）

[表2] 1865年の日本の輸出品の割合

| X | 79.4% |
|---|---|
| 茶 | 10.5% |
| その他 | 10.1% |

（『図説日本史』より作成）

ア　表1から、1860年から1863年にかけて、輸出量の増加で国内の品物が減り、物価が急速に上がったと考えられる。

イ　表1から、1860年から1863年にかけて、輸入量の増加で国内の品物が増え、物価が急速に上がったと考えられる。

ウ　表2中の　X　には、綿織物があてはまる。

エ　表2のときの最大の貿易港は、日米和親条約で開港された横浜である。

問6　A～Eのうち、2つは同じ県について述べています。その県名を解答らんにあてはまるように漢字で答えなさい。

2 次の問1・問2に答えなさい。

問1 明治時代に関する以下の文章を読んで、（1）・（2）に答えなさい。

> 明治政府は、近代国家を目指して国内では中央集権化をはかり、富国強兵政策を進めていきました。また、外交では条約改正が大きな課題となり、①外国人を招くなど欧米の文化を積極的に取り入れ、それまでの社会は大きく変化しました。日清戦争後から少しずつ②国際的地位を向上させ、不平等条約を改正していきました。

（1）下線部①について述べた文Ⅰ・Ⅱが正しいか誤っているかを判断し、その組み合わせをア〜エから1つ選び、記号で答えなさい。

　　　Ⅰ：アメリカ人のモースは、大森貝塚を発見した。
　　　Ⅱ：鹿鳴館では、外国人を招いて舞踏会が開かれた。

|   | ア | イ | ウ | エ |
|---|---|---|---|---|
| Ⅰ | 正 | 正 | 誤 | 誤 |
| Ⅱ | 正 | 誤 | 正 | 誤 |

（2）下線部②に関連した次の図について説明した文章を読み、　X　・　Y　にあてはまる国名の正しい組み合わせをア〜エから1つ選び、記号で答えなさい。

> 　この図は、日清戦争後に、ドアの前でぼうしを取り、あいさつする日本を、その後ろにいる　X　が「西洋クラブ」に紹介している様子をえがいている。この背景には、この当時、　X　がアジアで　Y　と対立しており、日本の協力を求めていたことが考えられる。

ア　X　イギリス　　Y　ドイツ　　　　イ　X　フランス　　Y　ドイツ
ウ　X　イギリス　　Y　ロシア　　　　エ　X　フランス　　Y　ロシア

**問2** アジア・太平洋戦争後に関する以下の文章を読んで、（1）〜（3）に答えなさい。

> ①サンフランシスコ講和会議で独立を回復して再出発をした日本は、②高度経済成長をとげて"経済大国"と呼ばれるまでに成長していきました。また、日本は海をへだてて周りの国と接しており、これらの国との関係を深めてきました。
>
> 中華人民共和国とは、a ある年に国交が正常化され、その後日中平和友好条約が結ばれました。
>
> 大韓民国とは、朝鮮半島を代表する政府として条約を結び、b ある年に国交を正常化して友好関係を深めています。
>
> ロシア連邦（当時はソビエト連邦）とは、c ある年に国交を回復し、それによって国際連合への加盟が認められました。
>
> このように、日本は周りの国々や他のアジアの国々と友好関係を築きつつありますが、解決していかなければならない問題も数多く残されています。

（1）下線部 a 〜 c を年代の古い順に並べた場合、正しいものをア〜カから1つ選び、記号で答えなさい。

ア　a → b → c　　　イ　a → c → b　　　ウ　b → a → c

エ　b → c → a　　　オ　c → a → b　　　カ　c → b → a

（2）下線部①について、この講和会議でアメリカが治めることに日本が同意した地域として、**誤っているもの**をア〜エから1つ選び、記号で答えなさい。

ア　奄美諸島　　　イ　小笠原諸島　　　ウ　沖縄　　　エ　千島列島

（3）下線部②について、1973年、サウジアラビアなどの産油国が原油価格を大幅に引き上げたことによって、世界経済が混乱し、日本の高度経済成長は終わりました。この出来事を何というか、**漢字**で答えなさい。

③ 次のA～Eは、日本の各時代の農民の生活について述べたものです。これらを読んで、問1～問5に答えなさい。

A　土地や人々は国のものとなり、農民が国に納める税の制度も統一された。
B　これまで年貢で納めていた税は、土地の価格に応じて現金で納めることになった。
C　連合国軍の指示により、小作農家も自分の農地を持つことができるようになった。
D　備中ぐわなどの新しい農具や、ほしかなどの肥料が広く使われるようになった。
E　織田信長は、地域の政治を自分たちで行おうとする一向宗信者の農民と各地で戦った。

問1　Aの時代の農民の生活として正しいものをア～エから1つ選び、記号で答えなさい。

　ア　租として、稲のとれ高の約半分を納めた。
　イ　調として、織物や地方の特産物を納めた。
　ウ　庸として、都で年間に60日間の労働を行った。
　エ　防人（さきもり）として、都や九州の警備を行った。

問2　Bに関連して、税は土地の価格の何％とされたか、解答らんにあてはまるように答えなさい。

問3　Cに関連して、当時のその他の改革として誤っているものをア～エから1つ選び、記号で答えなさい。

　ア　義務教育は小学校6年、中学校3年の9年間とする。
　イ　国民を主権者とし、天皇は国や国民のまとまりの象徴とする。
　ウ　政治にえいきょうをあたえていた独占的な企業を解体する。
　エ　18歳以上のすべての男女に参政権を与える。

問4　Dの時代に関連して、この時代には五街道が整備された。五街道の1つである東海道は現在のどの県を通っていたか、あてはまるものをア～エから1つ選び、記号で答えなさい。

　ア　静岡県　　　イ　栃木県　　　ウ　長野県　　　エ　和歌山県

問5　Eの時代に関連して、織田信長が商人たちに城下町で自由に営業することを認めた政策を何というか、漢字で答えなさい。

(7)

_(答)_____ cm

2

| (1) | 冊 |
|---|---|
| (2) | 冊 |
| (3) | 冊 |

| (1) | 個 |
|---|---|
| (2) | |

6

| (1) | 円 |
|---|---|
| (2) | 円 |
| (3) | 円 |

| 総　　計 |
|---|
| |
| ※100点満点<br>(配点非公表) |

| (5) | | (6) | |
|---|---|---|---|
| A | B | ① | ② |
| | | | |

**3**

| (1) | (2) | |
|---|---|---|
| | ア → 　 → 　 → 　 → オ | A |

| (3) | (4) |
|---|---|
| | 　 → 　 → 　 |

**4**

| (1) | | (2) | (3) |
|---|---|---|---|
| 固体A | 水よう液B | | |

**5**

| (1) | (2) | (3) |
|---|---|---|
| | | |

| (4) | | | | (5) |
|---|---|---|---|---|
| ① | ② | ③ | ④ | |
| | | | | |

総計　※100点満点（配点非公表）

| 3 | 問1 | 問2 | 問3 | 問4 | 問5 |
|---|---|---|---|---|---|
| | | % | | | |

| 4 | 問1 | 問2 | 問3 |
|---|---|---|---|
| | | | |

| 5 | 問1 | 問2 | 問3 | 問4 | （1） | （2） | （3） | （4） |
|---|---|---|---|---|---|---|---|---|
| | | | | | | | | 城 |

| 問5 | 問6 | 問7 | 問8 | 問9 | 問10 |
|---|---|---|---|---|---|
| 栽培 | | | | | |

| 総計 | |
|---|---|
| | ※100点満点<br>（配点非公表） |

2018（平成30）年度

# 社 会 解 答 用 紙

**1**

| 問1 | 問2 | 問3 | 問4 |
|---|---|---|---|
| | | | |

| | （1） | （2） | （3） | （4） | （5） | 問6 |
|---|---|---|---|---|---|---|
| 問5 | | | | | | 県 |

**2**

| | （1） | （2） | | （1） | （2） | （3） |
|---|---|---|---|---|---|---|
| 問1 | | | 問2 | | | |

| 受験番号 | |
|---|---|

2018（平成30）年度

# 理 科 解 答 用 紙

**1**

| （1） | （2） | （3） | | |
|---|---|---|---|---|
| | | ① | ② | ③ |
| | 座 | | | |

| （4） | | | |
|---|---|---|---|
| ① | | ② | |
| 角度 | 式 | 角度 | 式 |
| 度 | | 度 | |

| （4） | （5） |
|---|---|
| ③ | |
| | |

**2**

| （1） | （2） | （3） |
|---|---|---|

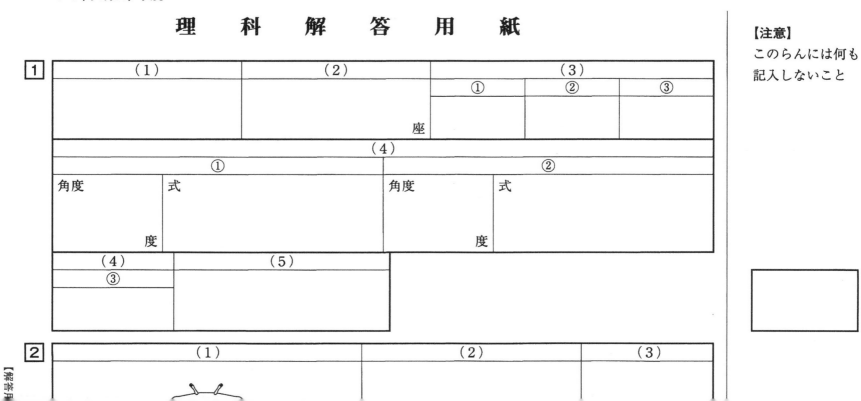

| | |
|---|---|
| 受験番号 | |

2018（平成30）年度

# 算　数　解　答　用　紙

1

| (1) | |
|---|---|
| (2) | |
| (3) | m³ |
| (4) | 枚 |
| (5) | と |
| (6) | 番目 |

3

| (1) | 分 |
|---|---|
| (2) | m |

4

| (1) | cm² |
|---|---|
| (2) | cm² |
| (3) | cm |

【解答用

**4** 先生と花子さんが会話をしています。下の会話文を読んで、問1～問3に答えなさい。

花子：先生、私は冬休みに国会議事堂の見学ツアーに行ってきました。会議場や①中央広間の見学だけでなく、議会の体験もできて、楽しかったです。

先生：それは良かったね。国会は日本国憲法では「国権の最高機関であって、国の唯一の【 X 】機関」と規定されているんだったね。

花子：はい。【 X 】とは法律をつくるということですよね。

先生：その通りだね。授業では、②国会以外にも内閣や裁判所など日本の政治に関わる組織があって、権力が分立していることも勉強したよね。

花子：はい。そのようにして、権力が集中することを防ぎ、国民の権利を守るように工夫していると学びました。

先生：そうだね。今後もよく勉強していかないといけないね。

問1　下線部①について、次の説明文を読んで、 A ～ C にあてはまる語句の正しい組み合わせをア～エから1つ選び、記号で答えなさい。

　国会議事堂の中央広間には、議会政治の基礎を築くのに功労のあった人物の銅像がたっています。上の写真の左から順に、 A を結成した板垣退助、 B を結成した大隈重信、 C の憲法を学んで憲法草案を作り上げた伊藤博文の銅像です。
　また、1番右の像が置かれていない台座については、ふさわしい人物をまだ選べていないという意味だとも、「政治に完成はない、未来の象徴」という意味があるともいわれています。

ア　A　自由党　　　　　B　立憲改進党　　　C　イギリス

イ　A　自由党　　　　　B　立憲改進党　　　C　ドイツ

ウ　A　立憲改進党　　　B　自由党　　　　　C　イギリス

エ　A　立憲改進党　　　B　自由党　　　　　C　ドイツ

問2　会話文中の【 X 】にあてはまる語句を**漢字2字**で答えなさい。

問3　下線部②について、日本の裁判所に対する国会と内閣のそれぞれの役割を次の
　　　A～Cから1つずつ選び、その正しい組み合わせをア～カから1つ選び、記号で
　　　答えなさい。

A　最高裁判所の長官を指名する
B　裁判所の裁判官をやめさせるかどうかの裁判を行う
C　法律が憲法に違反していないかどうかを判断する

|  | ア | イ | ウ | エ | オ | カ |
|---|---|---|---|---|---|---|
| 国会 | A | A | B | B | C | C |
| 内閣 | B | C | A | C | A | B |

5　次の問1～問10に答えなさい。

問1　次の図①～③は、農業生産額にしめる米の割合、農業生産額にしめる野菜の割合、
　　　きくの作付面積（2014年）の上位8都道府県を示したものです。その正しい組み
　　　合わせをア～カから1つ選び、記号で答えなさい。

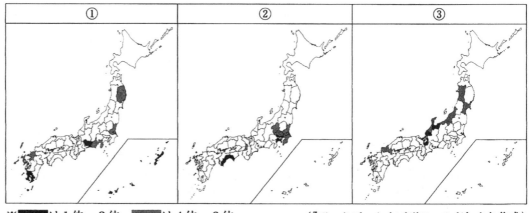

※　■は1位～3位、　は4位～8位。　　　　　　（『データブックオブザワールド』より作成）

|  | ア | イ | ウ | エ | オ | カ |
|---|---|---|---|---|---|---|
| 農業生産額にしめる米の割合 | ① | ① | ② | ② | ③ | ③ |
| 農業生産額にしめる野菜の割合 | ② | ③ | ① | ③ | ① | ② |
| きくの作付面積 | ③ | ② | ③ | ① | ② | ① |

問2　次の表は、国内の貨物輸送量にしめる輸送機関ごとの割合の変化を示したものです。A～Cと自動車、船舶、鉄道の正しい組み合わせをア～カから1つ選び、記号で答えなさい。

（％）

|  | 1960年 | 1985年 | 2010年 |
|---|---|---|---|
| A | 45.8 | 47.4 | 40.5 |
| B | 39.2 | 5.1 | 4.6 |
| C | 15.0 | 47.4 | 54.7 |
| 航空機 | - | 0.1 | 0.2 |

（『国土交通白書』などより作成）

|  | ア | イ | ウ | エ | オ | カ |
|---|---|---|---|---|---|---|
| A | 自動車 | 自動車 | 船舶 | 船舶 | 鉄道 | 鉄道 |
| B | 船舶 | 鉄道 | 自動車 | 鉄道 | 自動車 | 船舶 |
| C | 鉄道 | 船舶 | 鉄道 | 自動車 | 船舶 | 自動車 |

問3　次のグラフ①～③は、かつお、さんまの水あげ量、かき（養殖）の生産量の割合（2014年、％）を示したものです。①～③とかつお、さんま、かきの正しい組み合わせをア～カから1つ選び、記号で答えなさい。

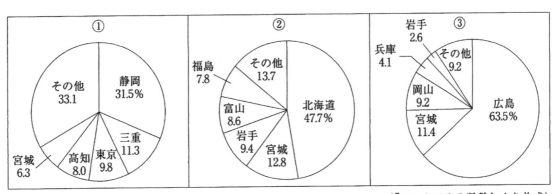

（『データでみる県勢』より作成）

|  | ア | イ | ウ | エ | オ | カ |
|---|---|---|---|---|---|---|
| ① | かつお | かつお | さんま | さんま | かき | かき |
| ② | さんま | かき | かつお | かき | かつお | さんま |
| ③ | かき | さんま | かき | かつお | さんま | かつお |

問4 次の地図をみて、（1）～（4）に答えなさい。

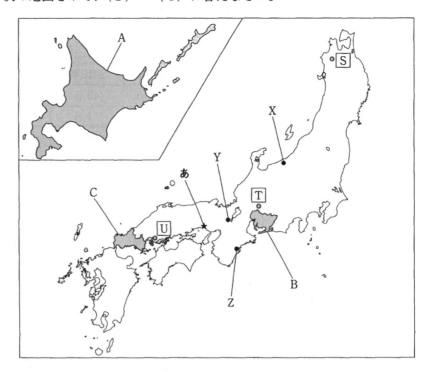

（1）次のグラフ①～③は、地図中のA～Cの道県の製造品出荷額の割合（2014年、%）
　　を示したものです。①～③とA～Cの正しい組み合わせをア～カから1つ選び、
　　記号で答えなさい。

| | | | | |
|---|---|---|---|---|
| ① | 化学 25.2 | 石油・石炭製品 21.8 | 輸送用機械 16.9 | 鉄鋼 9.7 | その他 26.4 |

パルプ・紙 6.1

| | | | | |
|---|---|---|---|---|
| ② | 食料品 29.7 | 石油・石炭製品 24.1 | 鉄鋼 8.3 | | その他 31.8 |

電気機械 4.9　　　　　生産用機械 4.1

| | | | |
|---|---|---|---|
| ③ | 輸送用機械 53.5 | 鉄鋼 5.8 | | その他 31.7 |

0　　　20　　　40　　　60　　　80　　　100%

（『データでみる県勢』より作成）

| | ア | イ | ウ | エ | オ | カ |
|---|---|---|---|---|---|---|
| ① | A | A | B | B | C | C |
| ② | B | C | A | C | A | B |
| ③ | C | B | C | A | B | A |

（2）次の図中の①～③は、地図中のX～Zの都市の１月と８月の平均気温と降水量を示したものです。①～③とX～Zの正しい組み合わせをア～カから１つ選び、記号で答えなさい。

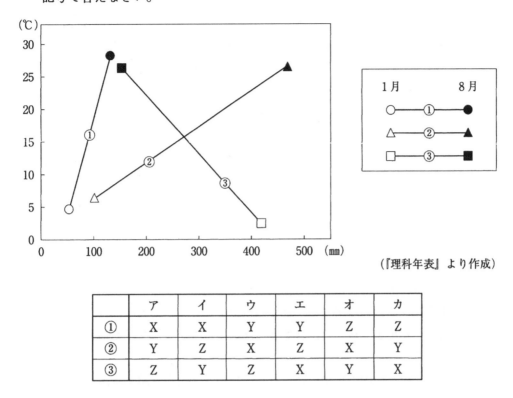

（『理科年表』より作成）

|   | ア | イ | ウ | エ | オ | カ |
|---|---|---|---|---|---|---|
| ① | X | X | Y | Y | Z | Z |
| ② | Y | Z | X | Z | X | Y |
| ③ | Z | Y | Z | X | Y | X |

（3）地図中の⑤～Ｕの場所でつくられている伝統工芸品の正しい組み合わせをア～カから１つ選び、記号で答えなさい。

|   | ア | イ | ウ | エ | オ | カ |
|---|---|---|---|---|---|---|
| S | 熊野筆 | 熊野筆 | 津軽塗 | 津軽塗 | 美濃和紙 | 美濃和紙 |
| T | 津軽塗 | 美濃和紙 | 熊野筆 | 美濃和紙 | 熊野筆 | 津軽塗 |
| U | 美濃和紙 | 津軽塗 | 美濃和紙 | 熊野筆 | 津軽塗 | 熊野筆 |

（4）地図中のあの都市には、世界遺産に登録されている城があります。この城の名称を、解答らんにあてはまるように**漢字**で答えなさい。

問5　ビニールハウスなどの施設を使って、作物の生育や、出荷する時期を早める栽培の仕方を何というか、解答らんにあてはまるように**漢字**で答えなさい。

問6　日本の貿易額の多い国・地域について示した地図をみて、説明が正しいものを
　　次のア～エから1つ選び、記号で答えなさい。

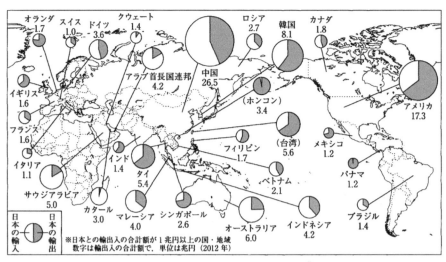

(『日本国勢図会』より作成)

ア　日本は、アメリカに対して輸入額より輸出額が多く、貿易黒字になっている。

イ　東南アジアの国はすべて、日本の輸出より日本の輸入の割合が多い。

ウ　日本の輸出より輸入の割合が多い国は、日本が石油を多く輸入している国に限ら
　　れている。

エ　ヨーロッパの国のなかには、日本の輸出が2兆円を超える国がある。


問7　世界の国々が自由な貿易を進めると、どのようなえいきょうがあるのかについて、
　　4人の小学生が意見を述べています。下の4人の意見のうち正しいものをア～エか
　　ら1つ選び、記号で答えなさい。


アイコさん：自由な貿易が進むと、外国産の安い品物がさらに輸入されて、買い物が
　　　　　　安くできるね。でも、もともと食料自給率が高い作物が安くなることは
　　　　　　ないよね。

イオリくん：自由な貿易が進めば、日本で作った工業製品を輸出しやすくなるよね。
　　　　　　それに海外で日本の企業が生産したものも輸入しやすくなると思うな。

ウタノさん：自由な貿易が進んでも、日本の輸出品のほとんどが工業製品だから、工
　　　　　　業以外の農業や他の産業にはえいきょうはないだろうね。

エイタくん：自由な貿易が進むと、輪島塗のような伝統工芸品の工場はほとんどが海
　　　　　　外に移ってしまって生産できなくなるんじゃないかな。


　　　ア　アイコさん　　　イ　イオリくん　　　ウ　ウタノさん　　　エ　エイタくん

問8　次の地図に示された@〜©の矢印は、日本へ資源を運ぶ船のおもな航路を示しています。@〜©の航路で運ばれる資源名の正しい組み合わせをア〜カから1つ選び、記号で答えなさい。

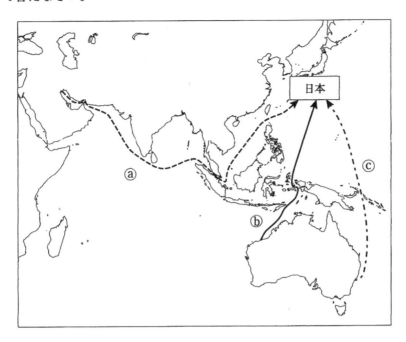

|  | ア | イ | ウ | エ | オ | カ |
|---|---|---|---|---|---|---|
| @ | 石炭 | 石炭 | 石油 | 石油 | 鉄鉱石 | 鉄鉱石 |
| ⓑ | 石油 | 鉄鉱石 | 石炭 | 鉄鉱石 | 石炭 | 石油 |
| © | 鉄鉱石 | 石油 | 鉄鉱石 | 石炭 | 石油 | 石炭 |

問9　近年、アメリカ合衆国などでは技術の向上によって、固い岩の地層の中にたまっている天然ガスを取り出すことができるようになっています。このような天然ガスを何というか、正しいものをア〜エから1つ選び、記号で答えなさい。

ア　LPガス　　イ　シェールガス　　ウ　ナフサ　　エ　メタンハイドレート

問10　2017年に、仏教徒が多いある国から、イスラム教徒の少数民族であるロヒンギャが差別を受け、隣国バングラデシュへ難民となって逃げ出すという問題が起こりました。この国にあてはまるものを、ア〜エから1つ選び、記号で答えなさい。

ア　インド　　イ　サウジアラビア　　ウ　タイ　　エ　ミャンマー

K 教英出版

# 算　数

（100点　50分）

**注意事項**

1. 試験開始のチャイムが鳴るまで、この問題冊子を開いてはいけません。
2. 問題冊子は表紙をのぞいて9ページです。
3. 答えはすべて解答用紙に正確に記入しなさい。
4. 問題冊子および解答用紙の印刷が悪いときや、ページが足りないときは、手をあげて先生に知らせなさい。
5. 問題冊子・解答用紙は切り取ってはいけません。
6. 試験が終わったら問題冊子は持ち帰りなさい。

西南学院中学校

**1** 次の問いに答えなさい。

(1) 次の ☐ にあてはまる数を求めなさい。

$$( 10 - 20 \div \boxed{\phantom{xxx}} ) \times 3 = 15$$

(2) $\dfrac{1}{3} \times \left( 18 - 2.4 \div \dfrac{4}{5} \right)$ を計算しなさい。

(3) 生徒8人が算数のテストを受けたところ，平均点は72点であり，Aさん以外の7人の平均点は69点であった。Aさんの点数は何点か。

(4) 兄と弟の所持金の比は5：3であった。兄は所持金の $\dfrac{1}{2}$ を使い，弟は所持金の $\dfrac{1}{3}$ を使ったところ，弟の所持金は400円になった。兄はいくら使ったか。

(5) 図のように，正三角形と正方形を重ねた。アの角度は何度か。

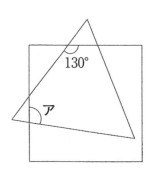

(6) 図のように，半径が 6 cm の円を 2 つ重ねた。図の色をぬった部分の面積は何 cm² か。
ただし，円周率は 3.14 とする。

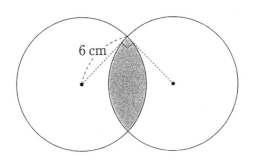

(7) 下の展開図 (ア)～(エ) のうち，組み立てると図 1 の立体になるものを 1 つ
選びなさい。

図 1

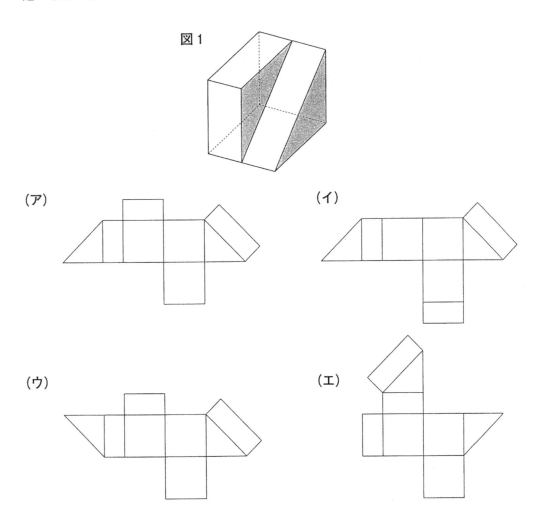

(ア)

(イ)

(ウ)

(エ)

2  A，B，C，D，E，F，G，Hの8人がトーナメント方式で卓球の試合を行ったところ，下のような結果になった。太線でかかれたところは，勝ったことを表す。

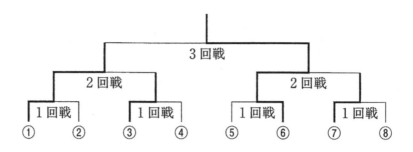

(1)　次の4つのことがわかっているとき，⑥に入る選手は何通り考えられるか。

    ・Aは3回戦で負けた。
    ・Eは1回戦でAに負けた。
    ・FはAに負けた。
    ・GはHに勝った。

(2)　(1)に加え，次の2つのことがわかった。このとき，④に入る選手を答えなさい。

    ・HはBに勝った。
    ・Dは⑤～⑧のいずれかに入っていた。

3 1辺の長さが2cmの立方体の積み木Aと，1辺の長さが3cmの立方体の積み木B
がたくさんある。この2種類の積み木をすきまなく積み重ねて，図のような直方体ア
を作る。

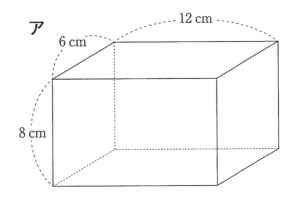

(1) Aだけを使って直方体アを作るとき，必要なAの個数は何個か。

(2) AとBの両方を必ず使って直方体アを作るとき，必要な積み木の総数は2通りある。
総数は何個の場合と何個の場合か。

**4** 面積が 9 cm² の 2 つの正三角形において，各辺を 3 等分した点をとる。この 2 つの正三角形を用いて，図 1 ～ 3 のような図形をつくる。

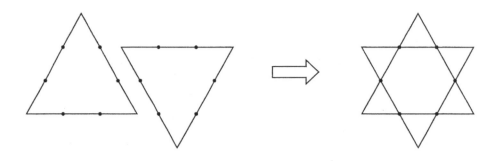

(1) 図 1 の色をぬった部分の面積は何 cm² か。

図 1

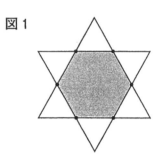

(2) 図 2 の色をぬった部分の面積は何 cm² か。

図 2

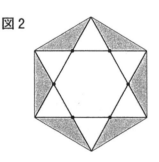

(3) 図 3 の色をぬった部分の面積は何 cm² か。

図 3

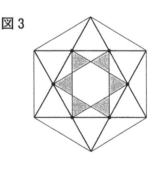

このページには問題はありません

5  A，Bの2人が地点Pを同時に出発し，次の規則にしたがって同じ向きに移動する。

- ・Aは分速80ｍで移動する。
- ・Bははじめ分速60ｍで移動する。
- ・BはAに240ｍの差をつけられると速さを分速120ｍに変え，その後Aに240ｍの差をつけると速さを分速60ｍに変える。これをくり返す。

(1)  BがAに初めて追いつくのは，2人が地点Pを出発してから何分後か。

(2)  Bが地点Pを出発してから36分後までの時間ときょりの関係をグラフにかきなさい。

(3)  地点Pを出発してから2時間後，2人は何ｍはなれているか。
　　 ただし，式や考え方も書きなさい。

下の図は，問題を解くために使ってよい。

地点Pからのきょり

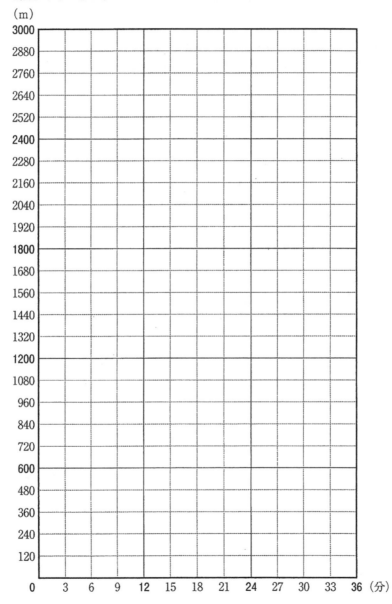

6 ある店で写真を注文するときの料金表は次のようになっている。

| 枚数 | 1枚あたりの値段 |
|---|---|
| 1枚以上 99枚以下 | 10円 |
| 100枚以上 299枚以下 | 9円 |
| 300枚以上 | 7円 |

たとえば，

200枚注文するときは，1枚あたり9円で，料金は1800円になる。

400枚注文するときは，1枚あたり7円で，料金は2800円になる。

(1) 99枚注文するときと100枚注文するときの料金の差はいくらか。

(2) 238枚注文するときと料金が同じになるのは何枚注文するときか。

(3) 料金が1000円以上になるときを考える。(2)のように，枚数はちがうが料金が同じになるときがある。そのような料金は全部で何通りあるか。

K 教英出版

# 理　科

（100点　40分）

## 注意事項

1. 試験開始のチャイムが鳴るまで、この問題冊子を開いてはいけません。
2. 問題冊子は表紙をのぞいて10ページです。
3. 答えはすべて解答用紙に正確に記入しなさい。
4. 問題冊子および解答用紙の印刷が悪いときや、ページが足りないときは、手をあげて先生に知らせなさい。
5. 試験が終わったら問題冊子は持ち帰りなさい。

西南学院中学校

**1** 水を熱したり冷やしたりしたときのようすや温度の変化を調べる実験1，2をおこない
ました。下の問いに答えなさい。

【実験1】　図1のように装置を組み立て，火の強さを変えないで水を熱してふっとうさ
　　　　　　せた。こまめにようすを確認しながら1分間ごとに温度をはかったところ，
　　　　　　グラフ1のような結果になった。

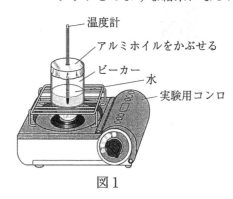

図1

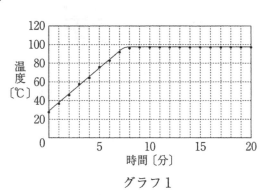

グラフ1

（1）　次の文は，熱しはじめて11分たったころ，ビーカー内で起こっていたことを説明し
　　　たものである。空らんにあてはまるものを下のア～ウから1つ選び，記号で答えよ。

　　　　水の表面から蒸発が起こり，□□□□□□□□□□□□□□□□□□□。

　　　ア　水の中のようすには変化がなかった
　　　イ　水の中から水蒸気のあわが出ていた
　　　ウ　水の中から空気のあわが出ていた

（2）　熱し続けていると，温度計をさしていた穴から湯気が出てくるのが見えた。湯気は
　　　固体，液体，気体のどれか。

（3）　水の量をこの実験の2倍にして同じように熱すると，グラフの形はどのようになる
　　　か。次の中から1つ選び，記号で答えよ。

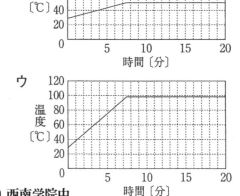

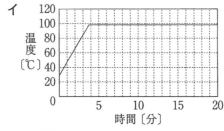

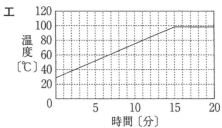

【実験2】　図2のように装置を組み立てて試験管の水を冷やして氷にした。こまめに
　　　　　ようすを確認しながら1分間ごとに温度をはかったところ，グラフ2のような
　　　　　結果になった。

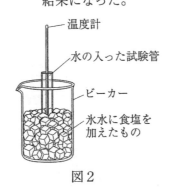

温度計
水の入った試験管
ビーカー
氷水に食塩を
加えたもの

図2

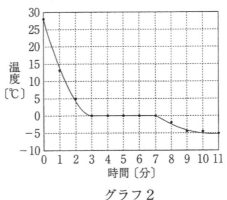

グラフ2

（4）　試験管内の水がこおりはじめたのは実験をはじめて何分後か。次の中から1つ選び，
　　　記号で答えよ。

　　ア　1分　　　イ　3分　　　ウ　7分　　　エ　9分

（5）　ビーカーの氷水に食塩を加えたのはなぜか。次の文はその理由を説明したものであ
　　　る。空らんにあてはまる言葉を答えよ。

　　　食塩を加えると，氷水だけのときに比べて　　　　　　　　　　　から。

（6）　実験中にビーカーを見ると，まわりに水滴がついていた。これと同じしくみで起
　　　こったものを次の中から1つ選び，記号で答えよ。

　　　ア　冬の寒い日に息をはくと息が白くなった。
　　　イ　ドライアイスを置いておくと小さくなった。
　　　ウ　よく晴れた日に洗たく物を干すとかわいた。
　　　エ　水とお湯に砂糖をとかすとお湯の方にたくさんとけた。

（7）　自動販売機で買った水には「ペットボトルが破損する恐れがあるのでこおらせない
　　　でください」と書いてあった。この理由を説明した次の文の空らん①，②にあてはま
　　　る語句の組み合わせとして正しいものを下の表のア～エから1つ選び，記号で答えよ。

　　　ペットボトル内の水が氷になると，　①　が　②　なるため，ペットボトルが
　　　破損する恐れがある。

|  | ① | ② |
|---|---|---|
| ア | 重さ | 重く |
| イ | 重さ | 軽く |
| ウ | 体積 | 大きく |
| エ | 体積 | 小さく |

2 テレビや新聞で天気予報を見ると，図や写真で天気を確認することができます。図1は雲画像であり，その時間の雲の位置が示されています。図2はその雲画像と同じ時間に雨が観測された地点を表した図です。次の問いに答えなさい。

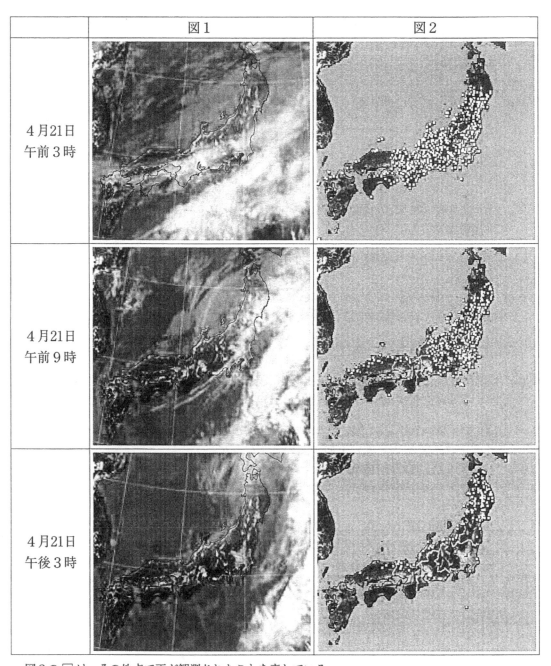

|  | 図1 | 図2 |
|---|---|---|
| 4月21日 午前3時 | | |
| 4月21日 午前9時 | | |
| 4月21日 午後3時 | | |

図2の □ は，その地点で雨が観測されたことを表している。

（1）　図2は気象庁の無人観測施設である「地域気象観測システム」において各地で観測
　　　されたデータをもとに図にしたものである。このシステムは何と呼ばれているか。
　　　カタカナで答えよ。

（2）　4月21日午後9時の雨が観測された地点を表した図として考えられるものを次の中
　　　から1つ選び，記号で答えよ。

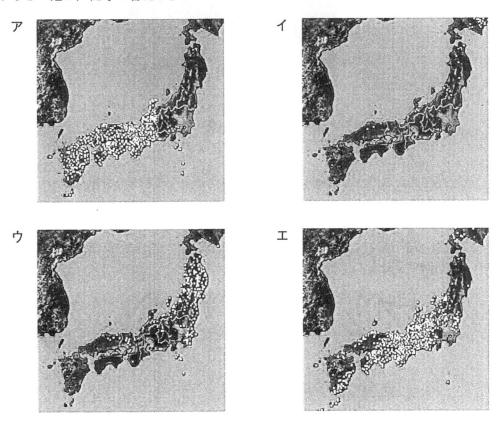

ア

イ

ウ

エ

（3）　雨量の単位として正しいものはどれか。次の中から1つ選び，記号で答えよ。

　　　ア　hPa　　　イ　mL　　　ウ　m³　　　エ　mm

（4）　図3は夏によく発生する雲である。かみなり雲（らい雲）や
　　　入道雲とも呼ばれるこの雲の名前を答えよ。

図3

－　4　－

（5） 図4はある日の雲画像であり，Xは台風を示している。

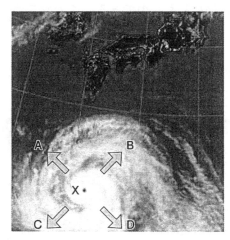

図4

① Xがこのあと，通常進む方向として考えられるものをA〜Dから2つ選び，記号
で答えよ。

② Xの海面付近では，どのような向きに風がふいているか。次の中から1つ選び，
記号で答えよ。

（6） 次の文章を読み，下の問いに答えよ。

近年，日本では台風などにより，各地で雨による大きな災害が起こっている。この
ような異常気象の原因の1つとして，地球の気温が上昇していることが考えられて
いる。

① 下線部のことを何というか。漢字で答えよ。

② ①は，石油などの燃料を大量に燃やしたり，森林の伐採によって植物を減らした
りしたことによって，ある気体が増えたことが原因の1つと考えられている。この
気体の名前を漢字で答えよ。

**3** 私たちの体にはたくさんの骨や筋肉があり，これらがはたらいて体を動かしたり支えたりしています。これについて次の問いに答えなさい。

（1） 骨と骨のつなぎ目で，体を曲げることができるところを何というか。

（2） うでを曲げたとき，筋肉のようすはどうなるか。正しく説明したものを次の中から1つ選び，記号で答えよ。

内側

外側

　　ア　うでの内側と外側の筋肉がどちらもちぢむ。
　　イ　うでの内側と外側の筋肉がどちらもゆるむ。
　　ウ　うでの内側の筋肉がちぢみ，外側の筋肉がゆるむ。
　　エ　うでの内側の筋肉がゆるみ，外側の筋肉がちぢむ。

（3） うでやあし首を曲げたり伸ばしたりするときのしくみが分かるように，もけいをつくってみることにした。

　① うでの骨のようすを表したもけいとして正しいものはどれか。次の中から1つ選び，記号で答えよ。

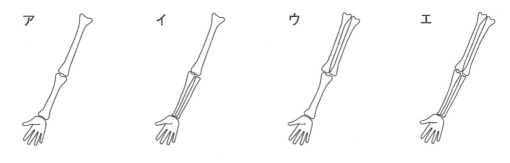

ア　　　　　　　イ　　　　　　　ウ　　　　　　　エ

　② あし首を動かすときにはたらく筋肉のようすがわかるように，足の骨と筋肉のもけいをつくりたい。A，Bの筋肉の上の方はつけたが，下の方はどこにつければよいか。次の中から1つ選び，記号で答えよ。

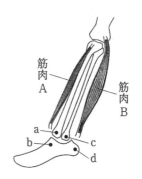

筋肉A

筋肉B

a
b
c
d

　　ア　筋肉Aをaに，筋肉Bをcにつける。
　　イ　筋肉Aをaに，筋肉Bをdにつける。
　　ウ　筋肉Aをbに，筋肉Bをcにつける。
　　エ　筋肉Aをbに，筋肉Bをdにつける。

**4** オナモミはキクのなかまで，右図のように花が咲き，写真のような実ができます。いろいろな状態のオナモミを用意し，1日（24時間）の間に光を当てて明るくする時間と箱をかぶせて暗くする時間を変えて，花が咲くかどうかを調べる実験①〜⑥をおこない，表にしました。これについて，次の問いに答えなさい。

花　　　実

| オナモミの状態 | 実験 | 明るい時間 | 暗い時間 | 花が咲いたか |
|---|---|---|---|---|
|  | ① | 14時間 | 10時間 | すべて咲いた |
|  | ② | 15時間 | 9時間 | すべて咲いた |
|  | ③ | 16時間 | 8時間 | 1つも咲かなかった |
|  | ④ | 17時間 | 7時間 | 1つも咲かなかった |
|  | ⑤ | 15時間 | 9時間 | 1つも咲かなかった |
|  | ⑥ | 15時間 | 9時間 | すべて咲いた |

（1）実験①〜④の結果から，オナモミはどのような時期に花を咲かせはじめると考えられるか。次の中から1つ選び，記号で答えよ。

　　ア　昼が長く，夜が短くなっていく時期
　　イ　昼が短く，夜が長くなっていく時期
　　ウ　昼や夜の長さに関係なく1年中

（2）オナモミが葉で光を感じとっていることを確かめるには，どの実験とどの実験の結果を比べればよいか。次の中から1つ選び，記号で答えよ。

　　ア　①と②　　　イ　②と③　　　ウ　②と⑤　　　エ　②と⑥　　　オ　④と⑤

（3）実験①〜⑥の結果からわかることを正しく説明したものを，次の中から1つ選び，記号で答えよ。

　　ア　オナモミは葉だけでなく茎でも光を感じとっている。
　　イ　オナモミが光を感じとるにはすべての葉が必要である。
　　ウ　オナモミが花を咲かせるには，一部の葉が昼と夜の長さを感じとればよい。
　　エ　オナモミの花は，昼と夜の長さを感じとった部分だけで咲く。

オナモミがどのようなときに花を咲かせるのかを，もっとくわしく調べるためにすべての葉がついているオナモミを用意し，明るい時間と暗い時間の長さを変えたり，途中で短時間だけ明るくしたり暗くしたりして実験⑦～⑨をおこなった。下の表では右図のように明るくした時間を白色で，暗くした時間を灰色で表した。

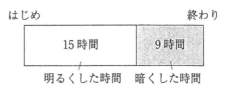

| 実験 | 明るい時間と暗い時間 | 花が咲いたか |
|---|---|---|
| ⑦ | 暗くした<br>3時間 / 12時間 / 9時間<br>明るくしはじめてから3時間後に短時間暗くした | 咲いた |
| ⑧ | 明るくした<br>15時間 / 3時間 / 6時間<br>暗くしはじめてから3時間後に短時間明るくした | 咲かなかった |
| ⑨ | 暗くした<br>3時間 / 9時間 / 12時間<br>明るくしはじめてから3時間後に短時間暗くした | 咲いた |

（4） 実験①～⑨の結果から，オナモミの花が咲くために必要なことは何だと分かるか。次の中から1つ選び，記号で答えよ。

　　ア　明るい時間が15時間以上続くこと
　　イ　明るい時間が合計で15時間以上あること
　　ウ　明るい時間が12時間以上続くこと
　　エ　明るい時間が合計で12時間以上あること
　　オ　暗い時間が9時間以上続くこと
　　カ　暗い時間が合計で9時間以上あること

5 Aくんはプールに泳ぎに行ったとき，水の中では自分の体が軽く感じられたり，物を簡単に持ち上げられることに気づきました。先生に聞くと，「これは水の中では浮く力がはたらくためである」と教えてくれました。Aくんは次のような実験をおこない，水の中ではたらく浮く力の大きさについて調べました。次の問いに答えなさい。

【実験1】
① 図1のような高さが6cmで150gの直方体のおもりをばねはかりにつるし，図2のように少しずつ水の中に入れた。
② 図3のように水面からおもりの底面までの水の深さを測りながら，ばねはかりの値を読み，まとめると下のグラフ1のような結果になった。

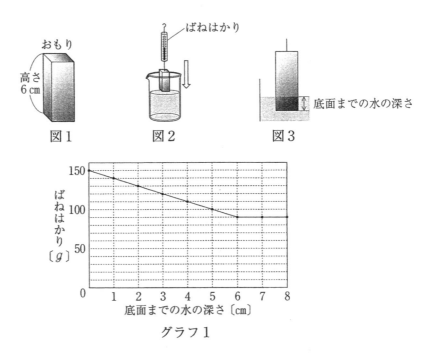

図1　図2　図3

グラフ1

【実験2】
① 図4のように，形と大きさが実験1のおもりと同じで，重さが50gの木材を用意した。
② 図2と同じように少しずつ水の中に入れた。底面までの水の深さが3cmのところまで入れると，グラフ2のような結果になった。

図4

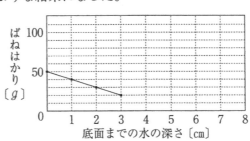

グラフ2

（1）　実験1でおもりの底面までの水の深さが4cmのとき，ばねはかりの値は何gを示したか。

（2）　（1）のとき浮く力の大きさは何g分か。

（3）　実験2で木材の底面までの水の深さが4cmのとき，浮く力の大きさは何g分か。

（4）　実験2で，木材の底面までの水の深さが何cmになると，それ以上しずまなくなるか。

（5）　実験1，2の結果から，浮く力の大きさについてどのようなことがわかるか。正しく説明しているものを次の中から1つ選び，記号で答えよ。

　　　ア　おもりが水の中に入るほど，浮く力は小さくなる。
　　　イ　おもりが水の中に入るほど，浮く力は大きくなる。
　　　ウ　おもりが水の中にどれだけ入っても，浮く力の大きさは変わらない。
　　　エ　おもりがすべて水の中に入ると，浮く力ははたらかなくなる。

　Aくんは実験1と2をした後に，先生から「プールと海では浮く力の大きさがちがい，それは水に塩が溶けていることと関係がある」と教えてもらった。そこでAくんは海水のかわりに濃い食塩水に氷を浮かべて，水に氷を浮かべたときと比べてみた。

（6）　濃い食塩水に氷を浮かべたとき，その浮き方は水に氷を浮かべたときと比べてどのようになるか。もっとも正しいものを次の中から1つ選び，記号で答えよ。

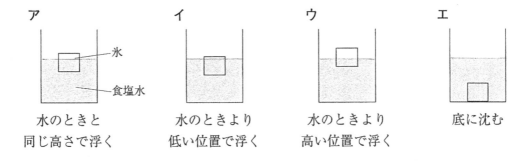

|ア|イ|ウ|エ|
|---|---|---|---|
|水のときと<br>同じ高さで浮く|水のときより<br>低い位置で浮く|水のときより<br>高い位置で浮く|底に沈む|

K 教英出版

# 社　会

（100点　40分）

## 注意事項

1. 試験開始のチャイムが鳴るまで、この問題冊子を開い
てはいけません。
2. 問題冊子は表紙をのぞいて13ページです。
3. 答えはすべて解答用紙に文字または記号で正確に記入
しなさい。
4. 問題冊子および解答用紙の印刷が悪いときや、ページ
が足りないときは、手をあげて先生に知らせなさい。
5. 試験が終わったら問題冊子は持ち帰りなさい。

西南学院中学校

**1** 次の地図中の①・②は、遺跡が発見された場所を示しています。これらを見て、問1～問2に答えなさい。

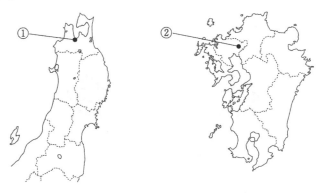

問1　地図中①には、今から約5500年前から約4000年前の約1500年間にわたって、人々がくらしていたあとが見つかっています。この遺跡の名前を、解答らんにあてはまるように**漢字**で答えなさい。

問2　地図中②に関する写真を見て、この遺跡の説明として**誤っているもの**をア～エから1つ選び、記号で答えなさい。

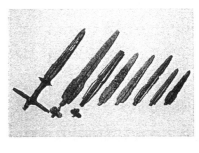

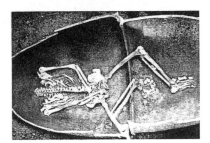

（パンフレットなどより引用）

ア　身分の区別がない集落であったと考えられる。

イ　他のむらとの間で争いがおこっていたと考えられる。

ウ　金属器が使われていたと考えられる。

エ　米作りが行われていたと考えられる。

2 次の問1～問2に答えなさい。

問1 次の文章を読んで、（1）・（2）に答えなさい。

> 家光は大名たちを集め、次のように言ったといわれています。
> 「①わたしの祖父や父は、昔はおまえたちと一緒に戦った仲間であった。しかし、わたしは、生まれながらの将軍である。これからは、②おまえたちを家来としてあつかう。もしこれに不満なら、領地にもどって心を決め、幕府に戦いをしかけてきてもかまわない。」

（1） 下線部①の人物は1600年におこった「天下分け目の戦い」に勝利しました。この戦いは現在のどこでおこなわれましたか。次のア～エから1つ選び、記号で答えなさい。

ア　愛知県　　　イ　大阪府　　　ウ　岐阜県　　　エ　長野県

（2） 下線部②に関して、江戸幕府による大名支配のしくみについての説明として正しいものをア～エから1つ選び、記号で答えなさい。

ア　徳川氏一族の大名のうち、特に尾張・長州・水戸は御三家と呼ばれた。
イ　将軍は、大名をとりしまるために御成敗式目を定めた。
ウ　江戸から遠い地方には、島津氏などの譜代大名を置いた。
エ　大名をとりしまるために、大目付という役職が置かれた。

問2 江戸時代の外交や貿易についての説明として**誤っているもの**をア～エから1つ選び、記号で答えなさい。

ア　江戸時代の初めごろには、将軍の朱印状を持った船が東南アジアで貿易を行った。
イ　朝鮮との貿易や外交は対馬藩を通して行われ、朝鮮通信使が日本をおとずれた。
ウ　蝦夷地に住むアイヌの人々は、シャクシャインを中心に松前藩と戦った。
エ　参勤交代の制度が定められた年に、ポルトガル船の来航が禁止された。

3 次のA～Eは、それぞれある人物について述べたものです。これらを読んで、問1～
問6に答えなさい。

A　この人物が、日本を従えようとする元の要求を退けたため、元は2度にわたって九
　州北部にせめてきました。この人物は、御家人たちを九州に集めて、元軍と戦いました。

B　この人物は、むすめを天皇のきさきにして、一族で朝廷の重要な役職を独占し、武
　士で初めて、政治に大きな影響力をもつようになりました。

C　この人物は、中臣鎌足らとともに、中国にならって天皇を中心とする政治のしくみ
　づくりを進めました。

D　この人物は、大阪城を築いて政治の拠点としました。また、全国に家来を派遣して
　村ごとに検地をおこない、田畑の面積を測りました。

E　この人物は、征夷大将軍に任命され、京都に幕府を開きました。

問1　Aの人物をア～エから1つ選び、記号で答えなさい。

　ア　竹崎季長　　　　イ　北条時宗　　　　ウ　北条政子　　　　エ　源頼朝

問2　Bの人物の説明として正しいものをア～エから1つ選び、記号で答えなさい。

　ア　平治の乱で敗れ、伊豆に流されたが、関東の武士たちを味方につけて兵をあげた。
　イ　摂政となって権力をふるい、世の中すべてが思い通りになっているという歌をよ
　　んだ。
　ウ　壇ノ浦の戦いで活やくしたが、その後兄と対立し、平泉でなくなった。
　エ　厳島神社がまつる神を一族の守り神として敬い、海上交通の安全をいのった。

問3　Cの人物がたおした豪族と、その年に定められた年号の正しい組み合わせを
　ア～カから1つ選び、記号で答えなさい。

| | ア | イ | ウ | エ | オ | カ |
|---|---|---|---|---|---|---|
| 豪族 | 大伴氏 | 大伴氏 | 蘇我氏 | 蘇我氏 | 物部氏 | 物部氏 |
| 年号 | 大化 | 大宝 | 大化 | 大宝 | 大化 | 大宝 |

問4　Dの人物の説明として**誤っているもの**をア～エから１つ選び、記号で答えなさい。

ア　織田信長にそむいた明智光秀をうち破った。

イ　朝廷から征夷大将軍に任命され、天下統一を成しとげた。

ウ　武士と百姓や町人の身分のちがいをはっきりさせた。

エ　中国を征服するため、２度にわたって朝鮮に大軍を送った。

問5　Eの人物が開いた幕府の時代に描かれたものをア～エから１つ選び、記号で答えなさい。

ア

イ

ウ

エ

問6　A～Eに下のFを加えて、古いものから順に並べなさい。その場合、２番目と５番目にあてはまるものの正しい組み合わせをア～ケから１つ選び、記号で答えなさい。

F　この人物の意見により、遣唐使が停止されました。また、この人物は役人として大宰府に送られ、その地でなくなりました。

|  | ア | イ | ウ | エ | オ | カ | キ | ク | ケ |
|---|---|---|---|---|---|---|---|---|---|
| ２番目 | B | B | B | C | C | C | F | F | F |
| ５番目 | A | D | E | A | D | E | A | D | E |

4 次の略年表は幕末以降におこったことをまとめたものです。略年表の（a）〜（d）の期間について、問1〜問5に答えなさい。

| |
|---|
| （a） |
| 政府は、五か条の御誓文を定めた |
| （b） |
| 板垣退助らが自由党をつくった |
| （c） |
| 政府は、領事裁判権（治外法権）の廃止に成功した |
| （d） |

問1　略年表中（a）の期間におこったA〜Cのできごとを、年代の古い順に並べた場合、正しいものをア〜カから1つ選び、記号で答えなさい。

A　日米修好通商条約を結んだ。
B　坂本龍馬らのはたらきかけによって、薩摩藩と長州藩が同盟を結んだ。
C　長州藩が外国と戦い、下関の砲台が占領された。

ア　A → B → C　　　イ　A → C → B　　　ウ　B → A → C
エ　B → C → A　　　オ　C → A → B　　　カ　C → B → A

問2　略年表中（b）の期間の日本のできごととして誤っているものをア〜エから1つ選び、記号で答えなさい。

ア　新橋・横浜間で鉄道が開通した。
イ　都市部でガス灯が使われ始めた。
ウ　郵便制度が始まった。
エ　ラジオ放送が始まった。

問3　略年表中（ｃ）の期間について述べた次の文章中の下線部が正しいか、誤っているかを判断し、ア～エからあてはまるものを１つ選び、記号で答えなさい。

> この期間に、大日本帝国憲法にもとづいた最初の貴族院議員選挙がおこなわれました。この選挙では、選挙権が一定の金額以上の税金を納めた25才以上の男性に限られており、選挙権をもつことができたのは、国民全体の約３％でした。

　　ア　３つとも正しい　　イ　２つ正しい　　ウ　１つ正しい　　エ　３つとも誤っている

問4　略年表中（ｄ）の期間にアメリカにわたって細菌学者として活やくし、アフリカのガーナで黄熱病の調査研究をした人物名を漢字で答えなさい。

問5　次のできごとは、略年表中（ａ）～（ｄ）の期間のいずれかにあてはまります。正しいものをア～エから１つ選び、記号で答えなさい。

> 新政府に不満をもった士族らが鹿児島で反乱をおこした

　　ア　（ａ）の期間　　イ　（ｂ）の期間　　ウ　（ｃ）の期間　　エ　（ｄ）の期間

5 次のA～Eを読んで、問1～問6に答えなさい。

A ヨーロッパでは、1939年にドイツが（ X ）を攻撃したことをきっかけに、イギリス、フランスがただちにドイツに宣戦を布告しました。また、アジアでは、日本がドイツ、イタリアと軍事同盟を結び、アメリカやイギリスなどの①連合国との対立を深めていきました。

B 日本国憲法が公布されました。この憲法によって、国民が主権者となり、天皇は国や国民のまとまりの（ Y ）であるとされました。

C ②昭和時代に入ったころ、不景気はますますひどくなりました。軍人や政治家のなかには、満州を日本のものにすれば、この不景気からぬけ出せると主張する者も現れました。そこで日本軍は、（ Z ）郊外（こうがい）で南満州鉄道の線路を爆破し、これを中国軍のしわざだとして攻撃をはじめました。

D 朝鮮では、大韓民国と朝鮮民主主義人民共和国の両国間で③戦争がおこりました。

E ロシアが周辺諸国を巻き込み、ソビエト社会主義共和国連邦（ソ連）が生まれました。

問1 次のヨーロッパの国々のうち、現在、ユーロというお金を導入していない国をア～エから1つ選び、記号で答えなさい。

ア イギリス　　イ イタリア　　ウ ドイツ　　エ フランス

問2 （1）（ X ）にあてはまる国名をカタカナで答えなさい。

（2）（ Y ）にあてはまる語句を漢字2字で答えなさい。

（3）（ Z ）にあてはまる都市名をア～エから1つ選び、記号で答えなさい。

ア ナンキン（南京）　　イ フォンティエン（奉天）
ウ ペキン（北京）　　エ リュイシュン（旅順）

## 2

| (1) | 通り |
|---|---|
| (2) | |

## 3

| (1) | 個 |
|---|---|
| (2) | 個　　個 |

(graph axis labels)
840
720
600
480
360
240
120
0　3　6　9　12　15　18　21　24　27　30　33　36（分）

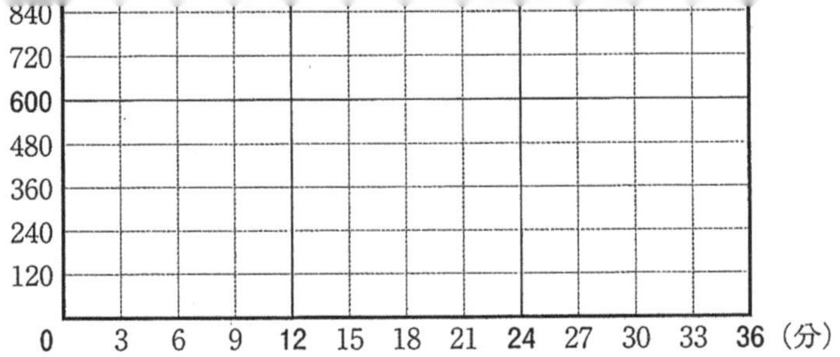

| (3) | |
|---|---|
| | （答）　　　　　m |

## 4

| (1) | cm² |
|---|---|
| (2) | cm² |
| (3) | cm² |

## 6

| (1) | 円 |
|---|---|
| (2) | 枚 |
| (3) | 通り |

| 総　　計 |
|---|
| |

※100 点満点
（配点非公表）

2017(H29) 西南学院中
K 教英出版

| 3 | (1) | | (2) | (3) | |
|---|-----|--|-----|-----|--|
| | | | | ① | ② |
| | | | | | |

| 4 | (1) | (2) | (3) | (4) |
|---|-----|-----|-----|-----|
| | | | | |

| 5 | (1) | (2) | (3) |
|---|-----|-----|-----|
| | *g* | *g* | *g* |

| (4) | (5) | (6) |
|-----|-----|-----|
| cm | | |

総計

※100 点満点
（配点非公表）

**5**

| 問1 | 問2 | （1） | （2） | （3） |
|---|---|---|---|---|
| | | | | |

| 問3 | 問4 | 問5 | 問6 |
|---|---|---|---|
| | | | |

**6**

| 問1 | （1） | （2） | （3） | 問2 | 問3 | 問4 |
|---|---|---|---|---|---|---|
| | | | | | | 市 |

| 問5 | （1） | （2） | 問6 | 問7 | 問8 | 問9 |
|---|---|---|---|---|---|---|
| | | | | | | |

| 総計 | ※100 点満点<br>（配点非公表） |
|---|---|
| | |

2017(H29) 西南学院中

K 教英出版

受験番号

# 社 会 解 答 用 紙

【注意】
このらんには何も
記入しないこと

| 1 | 問1 | 問2 |
|---|---|---|
| | 遺跡 | |

| 2 | | （1） | （2） | 問2 |
|---|---|---|---|---|
| | 問1 | | | |

| 3 | 問1 | 問2 | 問3 | 問4 | 問5 | 問6 |
|---|---|---|---|---|---|---|
| | | | | | | |

| 4 | 問1 | 問2 | 問3 | 問4 | 問5 |
|---|---|---|---|---|---|
| | | | | | |

【解答用

2017（平成29）年度

# 理 科 解 答 用 紙

1

| （1） | （2） | （3） | （4） |
|------|------|------|------|
|      |      |      |      |

| （5） | （6） | （7） |
|------|------|------|
|      |      |      |

2

| （1） | （2） | （3） |
|------|------|------|
|      |      |      |

| （4） | （5） | |
|------|------|------|
|      | ① | ② |
|      | , | |

| （6） | |
|------|------|
| ① | ② |

2017（平成29）年度

# 算 数 解 答 用 紙

1

| (1) | |
|---|---|
| (2) | |
| (3) | 点 |
| (4) | 円 |
| (5) | 度 |
| (6) | cm² |

5

| (1) | 分後 |
|---|---|

地点Pからのきょり
（m）

(2)

| 3000 |
| 2880 |
| 2760 |
| 2640 |
| 2520 |
| 2400 |
| 2280 |
| 2160 |
| 2040 |
| 1920 |
| 1800 |
| 1680 |
| 1560 |
| 1440 |
| 1320 |
| 1200 |

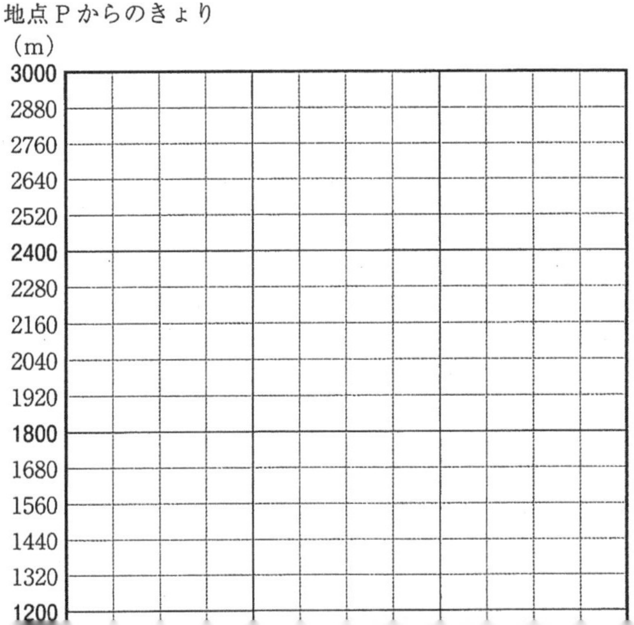

問3　下線部①に関連して、日本は、アジア・太平洋に広がる戦争をくり広げました。この戦争中のa〜cのできごとを、年代の古い順に並べた場合、正しいものをア〜カから1つ選び、記号で答えなさい。

a　学童の集団そかいがはじまった。
b　ソ連が日本に宣戦し、満州などに攻めこんできた。
c　日本軍がマレー半島に上陸し、イギリス軍を攻撃した。

ア　a → b → c　　　イ　a → c → b　　　ウ　b → a → c
エ　b → c → a　　　オ　c → a → b　　　カ　c → b → a

問4　下線部②の説明として正しいものをア〜エから1つ選び、記号で答えなさい。

ア　アメリカではじまった不景気が、日本にも影響を与えた。
イ　お金を預けようとする人々が、銀行におしかけた。
ウ　ソ連が、日本に対する石油の輸出を禁止した。
エ　東南アジアの国々が、独立して急成長し、日本の輸出はのびなやんだ。

問5　下線部③の戦争がはじまると、日本では、連合国軍総司令部（GHQ）の指令によって、今の自衛隊のもとになる組織がつくられました。この組織を何というか、**漢字5字**で答えなさい。

問6　A〜Eを古いものから順に並べなさい。その場合、2番目と4番目にあてはまるものの正しい組み合わせをア〜カから1つ選び、記号で答えなさい。

|  | ア | イ | ウ | エ | オ | カ |
|---|---|---|---|---|---|---|
| 2番目 | A | A | C | C | E | E |
| 4番目 | B | D | B | D | B | D |

# 6 次の問1〜問9に答えなさい。

問1 次の地図は、南極点を中心として赤道までの範囲を描いたものです。地図中の経線・緯線は30度間隔（かんかく）で描かれており、地図の一番外側の円は赤道を示しています。以下の（1）〜（3）に答えなさい。

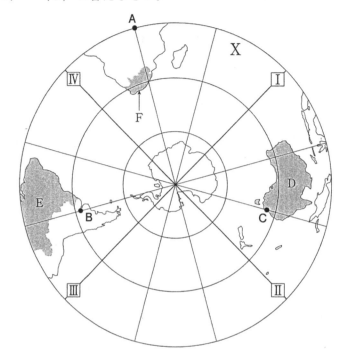

（1）地図中の経線Ⅰ〜Ⅳのうち、経度０度にあたるものと、地図中のXの名称の正しい組み合わせをア〜クから１つ選び、記号で答えなさい。

|  | ア | イ | ウ | エ | オ | カ | キ | ク |
|---|---|---|---|---|---|---|---|---|
| 経度０度 | Ⅰ | Ⅱ | Ⅲ | Ⅳ | Ⅰ | Ⅱ | Ⅲ | Ⅳ |
| X | インド洋 | インド洋 | インド洋 | インド洋 | 大西洋 | 大西洋 | 大西洋 | 大西洋 |

（2）次の①・②の文が正しいか、誤っているかを判断し、その組み合わせをア〜エから１つ選び、記号で答えなさい。

① 南極点からA地点までの地球の表面における最短距離は、実際は約１万kmです。

② B地点が９月１日午前７時のとき、C地点ではまだ８月31日午後９時です。

|  | ア | イ | ウ | エ |
|---|---|---|---|---|
| ① | 正 | 正 | 誤 | 誤 |
| ② | 正 | 誤 | 正 | 誤 |

（3）次のグラフは、日本のある天然資源のおもな輸入先（2014年、％）を示したものです。グラフ中のD～F国には、地図中の ▨ で示されたD～Fがあてはまります。この天然資源は何か、ア～エから１つ選び、記号で答えなさい。

ア　原油　　イ　鉄鉱石　　ウ　天然ガス　　エ　銅鉱石

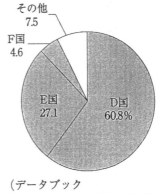

（データブック
オブザワールドより作成）

問２　次のグラフは、日本の輸出額または輸入額における上位５港のしめる割合（2014年、％）とその総額を示しています。さらに、その下の表はグラフ中の港A～Cのおもな輸出品・輸入品をまとめたものです。グラフ中のA～Cにあてはまる港名の正しい組み合わせをア～カから１つ選び、記号で答えなさい。

| 輸出額 73兆930億円 | A 15.6% | B 11.1 | 横浜 9.7 | C 8.4 | 神戸 7.5 | その他 47.7 |
|---|---|---|---|---|---|---|

| 輸入額 85兆9,091億円 | B 13.6% | C 12.8 | A 6.7 | 千葉 6.4 | 大阪 6.0 | その他 54.5 |
|---|---|---|---|---|---|---|

0%　　20%　　40%　　60%　　80%　　100%

| 港名 | おもな輸出品 | おもな輸入品 |
|---|---|---|
| A | 自動車、自動車部品、エンジン | 液化ガス、石油、衣類、アルミニウム |
| B | デジタルカメラ、電子部品、金 | スマートフォン、医薬品、電子部品 |
| C | コンピュータ部品、自動車部品 | 衣類、コンピュータ、魚介類、肉類 |

（データブックオブザワールドなどより作成）

| | ア | イ | ウ | エ | オ | カ |
|---|---|---|---|---|---|---|
| A | 東京港 | 東京港 | 名古屋港 | 名古屋港 | 成田国際空港 | 成田国際空港 |
| B | 名古屋港 | 成田国際空港 | 東京港 | 成田国際空港 | 東京港 | 名古屋港 |
| C | 成田国際空港 | 名古屋港 | 成田国際空港 | 東京港 | 名古屋港 | 東京港 |

問３　次の文章中の（　Ｘ　）にあてはまる語句を漢字２字で答えなさい。

外国の製品が大量に安く輸入されると、国内の産業がおとろえる心配があります。そこで各国は、輸入品に（　Ｘ　）と呼ばれる税金をかけて、国内の産業を守ろうとしてきました。しかし、最近では貿易をますますさかんにするために、おたがいに（　Ｘ　）をかけない開かれた貿易を進めようと、世界の国々が話し合いを行っています。

問4　次の文章は、日本のある県について説明したものです。この県の県庁所在地を、解答らんにあてはまるように漢字で答えなさい。

> この県は、海に面していません。農業では、こんにゃくいもの生産が全国1位です。その他にも、嬬恋村のように、浅間山などの標高が高い山々の近くの高原では、夏でも涼しい気候を活かしてキャベツなどの生産がさかんです。また、工業の分野では、かつては製糸業がよく行われていましたが、現在は自動車工業がこの県の工業の中心となっており、周辺の県とともに北関東工業地域と呼ばれています。

問5　次の地図と写真を見て、（1）・（2）に答えなさい。

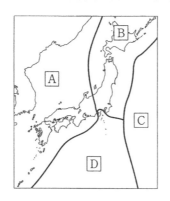 

（1）地図中の太線は、日本列島付近のプレートの境界を示したものです。地図中のⒶ〜Ⓓのプレートの名前は、次の①〜④のいずれかがあてはまります。ⒶとⒸのプレートの名前の正しい組み合わせをア〜シから1つ選び、記号で答えなさい。

> ＜プレートの名前＞
> ①　北アメリカプレート　　②　太平洋プレート
> ③　フィリピン海プレート　　④　ユーラシアプレート

|  | ア | イ | ウ | エ | オ | カ | キ | ク | ケ | コ | サ | シ |
|---|---|---|---|---|---|---|---|---|---|---|---|---|
| Ⓐ | ① | ① | ① | ② | ② | ② | ③ | ③ | ③ | ④ | ④ | ④ |
| Ⓒ | ② | ③ | ④ | ① | ③ | ④ | ① | ② | ④ | ① | ② | ③ |

（2）上の写真は、日本のある島を撮影したものです。この島の名前と、日本の国土におけるこの島の位置の正しい組み合わせをア〜ケから1つ選び、記号で答えなさい。

|  | ア | イ | ウ | エ | オ | カ | キ | ク | ケ |
|---|---|---|---|---|---|---|---|---|---|
| 名前 | 沖ノ鳥島 | 沖ノ鳥島 | 沖ノ鳥島 | 南鳥島 | 南鳥島 | 南鳥島 | 与那国島 | 与那国島 | 与那国島 |
| 位置 | 最西端 | 最東端 | 最南端 | 最西端 | 最東端 | 最南端 | 最西端 | 最東端 | 最南端 |

問6　次のグラフは、日本の中小工場と大工場を比較したものです。①〜③は、工場数の割合、機械工業と食料品工業のそれぞれの生産額にしめる割合（2014年、％）のいずれかがあてはまります。①〜③の正しい組み合わせをア〜カから1つ選び、記号で答えなさい。

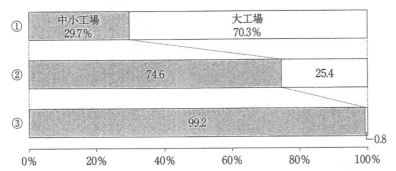

注）中小工場は、働く人が1人〜299人までの工場、大工場は働く人が300人以上の工場のこと。

（経済産業省ホームページより作成）

|  | ア | イ | ウ | エ | オ | カ |
|---|---|---|---|---|---|---|
| 工場数 | ① | ① | ② | ② | ③ | ③ |
| 機械工業 | ② | ③ | ① | ③ | ① | ② |
| 食料品工業 | ③ | ② | ③ | ① | ② | ① |

問7　次の図①〜③は、日本の1農家当たりの耕地面積（2010年）、農業生産額（2013年）、果実が農業生産額にしめる割合（2013年）の上位10道府県を示したものです。その正しい組み合わせをア〜カから1つ選び、記号で答えなさい。

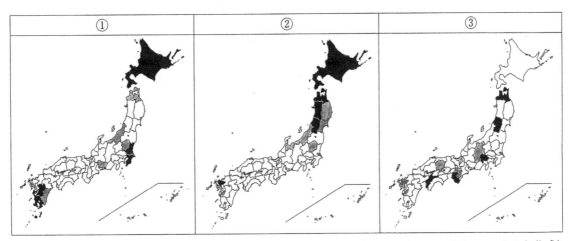

※ ■は1位〜5位、▨は6位〜10位。

（データブックオブザワールドより作成）

|  | ア | イ | ウ | エ | オ | カ |
|---|---|---|---|---|---|---|
| 1農家当たりの耕地面積 | ① | ① | ② | ② | ③ | ③ |
| 農業生産額 | ② | ③ | ① | ③ | ① | ② |
| 果実が農業生産額にしめる割合 | ③ | ② | ③ | ① | ② | ① |

問８　次の文中の（　Ｘ　）にあてはまる地名をア〜エから１つ選び、記号で答えなさい。

右図中の（　Ｘ　）市では、古くから伝統的な工芸品として、木からけずり出した器に漆をぬった漆器がつくられています。

（　Ｘ　）市

ア　金沢　　イ　鯖江　　ウ　高岡　　エ　輪島

問９　次の写真１・２を見て、下の文章中の（　Ｙ　）にあてはまる語句を**カタカナ**で答えなさい。

写真１：（　Ｙ　）の林

写真２：えびの養殖池のようす

日本は、えびを東南アジアの国々などから数多く輸入しています。それらの国々では、沿岸部や河川の河口付近に茂る（　Ｙ　）の林（写真１）が、えびの養殖池（写真２）をつくるために伐採され、その面積が急速に減少しています。また、油ヤシや天然ゴムなどの農園をつくるために、ジャングルも大規模に伐採されています。

K 教英出版

# 算　数

（100点　40分）

## 注意事項

1. 試験開始のチャイムが鳴るまで、この問題冊子を開いてはいけません。
2. 問題冊子は表紙をのぞいて9ページです。
3. 答えはすべて解答用紙に正確に記入しなさい。
4. 問題冊子および解答用紙の印刷が悪いときや、ページが足りないときは、手をあげて先生に知らせなさい。
5. 試験が終わったら問題冊子は持ち帰りなさい。

西南学院中学校

2 次のように，数が書かれたカードが11枚ある。

| 1 | 2 | 4 | 8 | 16 | 32 | 64 | 128 | 256 | 512 | 1024 |

カードを何枚かぬりつぶし，そこに書かれていた数の合計を考える。
たとえば，下のようにぬりつぶしたとき，合計は13である。

| 1 | 2 | 4 | 8 | 16 | 32 | 64 | 128 | 256 | 512 | 1024 |

(1) 合計が7以下になるぬり方は何通りあるか。ただし，カードは1枚以上ぬりつぶすものとする。

| 1 | 2 | 4 | 8 | 16 | 32 | 64 | 128 | 256 | 512 | 1024 |

(2) 合計が1916になるためには，何枚のカードをぬりつぶせばよいか。

| 1 | 2 | 4 | 8 | 16 | 32 | 64 | 128 | 256 | 512 | 1024 |

**3** AさんとBさんは次のような規則にしたがい，同じ日に工場で働き始める。

・Aさんは1日に20個，Bさんは1日に15個の品物を作る
・Aさんは3日続けて働いて1日休み，Bさんは4日続けて働いて1日休む

(1) 2人が初めて同じ日に休むのは，働き始めてから何日目か。

(2) 2人が初めて同じ日に休むまでに，2人合わせて何個作るか。

(3) 2人合わせて1200個作るのは，働き始めてから何日目か。

**5** 図のように，半径 2 cm の円板を 2 つ組み合わせた図形アがある。
ただし，円周率は 3.14 とする。

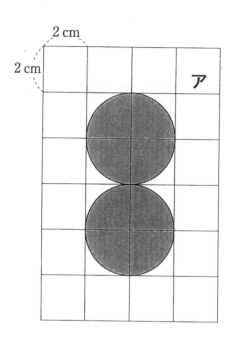

(1) 下の図のように，アを 2 つ重ねた。 ━━━ 部分の長さは何 cm か。

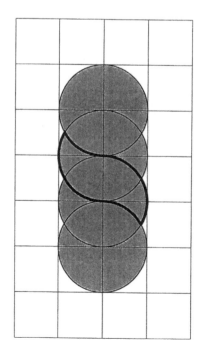

⑵ アを下の図の点Oを中心に，矢印の方向に90°回転させる。
　このとき，アが通る部分の面積は何 cm² か。

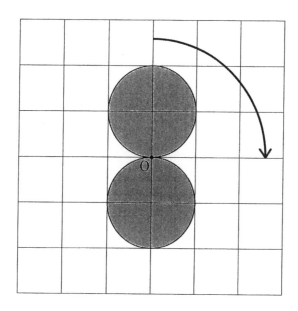

# 理　科

## （100点　40分）

**注意事項**

1. 試験開始のチャイムが鳴るまで、この問題冊子を開いてはいけません。
2. 問題冊子は表紙をのぞいて13ページです。
3. 答えはすべて解答用紙に正確に記入しなさい。
4. 問題冊子および解答用紙の印刷が悪いときや、ページが足りないときは、手をあげて先生に知らせなさい。
5. 試験が終わったら問題冊子は持ち帰りなさい。

## 西南学院中学校

（4）（3）のときの三日月の見え方にもっとも近いものを次の中から1つ選び，記号で
　　　答えよ。

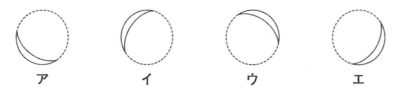

ア　　　　　　　イ　　　　　　　ウ　　　　　　　エ

（5）　月が21時に真南の空で観察された。このとき，月は図の①〜⑧のどの位置にあるか。
　　　1つ選び，番号で答えよ。

2 次のグラフは，福岡市で観測された3日間の気温の変化を表したものです。また，下のa～cは日本付近のようすを気象衛星が撮影した雲画像で，この3日間のいずれかの日のものです。この3日間は，晴れの日とくもりの日と雨の日がありました。下の問いに答えなさい。

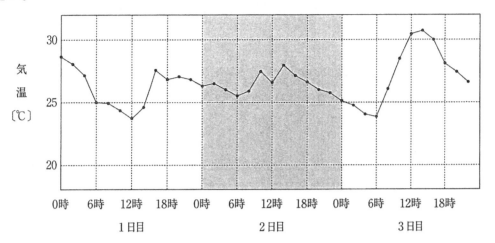

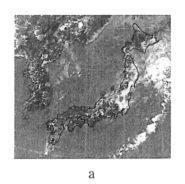
a

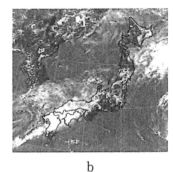
b

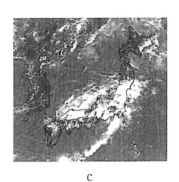
c

（1） 2日目の雲画像はどれか。a～cの中から1つ選び，記号で答えよ。

（2） 3日目の天気と雲画像の組み合わせとして正しいものを次の中から1つ選び，記号で答えよ。

ア 晴れ，a　　　イ くもり，a　　　ウ 雨，a

エ 晴れ，b　　　オ くもり，b　　　カ 雨，b

キ 晴れ，c　　　ク くもり，c　　　ケ 雨，c

（3） 日本付近を観測する気象衛星は，平成26年に種子島宇宙センターからH－ⅡA（エイチ2エー）ロケットで打ち上げられた。この気象衛星の名前を答えよ。

**手順3** ビーカー①〜⑥の水よう液をそれぞれ蒸発皿にとり，ガスバーナーで熱し，水をすべて蒸発させると，③では食塩のみが得られた。

（6） **手順3**において，ビーカー④で残る固体は何か。次の中から1つ選び，記号で答えよ。

　　ア　水酸化ナトリウムのみ
　　イ　食塩のみ
　　ウ　水酸化ナトリウムと食塩の両方
　　エ　何も残らない

（7） 塩酸が10 cm³入ったビーカーがある。これをビーカー③の水よう液と同じ性質にするために必要な水酸化ナトリウムの水よう液は何cm³か答えよ。ここで使う塩酸と水酸化ナトリウムの水よう液は**実験2**で使ったものとする。

**4** アブラナ，アサガオ，イネ，トウモロコシについて，花のつくりを観察しました。下の観察の手順を読み，次の問いに答えなさい。

**観察の手順**

　これらの植物の花を観察し，図1の点線にそって花を切り，そこで見られたおしべや花びらなどの位置と数を表す図2のようなスケッチを作った。図1，2は，アブラナの花について表したものである。

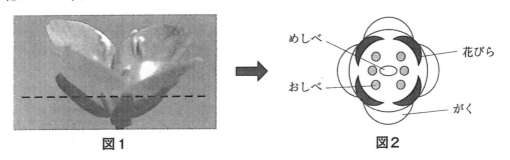

図1　　　　　　　　　　　図2

（1）　アサガオとイネの花を図2のように表すとどのようになるか。下の図の中からそれぞれ1つずつ選び，記号で答えよ。

ア　　　　　　イ　　　　　　ウ　　　　　　エ

（2）　アブラナは，あざやかな黄色の花をさかせる。アブラナの花を観察していると，そのまわりをミツバチが飛んでいるのが見られた。このことについて書いた次の文中の（　　　）に入る語句を答えよ。

　　ミツバチは，花の色を目印に，みつを求めて，アブラナの花へ飛んでくる。このとき，花粉がミツバチのからだに付いて運ばれることで，ほかのアブラナとの間で（　　　）ができるようになる。

（1）　ミツバチは，みつを吸うための口を持っている。ミツバチの頭部を表しているものを，次の中から1つ選び，記号で答えよ。

　　　ア　　　　　　　イ　　　　　　　ウ　　　　　　　エ

（2）　ある日，ミツバチを観察すると，図3のように動いているのが見られた。このとき，みつのある花は，図4のA～Hのどの方角にあると考えられるか。1つ選び，記号で答えよ。ただし，太陽は図4のHの方角にあるものとする。

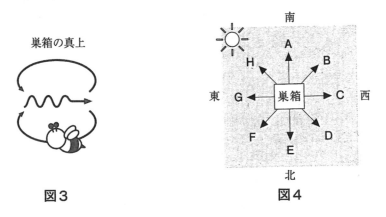

　　　　　　図3　　　　　　　　　　　　　　図4

（3）　（2）のときから3時間後に観察をおこなうと，はたらきバチは，（2）と同じ花の場所を伝えるために，図3とはちがった向きに動いていた。

①　このとき，太陽は図4のA～Hのどの方角にあるか。1つ選び，記号で答えよ。

②　このときのはたらきバチの動きを表した図を，次の中から1つ選び，記号で答えよ。

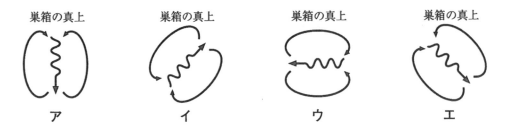

　　　ア　　　　　　　イ　　　　　　　ウ　　　　　　　エ

**6** コイルに電池とスイッチをつないで電磁石をつくり，それをもちいて実験1，2をおこないました。次の問いに答えなさい。

〔実験1〕 図のように，電磁石のまわりのa〜cの位置に方位磁石をおいた。

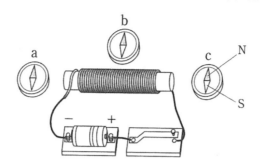

（1） 実験1のスイッチを入れる前，a〜cの位置の方位磁石は図のようにすべて同じ向きを向いていた。次の文はその理由を説明したものである。（　）にあてはまるNとSの組み合わせを，下のア〜エから1つ選び，記号で答えよ。

　　　私たちが住んでいる地球は大きな磁石となっている。方位磁石の（　①　）極が北極の方向を向いているのは，北極が磁石の（　②　）極になっているためである。

　　ア　①N ②S　　　イ　①S ②N　　　ウ　①S ②S　　　エ　①N ②N

（2） 実験1で電磁石のスイッチを入れたところ，cの位置の方位磁石は右図のようになった。a，bの位置の方位磁石はどうなるか。それぞれ下から1つずつ選び，記号で答えよ。

　　ア　　　　　　イ　　　　　　ウ　　　　　　エ

〔実験2〕 下図のように，実験1でもちいた電磁石を2つ用意し，真ん中に軸を付けて回転できるようにした磁石を，その間においた。磁石を回転させようと，電磁石X，Yのスイッチを同時に入れ電流を流し続けたところ，磁石はある位置で止まってしまった。

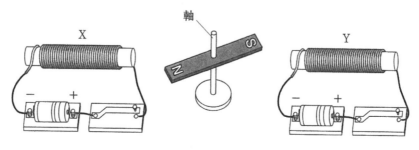

# 社　会

（100点　40分）

## 注意事項

1. 試験開始のチャイムが鳴るまで、この問題冊子を開いてはいけません。
2. 問題冊子は表紙をのぞいて14ページです。
3. 答えはすべて解答用紙に文字または記号で正確に記入しなさい。
4. 問題冊子および解答用紙の印刷が悪いときや、ページが足りないときは、手をあげて先生に知らせなさい。
5. 試験が終わったら問題冊子は持ち帰りなさい。

## 西南学院中学校

（3）地図中の経線Ⅰと同じ線を図①の a ～ c より、緯線Ⅱと同じ線を図②の d ～ f よりそれぞれ選び、その正しい組み合わせをア～ケから1つ選び、記号で答えなさい。

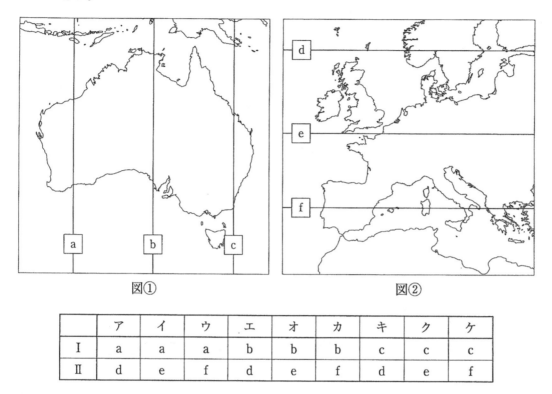

図①                                 図②

|   | ア | イ | ウ | エ | オ | カ | キ | ク | ケ |
|---|---|---|---|---|---|---|---|---|---|
| Ⅰ | a | a | a | b | b | b | c | c | c |
| Ⅱ | d | e | f | d | e | f | d | e | f |

（4）次の表の①～③は、地図中のX～Z地点の月別降水量（㎜）を示したものです。
①～③とX～Zの正しい組み合わせをア～カから1つ選び、記号で答えなさい。

|   | 1月 | 2月 | 3月 | 4月 | 5月 | 6月 | 7月 | 8月 | 9月 | 10月 | 11月 | 12月 |
|---|---|---|---|---|---|---|---|---|---|---|---|---|
| ① | 107.0 | 119.7 | 161.4 | 165.7 | 231.6 | 247.2 | 141.4 | 240.5 | 260.5 | 152.9 | 110.2 | 102.8 |
| ② | 144.9 | 111.0 | 69.9 | 63.4 | 80.6 | 75.6 | 117.0 | 122.7 | 122.7 | 103.9 | 137.7 | 150.8 |
| ③ | 34.2 | 50.5 | 86.7 | 92.3 | 125.0 | 171.5 | 160.9 | 87.4 | 134.4 | 81.1 | 51.2 | 31.0 |

（理科年表より作成）

|   | ア | イ | ウ | エ | オ | カ |
|---|---|---|---|---|---|---|
| ① | X | X | Y | Y | Z | Z |
| ② | Y | Z | X | Z | X | Y |
| ③ | Z | Y | Z | X | Y | X |

問2　次のA〜Cの地図は、養殖業のぶり類、のり類、わかめ類の生産量（2012年）の
　　　上位5県を示したものです。A〜Cにあてはまる魚介類の正しい組み合わせを
　　　ア〜カから1つ選び、記号で答えなさい。

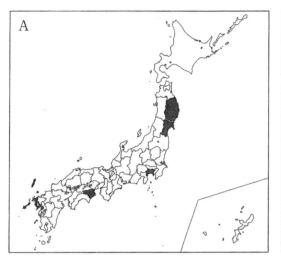

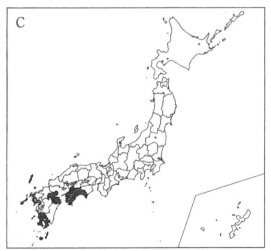

（データでみる県勢より作成）

|   | ア | イ | ウ | エ | オ | カ |
|---|---|---|---|---|---|---|
| A | のり類 | のり類 | ぶり類 | ぶり類 | わかめ類 | わかめ類 |
| B | ぶり類 | わかめ類 | のり類 | わかめ類 | のり類 | ぶり類 |
| C | わかめ類 | ぶり類 | わかめ類 | のり類 | ぶり類 | のり類 |

問8　次のグラフは、1935年と2010年の日本の工業生産額とその内わけを示したものです。グラフ中のX～Zにあてはまる工業の種類の正しい組み合わせをア～カから1つ選び、記号で答えなさい。

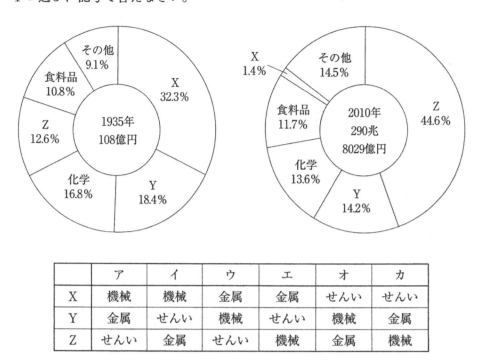

|   | ア | イ | ウ | エ | オ | カ |
|---|---|---|---|---|---|---|
| X | 機械 | 機械 | 金属 | 金属 | せんい | せんい |
| Y | 金属 | せんい | 機械 | せんい | 機械 | 金属 |
| Z | せんい | 金属 | せんい | 機械 | 金属 | 機械 |

問9　税制や社会保障の効率化を図るために、2015年10月より日本に住む一人ひとりに、12けたの番号が通知され始めました。このように、個人に番号を割りあてる制度を何と呼ぶか、解答らんにあてはまるように**カタカナ**で答えなさい。

2 下の略年表に関連して、問1～問12に答えなさい。

> A 縄文時代
> B 弥生時代
> C 大和朝廷が日本を統一しはじめる
> D 平城京に都をうつす
> E 遣唐使が停止される
> F 源氏が平氏をほろぼす
> G 源頼朝が征夷大将軍となる
> H 織田信長が安土城を建てる
> ＜徳川家康が幕府を開く＞
> I 町人の経済力が高まり文化も栄える
> J 天保のききんがおこる
> ＜徳川慶喜が政権を天皇に返す＞
>
> X

問1 Aの時代の長さとして最もふさわしいものをア～エから1つ選び、記号で答えなさい。

ア 約百年間　　　イ 約千年間　　　ウ 約一万年間　　　エ 約十万年間

問2 Bの時代に作られた、弥生土器の写真とその性質にあてはまるものをa～fから3つ選び、その正しい組み合わせをア～クから1つ選び、記号で答えなさい。

a

b

c 縄文土器にくらべて高温で焼いた。
d 縄文土器にくらべて低温で焼いた。

e 縄文土器にくらべて厚くてもろい。
f 縄文土器にくらべてうすくてかたい。

| ア | イ | ウ | エ | オ | カ | キ | ク |
|---|---|---|---|---|---|---|---|
| a | a | a | a | b | b | b | b |
| c | c | d | d | c | c | d | d |
| e | f | e | f | e | f | e | f |

問11　次の文は、Jのころのできごとについて述べたものです。このできごとが起きた場所と下線部の人物名の正しい組み合わせをア～ケから1つ選び、記号で答えなさい。

> <u>元幕府の役人</u>が、町の人々を救おうとしない役人たちを批判し反乱を起こしました。

〔場所〕

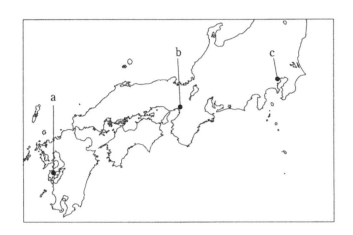

〔人物名〕　① 天草四郎　　② 大塩平八郎　　③ 勝海舟

| | ア | イ | ウ | エ | オ | カ | キ | ク | ケ |
|---|---|---|---|---|---|---|---|---|---|
| 場所 | a | a | a | b | b | b | c | c | c |
| 人物名 | ① | ② | ③ | ① | ② | ③ | ① | ② | ③ |

問12　Xの時期の説明として**誤っているもの**をア～エから1つ選び、記号で答えなさい。

ア　農民や町人も、読み書きなどの知識を寺子屋で学ぶようになった。
イ　ほしかなどの肥料がふきゅうして、北海道でも稲作が広がった。
ウ　幕府が重んじた儒学のほかに、国学や蘭学などの学問を学ぶ者もあらわれた。
エ　幕府や藩が力を入れ、久留米がすりなど特産物の生産が各地で広がった。

3 　明治時代以降の日本に関する以下の3つの文章を読んで、問1〜問11に答えなさい。

　　政府は富国強兵をめざし、積極的に欧米の文化を取り入れました。また、江戸時代に結んだ①不平等条約の改正を目的として、岩倉使節団を欧米諸国へ派遣しました。そのころ国内では②土地の価格に応じた税金を納めさせるようにしました。
　　こうしたなか、日本は1894年に始まった中国（清）との戦争に勝利し、③講和会議が開かれました。日本はさらに勢力を広げようとしましたが、東アジアへ力を伸ばそうとしていたロシアと対立し、戦争がおこりました。その結果、ロシアは④講和会議において朝鮮からしりぞくことなどが決められました。

　　ヨーロッパでは、⑤ドイツが1939年にイギリスやフランスと、1941年にはソビエト連邦と戦争を始めました。また、アジアでは⑥満州事変から始まる中国との戦争を続けていた日本が、アメリカやイギリスとも戦争を始めました。日本はだんだんと不利になっていき、1945年には⑦原子爆弾が投下されました。
　　ポツダム宣言を受け入れた日本は、連合国軍の総司令部から指令を受けて、⑧民主化のための改革を進めていきました。1947年には⑨新しい憲法も施行されました。

　　戦後の日本は⑩経済が発展して家庭電化製品などがふきゅうし、くらしが豊かになっていきました。現在では、発展途上国への経済支援である⑪政府開発援助をおこなうなど、先進国としての役割をはたしています。また、⑫日本とまわりの国々は友好や信頼関係を深めていますが、解決していかなければならない問題も数多く残されています。

問1　下線部①についての説明として**誤っているもの**をア〜エから1つ選び、記号で答えなさい。

ア　日本はアメリカやイギリスなど5つの国と不平等な通商条約を結んだ。
イ　ノルマントン号事件が起こり、条約改正を求める日本国民の声が高まった。
ウ　日本の近代化の遅れなどを理由に、条約改正の交渉はなかなか実現しなかった。
エ　小村寿太郎が交渉に成功し、日本の法律で外国人の裁判ができるようになった。

（2）次のグラフは、クーラー、電気冷蔵庫、パソコンのふきゅうの割合（％）を示したものです。グラフ中のa～cにあてはまる品目名の正しい組み合わせをア～カから1つ選び、記号で答えなさい。

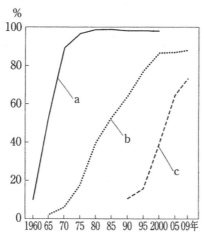

（注　aは2000年以降のデータはなし）

|   | ア | イ | ウ | エ | オ | カ |
|---|---|---|---|---|---|---|
| a | クーラー | クーラー | 電気冷蔵庫 | 電気冷蔵庫 | パソコン | パソコン |
| b | 電気冷蔵庫 | パソコン | クーラー | パソコン | クーラー | 電気冷蔵庫 |
| c | パソコン | 電気冷蔵庫 | パソコン | クーラー | 電気冷蔵庫 | クーラー |

**問10**　下線部⑪の略称をア～エから1つ選び、記号で答えなさい。

　ア　NGO　　　イ　ODA　　　ウ　UNICEF　　　エ　WHO

**問11**　下線部⑫についての説明として正しいものをア～エから1つ選び、記号で答えなさい。

　ア　日本と大韓民国は、2002年にサッカーワールドカップを共同で開いた。
　イ　日本と朝鮮民主主義人民共和国は、1972年に首脳会談を行い、国交を回復した。
　ウ　日本とアメリカ合衆国の間には、基地の移転問題や北方領土問題が残されている。
　エ　日本と中華人民共和国は、1956年に国交を回復したが、拉致問題が残されている。

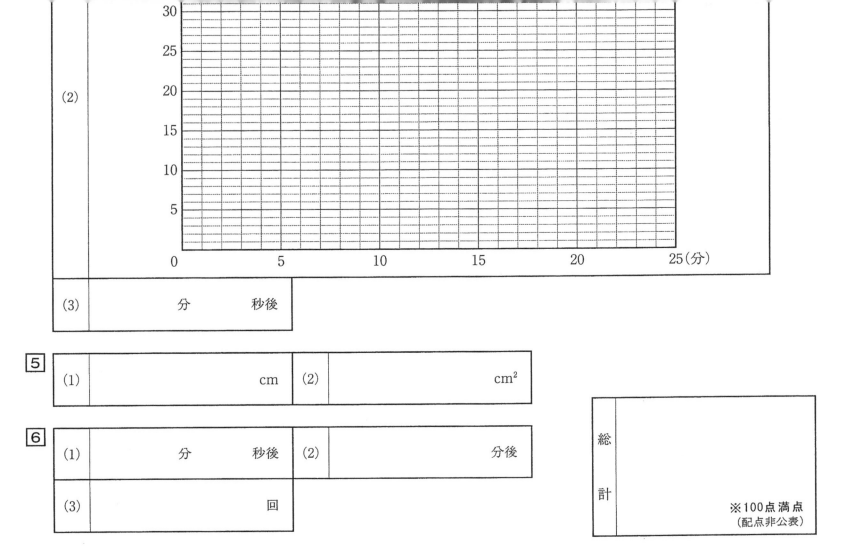

(2)

(3) ｜ 分　　　秒後

5

(1) ｜ cm ｜ (2) ｜ cm²

6

(1) ｜ 分　　　秒後 ｜ (2) ｜ 分後

(3) ｜ 回

総
計

※100点満点
（配点非公表）

K 教英出版

| 5 | （1） | （2） | （3） | |
|---|---|---|---|---|
| | | | ① | ② |
| | | | | |

| 6 | （1） | （2） | | （3） | （4） | |
|---|---|---|---|---|---|---|
| | | a | b | | ③ | ⑥ |
| | | | | | | |

| 7 | （1） | | | （2） | （3） |
|---|---|---|---|---|---|
| | ① | ② | ③ | | |
| | | | | | |

総計　※100点満点
（配点非公表）

| 2 | 問1 | 問2 | 問3 | 問4 |
|---|---|---|---|---|
| | | | | |

| 問5 | 問6 | 問7 | 問8 | 問9 | 問10 | 問11 | 問12 |
|---|---|---|---|---|---|---|---|
| | | | 王国 | | | | |

| 3 | 問1 | 問2 | 問3 | 問4 | 問5 | 問6 |
|---|---|---|---|---|---|---|
| | | | | | | 市 |

| 問7 | 問8 | 問9 | （1） | （2） | 問10 | 問11 |
|---|---|---|---|---|---|---|
| | | | | | | |

| 総計 | ※100点満点 |
|---|---|
| | （配点非公表） |

| 受験番号 | |
|---|---|

2016(平成28)年度

# 社　会　解　答　用　紙

【注意】
このらんには何も
記入しないこと

1

| | (1) | (2) | (3) | (4) |
|---|---|---|---|---|
| 問1 | 海岸 | | | |

| 問2 | 問3 | 問4 | 問5 |
|---|---|---|---|
| | | | 貿易 |

| | 番号 | 正しい語句 | 問7 | 問8 | 問9 |
|---|---|---|---|---|---|
| 問6 | | | | | 制度 |

受験番号　

2016（平成28）年度

# 理　科　解　答　用　紙

【注意】
このらんには何も
記入しないこと

| 1 | （1） | （2） | （3） | （4） | （5） |
|---|---|---|---|---|---|
| | | | | | |

| 2 | （1） | （2） | （3） |
|---|---|---|---|
| | | | |

| 3 | （1） | （2） |
|---|---|---|
| | | |

| （3） | （4） | （5） | （6） | （7） |
|---|---|---|---|---|
| | 性 | | | cm³ |

2016（平成28）年度

# 算 数 解 答 用 紙

**1**

| (1) | | (2) | | (3) | 秒速　　　　　m | (4) | |
|---|---|---|---|---|---|---|---|
| (5) | 枚 | (6) | 度 | (7) | 人 | | |

**2**

| (1) | 通り | (2) | 枚 |
|---|---|---|---|

**3**

| (1) | 日目 | (2) | 個 | (3) | 日目 |
|---|---|---|---|---|---|

**4**

| (1) | cm |
|---|---|

(cm) 40

問7　下線部⑧についての説明として**誤っているもの**をア～エから1つ選び、記号で
　　答えなさい。

　ア　男女平等の社会を実現するために、女性にも参政権を与えた。
　イ　農地改革が行われ、ほとんどの農民が自分の農地を持つようになった。
　ウ　義務教育は小学校6年間、中学校3年間の9年間となった。
　エ　労働者の権利を保障するために、労働組合の解散をすすめた。

問8　下線部⑨についての説明として**誤っているもの**をア～エから1つ選び、記号で
　　答えなさい。

　ア　国会は参議院と衆議院で構成されている。
　イ　天皇は国や国民のまとまりの象徴である。
　ウ　天皇には自衛隊を率いる権限が与えられている。
　エ　日本は永久に戦争をしないことが定められている。

問9　下線部⑩について、（1）・（2）に答えなさい。
（1）略年表中の〔a〕～〔d〕の期間についての説明として正しいものをア～エから
　　　1つ選び、記号で答えなさい。

```
太平洋戦争が終わる
〔a〕
朝鮮戦争がおこる
〔b〕
東海道新幹線が開通する
〔c〕
日本万国博覧会が開かれる
〔d〕
沖縄が日本に復帰する
```

　ア　〔a〕の期間に、日韓基本条約を結び、大韓民国と国交を回復した。
　イ　〔b〕の期間に、サンフランシスコ平和条約を結び、独立を回復した。
　ウ　〔c〕の期間に、輸出拡大や省エネルギー化により、世界一の貿易黒字国と
　　　なった。
　エ　〔d〕の期間に、産油国が原油価格を大幅に引き上げたことで、経済が混乱
　　　した。

問2　下線部②と同じ年のできごととして正しいものをア～エから1つ選び、記号で答えなさい。

ア　これまで大名が治めていた領地と領民を天皇に返させた。
イ　20才以上の男子に、軍隊に入ることを義務づけた。
ウ　藩を廃止して新たに県を置き、知事を県に派遣した。
エ　広く会議を開くことなど、新しい政治の方針を五か条で示した。

問3　下線部③・④についての説明として**誤っているもの**を
　　ア～エから1つ選び、記号で答えなさい。

ア　日本は下線部③で得た賠償金を使って、八幡製鉄所をつくった。
イ　日本は下線部③で、地図中のaをゆずり受けることが決まった。
ウ　日本は下線部④で、賠償金が得られないことが決まった。
エ　日本は下線部④で、地図中のbをゆずり受けることが決まった。

問4　下線部⑤の戦争中、リトアニアでユダヤ人に対して日本に入国するためのビザを発行した外交官をア～エから1つ選び、記号で答えなさい。

ア　杉原千畝　　　イ　新渡戸稲造　　　ウ　野口英世　　　エ　柳宗悦

問5　下線部⑥についての説明として正しいものをア～エから1つ選び、記号で答えなさい。

ア　ペキン郊外で日本軍と中国軍が衝突したことにより、満州事変が始まった。
イ　満州全土を占領した日本軍は、ここを「満州国」として独立させた。
ウ　国際連合が「満州国」を認めなかったため、日本は国際社会で孤立した。
エ　中国軍が南満州鉄道を爆破したことにより、日中戦争が始まった。

問6　下線部⑦について、1945年8月6日に原子爆弾が投下された都市名を、解答らんにあてはまるように**漢字**で答えなさい。

問7　Gのころの「守護」についての説明として正しいものをア〜エから1つ選び、記号で答えなさい。

ア　国ごとにおかれ、都の貴族が任命された。
イ　私有地などで税の取り立てや犯罪をとりしまる仕事にあたった。
ウ　国ごとにおかれ、軍事・警察の仕事にあたった。
エ　東北地方の人々を武力で従わせるために任命された。

問8　GとHの間の時期に現在の那覇市を中心に成立し、中国や東南アジアとの貿易で栄えた王国名を、解答らんにあてはまるように**漢字**で答えなさい。

問9　Hの安土城の場所を地図中ア〜エから1つ選び、記号で答えなさい。

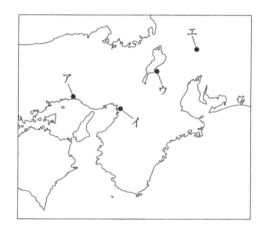

問10　右の写真は、Ⅰのころに始まった芸能を示したものです。芸能名とその代表的な作者名の正しい組み合わせをア〜ケから1つ選び、記号で答えなさい。

〔芸能名〕a　能楽　　　　b　歌舞伎　　　　c　人形浄瑠璃

〔作者名〕①　井原西鶴　　②　近松門左衛門　　③　松尾芭蕉

|  | ア | イ | ウ | エ | オ | カ | キ | ク | ケ |
|---|---|---|---|---|---|---|---|---|---|
| 芸能名 | a | a | a | b | b | b | c | c | c |
| 作者名 | ① | ② | ③ | ① | ② | ③ | ① | ② | ③ |

**問3**　Cのころ、朝鮮半島や中国から日本に移り住んだ人々が、多くの技術や文化を伝えました。このような人々を何というか、**漢字3字**で答えなさい。

**問4**　Dの都についての説明として**誤っているもの**をア～エから1つ選び、記号で答えなさい。

ア　中国の都にならって碁盤の目のように区切られていた。
イ　全国各地から調として特産物が運ばれて来た。
ウ　唐招提寺など多くの寺院が建てられた。
エ　のちに足利尊氏によって室町幕府が開かれた。

**問5**　Eのころつくられた「かな文字」についての説明として**誤っているもの**をア～エから1つ選び、記号で答えなさい。

ア　漢字をもとにして、日本独自のかな文字がつくられた。
イ　漢字をくずしたかたかなや、漢字の一部をとったひらがながつくられた。
ウ　『源氏物語』など、かな文字を使った文学作品が生まれた。
エ　ひらがなは、おもに宮廷に仕える女性のあいだで使われていた。

**問6**　Fに関連して、地図中のa～cは、一ノ谷の戦い、壇ノ浦の戦い、富士川の戦いが起こった場所を示したものである。その正しい組み合わせをア～カから1つ選び、記号で答えなさい。

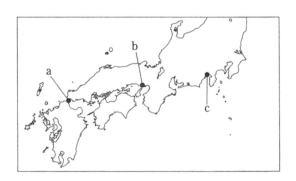

|  | ア | イ | ウ | エ | オ | カ |
|---|---|---|---|---|---|---|
| 一ノ谷の戦い | a | a | b | b | c | c |
| 壇ノ浦の戦い | b | c | a | c | a | b |
| 富士川の戦い | c | b | c | a | b | a |

問6　次の文章は、イスラム教について説明したものです。下線部①〜④のうち誤っているものを1つ選び、その番号を答えなさい。また、正しい語句（カタカナ）に改めなさい。

> 人びとは1日5回、①サウジアラビアという国にある聖地②メッカに向かって祈りをささげます。その祈りの時間には、③モスクという礼拝所で、イスラム教の聖典である④ラマダンが読み上げられます。

問7　次の2万5千分の1の地形図の説明として誤っているものをア〜エから1つ選び、記号で答えなさい。

※原寸大

ア　A地点からB地点に歩いていくまでの間に、郵便局や消防署がある。
イ　ながら駅から「長柄運動公園」までの実際の距離は500m以上ある。
ウ　「木材団地」の南東のあたりには老人ホームがある。
エ　地形図中には、農地に水を供給するためにつくられたため池がある。

問3　次の表は、いちご、小麦、茶の生産量の上位6道府県とその割合（2013年、％）を示したものです。A〜Cにあてはまる県名の正しい組み合わせをア〜カから1つ選び、記号で答えなさい。

| | いちご | | 小麦 | | 茶 | |
|---|---|---|---|---|---|---|
| 1位 | 栃木 | 15.7 | 北海道 | 65.5 | B | 38.0 |
| 2位 | A | 10.6 | A | 6.2 | 鹿児島 | 30.2 |
| 3位 | 熊本 | 7.2 | 佐賀 | 3.6 | 三重 | 8.4 |
| 4位 | B | 6.9 | 群馬 | 3.1 | 宮崎 | 4.8 |
| 5位 | 長崎 | 6.5 | C | 2.7 | 京都 | 3.6 |
| 6位 | C | 6.0 | 埼玉 | 2.5 | A | 2.7 |

（データでみる県勢より作成）

| | ア | イ | ウ | エ | オ | カ |
|---|---|---|---|---|---|---|
| A | 愛知 | 愛知 | 静岡 | 静岡 | 福岡 | 福岡 |
| B | 静岡 | 福岡 | 愛知 | 福岡 | 愛知 | 静岡 |
| C | 福岡 | 静岡 | 福岡 | 愛知 | 静岡 | 愛知 |

問4　次の4県の稲作がさかんな場所についての説明として**誤っているもの**をア〜エから1つ選び、記号で答えなさい。

ア　山形県では、最上川流域に広がる庄内平野で稲作がさかんである。

イ　秋田県では、かつて湖であった八郎潟を干拓した土地で稲作がさかんである。

ウ　新潟県では、信濃川流域に広がる越後平野で稲作がさかんである。

エ　富山県では、阿武隈川流域に広がる富山平野で稲作がさかんである。

問5　日本では、原料やエネルギー資源を輸入し、高い技術を使って工業製品を生産して輸出する貿易がおこなわれています。このような貿易を何というか、解答らんにあてはまるように**漢字**で答えなさい。

1 次の問1〜問9に答えなさい。

問1 次の地図をみて、（1）〜（4）に答えなさい。

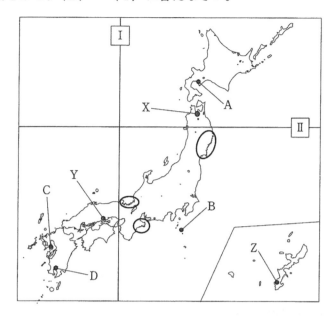

（1）地図中の ⬭ で囲まれたところに共通する海岸線を何というか、解答らんに
あてはまるように答えなさい。

（2）地図中のA〜Dのうち、次の①・②の文章が示す火山の場所の正しい組み合わせ
をア〜エから1つ選び、記号で答えなさい。

| ① | 2000年3月に始まった有珠山の噴火では、家屋がこわれるなどの被害がでました。この火山のすぐ北には、大昔の噴火でできたくぼ地に水がたまった洞爺湖があります。 |
|---|---|

| ② | 1990年11月に198年ぶりに噴火活動を始めたこの火山は、1991年6月の火砕流によって、大災害をもたらしました。その後火山活動が1995年まで続いて平成新山ができました。 |
|---|---|

|   | ア | イ | ウ | エ |
|---|---|---|---|---|
| ① | A | A | B | B |
| ② | C | D | C | D |

問題は次のページから始まります。

**7** 図1のように，おもりに糸をつけてふりこをつくり，ふらせました。おもりの重さと糸の長さ，ふり始めの角度を変えて，ふりこが10往復する時間を測定する実験をおこないました。下の表はその結果です。次の問いに答えなさい。

| 実験 | おもりの重さ〔g〕 | 糸の長さ〔cm〕 | ふり始めの角度〔°〕 | 10往復する時間〔秒〕 |
|---|---|---|---|---|
| 1 | 25 | 25 | 10 | 10 |
| 2 | 25 | 50 | 10 | 14 |
| 3 | 25 | 100 | 10 | 20 |
| 4 | 25 | 200 | 10 | 28 |
| 5 | 50 | 50 | 5 | 14 |
| 6 | 50 | 50 | 10 | 14 |
| 7 | 50 | 50 | 15 | 14 |
| 8 | 100 | 50 | 10 | 14 |
| 9 | 100 | 200 | 15 | 28 |

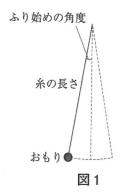

図1

（1） ①おもりの重さ，②糸の長さ，③ふり始めの角度がそれぞれ大きくなると，10往復する時間はどうなるか。次の中からそれぞれ1つずつ選び，記号で答えよ。ただし，同じ記号を何度選んでもよい。

　　　ア　長くなる　　　イ　短くなる　　　ウ　変わらない

（2） 図2のように，重さ25gのおもりに長さ100cmの糸をつけ，ふり始めの角度を10°にしてふり始める。糸を固定しているところから長さ50cmの板を置き，糸が当たるようにしてふらせた。10往復するのに何秒かかるか。次の中から1つ選び，記号で答えよ。

　　　ア　12秒　　　イ　14秒　　　ウ　17秒
　　　エ　20秒　　　オ　24秒　　　カ　28秒

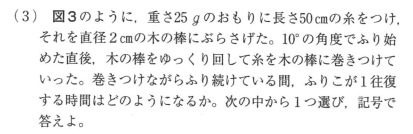

図2

（3） 図3のように，重さ25gのおもりに長さ50cmの糸をつけ，それを直径2cmの木の棒にぶらさげた。10°の角度でふり始めた直後，木の棒をゆっくり回して糸を木の棒に巻きつけていった。巻きつけながらふり続けている間，ふりこが1往復する時間はどのようになるか。次の中から1つ選び，記号で答えよ。

　　　ア　だんだん長くなる　　　イ　だんだん短くなる
　　　ウ　変わらない

図3

（3） 実験2で電磁石XとYの間においた磁石はどの位置で止まったか。次のア～エから1つ選び，記号で答えよ。ただし，図は実験2を真上から見たものである。

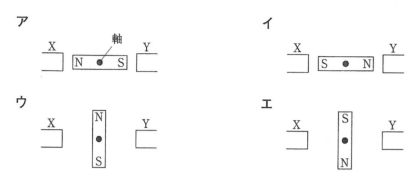

ア

ウ

イ

エ

（4） 実験2で電磁石Xの電池の向きを反対にして，スイッチを入れるタイミングと切るタイミングを工夫して磁石ができるだけスムーズに，下の①～⑥の順に時計回り（右回り）に回転し続けるようにしたい。③，⑥のタイミングでは，電磁石X，Yのスイッチはどうすればよいか。下のア～エからそれぞれ1つずつ選び，記号で答えよ。

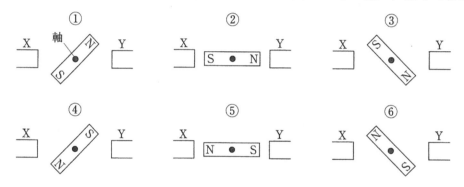

①

②

③

④

⑤

⑥

　ア　X，Yのスイッチの両方を入れる。
　イ　X，Yのスイッチの両方を切る。
　ウ　Xのスイッチを入れ，Yのスイッチを切る。
　エ　Xのスイッチを切り，Yのスイッチを入れる。

**5** ミツバチの生活について，下の文章を読み，次の問いに答えなさい。

集団で生活しているミツバチは，さまざまな方法でコミュニケーションをとっている。その一つとして，はたらきバチは，みつのある花の場所を伝えるときに特別な動きをする。たとえば，図1のような巣箱からはなれた場所にみつのある花が咲いているとする。

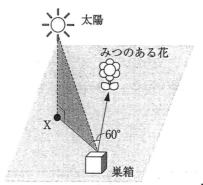

図1

このとき，はたらきバチはその花の場所をほかのはたらきバチに伝えるために，真っ暗な巣箱の中で図2のように8の字の形に動き続ける。

この動きは，太陽の方向を基準としたときの，みつのある花の方向を表している。はたらきバチは，いつも巣箱の真上を太陽の方向とみなして動く。そして，図2のように，「尻をふりながら直進する向き（〰➡）」と『巣箱の真上』との間の角度が，「みつのある花」と『巣箱から見た太陽』の間の角度を表していると考えられている。

ほかのはたらきバチは，この動きを感じることで，巣箱からみつのある花までの方向を知り，正確にその場所まで飛んでいくことができる。

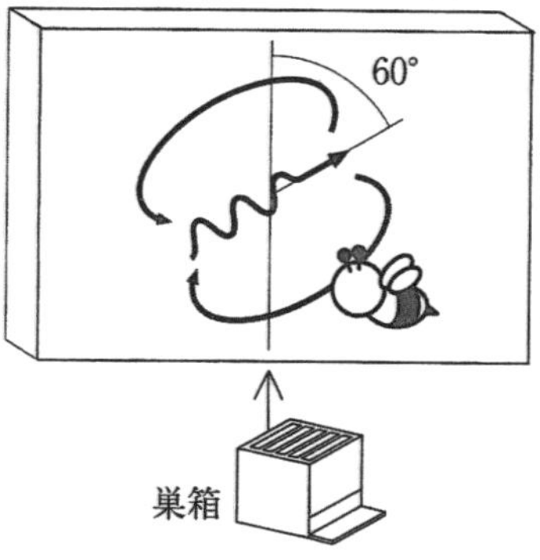

巣箱の真上
（太陽の方向とみなす）

60°

巣箱の中の板

巣箱

図2

H28. 西南学院中
K教英出版

（3） 下図はトウモロコシの花を観察した結果をまとめたものである。

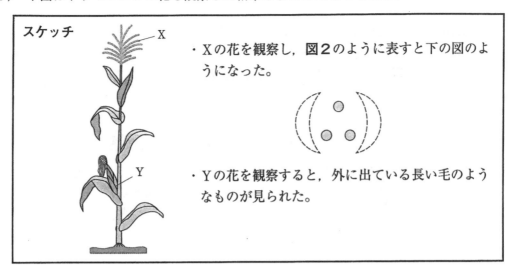

①　Xの花は何と呼ばれるか。

②　トウモロコシの花粉は，何によって運ばれるか。次の中から１つ選び，記号で答えよ。

　　ア　鳥　　イ　水　　ウ　虫　　エ　風

〔実験2〕

　水酸化ナトリウムの固体を水にとかし，水酸化ナトリウムの水よう液を作った。ビーカー①～⑥にこの水よう液を20cm³ずつ入れ，塩酸を下の表のような量で混ぜ合わせた。これらを使って次の実験をおこなった。

| ビーカー | ① | ② | ③ | ④ | ⑤ | ⑥ |
|---|---|---|---|---|---|---|
| 水酸化ナトリウムの水よう液〔cm³〕 | 20 | 20 | 20 | 20 | 20 | 20 |
| 塩酸〔cm³〕 | 0 | 4 | 8 | 12 | 16 | 20 |

**手順1**　ビーカー①～⑥の水よう液をガラス棒にとって赤色リトマス紙と青色リトマス紙につけると，③の水よう液だけどちらのリトマス紙の色も変わらなかった。

（4）　ビーカー②の水よう液は何性か答えよ。

**手順2**　ビーカー①，③，⑥の水よう液によくみがいたアルミニウムを入れると，次のような結果になった。表の○は「泡が出た」，×は「何もおこらなかった」ことを示している。

| ビーカー | ① | ③ | ⑥ |
|---|---|---|---|
| 結果 | ○ | × | ○ |

（5）　**手順2**で，「よくみがいたアルミニウム」の代わりに「よくみがいた鉄」を入れるとどうなるか。「泡が出る」場合には○，「何もおこらない」場合には×として，正しい組み合わせを次の中から1つ選び，記号で答えよ。

| ビーカー | ① | ③ | ⑥ |
|---|---|---|---|
| ア | ○ | ○ | ○ |
| イ | ○ | × | ○ |
| ウ | × | ○ | ○ |
| エ | × | × | ○ |
| オ | ○ | × | × |

K教英出版

**3** いろいろな水よう液の性質を調べるために，次の実験1，2をおこないました。下の問いに答えなさい。

〔実験1〕
　5種類の水よう液が入ったビーカーA～Eがある。これらのビーカーには食塩水，アンモニア水，炭酸水，酢，石灰水のいずれかが同じ量入っている。これらの水よう液を使って次の実験をおこなった。

手順1　それぞれのビーカーの水よう液を少しとって赤色リトマス紙，青色リトマス紙につけると，下の表のようになった。「―」は変化が見られなかったことを表している。

| ビーカー | A | B | C | D | E |
|---|---|---|---|---|---|
| 赤色リトマス紙 | 青色になった | ― | ― | 青色になった | ― |
| 青色リトマス紙 | ― | ― | 赤色になった | ― | 赤色になった |

手順2　それぞれのビーカーに入った水よう液のにおいをかぐと，ビーカーAとビーカーCでは鼻をさすようなつんとしたにおいがした。

手順3　それぞれのビーカーを観察すると，ビーカーEの水よう液から泡が出てくるのが見られた。

（1）　ビーカーAの水よう液の名前を答えよ。

（2）　**手順2**において，においを調べるときにはどのようにしてにおいをかぐとよいか。適切な方法を答えよ。

（3）　ビーカーDの水よう液の中に，ビーカーEの水よう液を2，3滴混ぜるとどうなるか。次の中から1つ選び，記号で答えよ。

　　　ア　においのある気体が発生する。
　　　イ　水よう液の温度が下がり，冷たくなる。
　　　ウ　水よう液が白くにごる。
　　　エ　何もおこらない。

**1** 図は，月の満ち欠けがおこる理由について説明するために，太陽と地球，月の位置の関係を表したものです。地球は矢印の向きに１日で１回転し，月は地球のまわりを図のようにまわっています。福岡市から月を観察した場合について，下の問いに答えなさい。

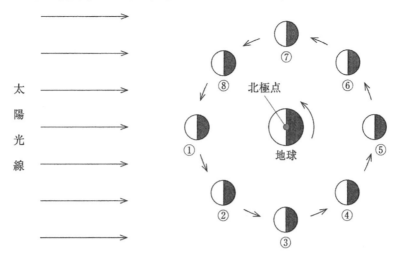

（1） 右図のような月が観察されるのは，月が図の①〜⑧のどの
位置にあるときか。１つ選び，番号で答えよ。

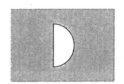

（2） 図の①の位置にあるときの月は何と呼ばれるか。次の中から１つ選び，記号で答えよ。

　　　ア　上弦の月　　　イ　下弦の月　　　ウ　新月　　　エ　満月

（3） 三日月が観察されるのは，図の②の位置に月があるときである。三日月が夕暮れのころに観察できるのはどの方角か。次の中から１つ選び，記号で答えよ。

　　　ア　東　　　イ　西　　　ウ　南　　　エ　北

問題は次のページから始まります。

**6** 図のように，1辺の長さが 100 m の正方形のコース A と 150 m の正方形のコース B がある。太郎君はコース A を分速 50 m で，次郎君はコース B を分速 100 m で，それぞれスタート地点から矢印の方向に同時に歩き出した。

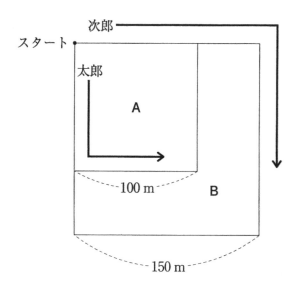

(1) 2人が初めて出会うのは，歩き出してから何分何秒後か。

(2) 2人が3回目に出会うのは，歩き出してから何分後か。

(3) 歩き出してから1時間後までに2人は何回出会うか。

下の図は，問題を解くために使ってよい。

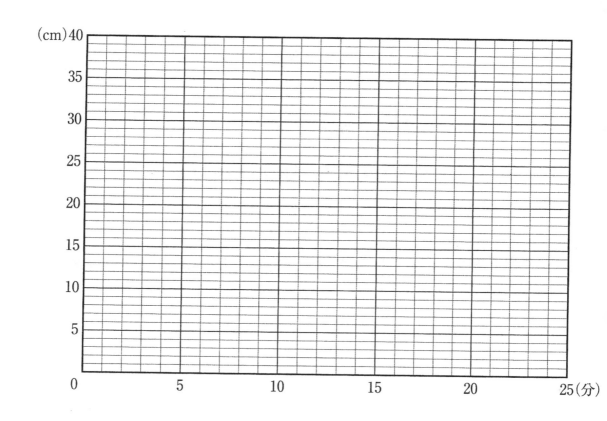

**4** 図のような，直方体から直方体を切り取った形の容器アがある。

蛇口から最初の5分間は毎分6L，その後は毎分2Lの割合で水を入れる。

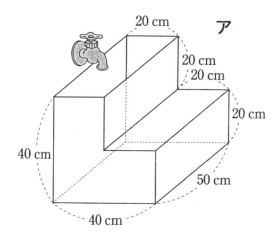

(1) 容器アに水を入れ始めてから10分後の水面の高さは何cmか。

(2) 水を入れ始めてから容器アが満水になるまでの，時間と水面の高さの関係をグラフにかきなさい。

(3) 下の図のような容器イは，アと同じ容器の底面に排水口をつけたものである。

アに水を入れ始めたと同時に，満水にしたイから毎分10Lの割合で水をぬいていく。

ア，イの水面の高さが同じになるのは，水を入れ始めてから何分何秒後か。

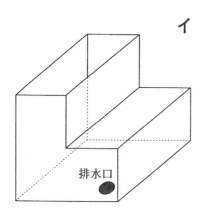

(5) 図のような長方形に，同じ大きさの正方形のタイルをすきまなくしきつめる。もっとも大きなタイルをしきつめるとき，全部で何枚必要か。

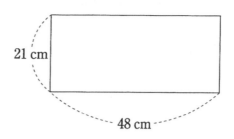

(6) 図において，アの角度は何度か。

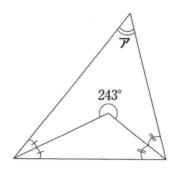

(7) 全校生徒200人について調べたところ，次のことがわかった。

・女子の人数は全校生徒の4割6分である
・メガネをかけている生徒の人数は全校生徒の6割である
・メガネをかけていない男子の人数は全校生徒の2割5分である

このとき，メガネをかけている女子の人数は何人か。

H28. 西南学院中
K教英出版

**1** 次の問いに答えなさい。

(1) 次の ☐ にあてはまる数を求めなさい。

$$( \boxed{\phantom{xxx}} \times 5 - 22 ) \div 2 = 4$$

(2) $\dfrac{5}{3} - \dfrac{1}{15} \div \left( 2.6 - 3\dfrac{3}{4} \times \dfrac{2}{3} \right)$ を計算しなさい。

(3) 時速 45 km は秒速何 m か。

(4) 図はさいころの展開図である。アとイの目の数の和はいくらか。
   ただし，さいころは向かい合った面の目の数の和が 7 になるように作られている。

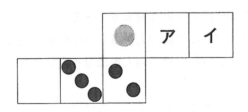

# 算　数

（100点　40分）

## 注意事項

1. 試験開始のチャイムが鳴るまで、この問題用紙を開いてはいけません。
2. 問題用紙は表紙をのぞいて 8 ページです。
3. 答えはすべて解答用紙に正確に記入しなさい。
4. 問題用紙の印刷が悪かったり、ページが足りないときや、解答用紙のよごれなどに気づいた場合は、手をあげて先生に知らせなさい。
5. 試験が終わったら問題用紙は持ち帰りなさい。

西南学院中学校

2 　3つの商品 A，B，C の値段の合計は 5000 円である。
　A の値段は，B の値段の 1.5 倍であり，C の値段の 0.6 倍である。

⑴　B の値段は C の値段の何倍か。

⑵　A の値段はいくらか。

⑶　B，C の両方を同じ金額だけ値下げすると，C の値段は B の値段の 3 倍となった。
　値下げした金額はいくらか。

3  1辺の長さが2mの正方形が床の上にある。正方形に長さ2mのひもをつなぎ，床の上を動かす。ただし，円周率は3.14とする。

(1) 図1のように，ひもをAの位置につなぎ，つなぎ目を固定する。ひもを正方形の外側で動かすとき，ひもが通ることのできる部分の面積は何m²か。

図1

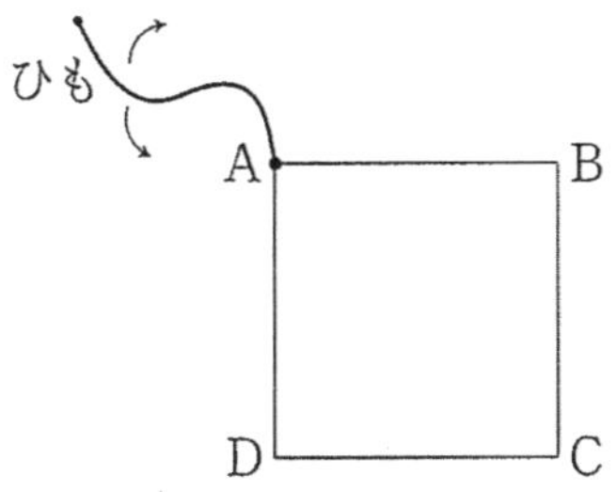

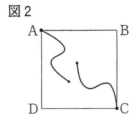

(2) 図2のように，2本のひもをA，Cの位置にそれぞれつなぎ，つなぎ目を固定する。2本のひもを正方形の内側で動かすとき，2本とも通ることのできる部分の面積は何m²か。

図2

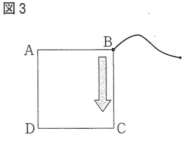

(3) 図3のように，ひもをBの位置につなぎ，つなぎ目をBからCまで移動させる。ひもを正方形の外側で動かすとき，ひもが通ることのできる部分の面積は何m²か。

図3

下の図は，問題を解くために使ってよい。

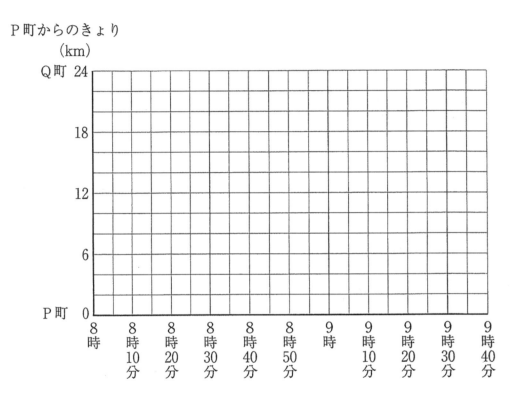

P町からのきょり
（km）

**5** 図1のように折り曲げた紙を何枚か重ねて，図2のような一冊の本を作る。
表紙を〈1〉として，各ページに〈2〉，〈3〉，…と数字を書いていく。
ただし，数字はすべてのページに書かれるものとする。
たとえば，紙を4枚重ねて本を作るとき，数字は〈1〉から〈16〉まで書かれることに
なる。

図1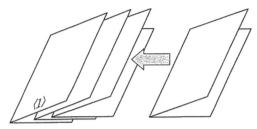

図2

(1) 最後のページに〈200〉が書かれた本を作るために必要な紙は何枚か。

(2) (1)の本で，〈15〉が書かれた紙の4つの数字の合計を求めなさい。

(3) 〈20〉が書かれた紙の4つの数字の合計が698であるとき，この本を作るために
必要な紙は何枚か。

2015（平成27）年度

# 理　科

（100点　40分）

## 注意事項

1. 試験開始のチャイムが鳴るまで，この問題用紙を開いてはいけません。
2. 問題用紙は表紙をのぞいて11ページです。
3. 答えはすべて解答用紙に正確に記入しなさい。
4. 問題用紙の印刷が悪かったり，ページが足りないときや，解答用紙のよごれなどに気づいた場合は，手をあげて先生に知らせなさい。
5. 試験が終わったら問題用紙は持ち帰りなさい。

## 西南学院中学校

3 水の温度ともののとける量について調べるために，次の実験をおこないました。これについて下の問いに答えなさい。

【実験】①15℃の水50 g にホウ酸を 5 g 入れ，ガラス棒でかき混ぜた。
　　　②とけ残ったホウ酸をとかすため，加熱してすべてとかした。
　　　③この水よう液を15℃になるまで置き，ろ過をおこなった。
　　　④ろ過した液をじょう発皿に一部とり，熱して水をじょう発させた。

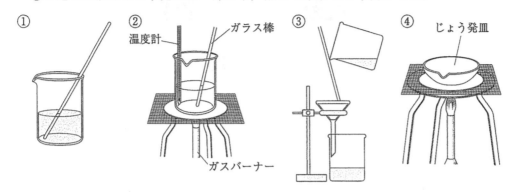

1　右のグラフは，水100 g にとけるホウ酸の量と水よう液の温度の関係を示したものである。②で水よう液が何℃になったらホウ酸はすべてとけるか。もっとも近いものを次の中から1つ選び，記号で答えよ。

　ア　20℃　　イ　30℃
　ウ　35℃　　エ　45℃

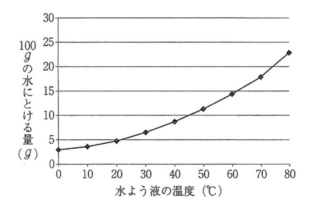

2　この実験で見られなかったことはどれか。次の中から1つ選び，記号で答えよ。

　ア　温度が高くなると水にとけるホウ酸の量が増えた。
　イ　水よう液の温度が下がると，とけていたホウ酸が再び出てきた。
　ウ　ろ過した後のろ紙の上には，ホウ酸の結晶は残らなかった。
　エ　加熱したじょう発皿には，ホウ酸の結晶が出てきた。

**4** 酸素，二酸化炭素，ちっ素のボンベが1本ずつあります。ところが，ラベルがはがれたのでどのボンベにどの気体が入っているかわからなくなってしまいました。中身を調べるために，A，B，Cのびんにそれぞれ気体を入れ，次の実験をおこないました。下の問いに答えなさい。

【実験1】右図のように，それぞれのびんに火のついたろうそくを入れた。このとき，Bのびんに入れたろうそくの火は大きくなったあとに消えた。AとCのびんに入れたろうそくの火はすぐに消えた。

【実験2】火が消えた後のそれぞれのびんの中に，ある液体Xを入れ，ふたをしてふると，AとBのびんでは液体Xは白くにごった。

1　酸素，二酸化炭素，ちっ素は同じ方法で集めることができる。その方法としてもっともよいものを，次の中から1つ選び，記号で答えよ。

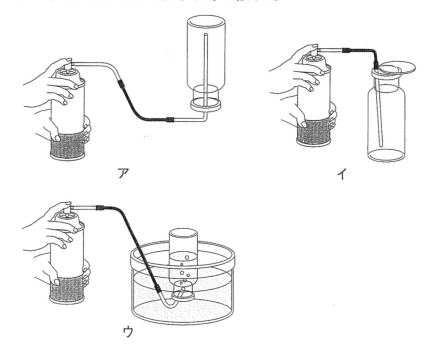

ア　　　　　　　　　　　　　イ

ウ

2　実験2の液体Xは何か。名前を答えよ。

3　実験1，2より，ちっ素が入っていたびんはA～Cのびんのどれか。記号で答えよ。

生物どうしのかかわりを調べるため，メダカを使って次の実験をした。

【実験】 4個のビーカー（500mL）①～④に池の水を500mLずつ入れた。池の水のほか，
それぞれのビーカーには次のようなものを入れた。
①ウキクサ（10かぶ）
②ウキクサ（10かぶ），メダカ（2匹）
③ウキクサ（10かぶ），池のどろ（1cm）
④ウキクサ（10かぶ），池のどろ（1cm），メダカ（2匹）

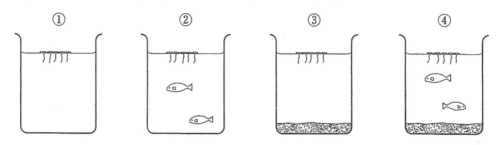

それぞれのビーカーを明るい窓ぎわにならべて置き，毎朝ウキクサを観察してウキクサ
の数が前日と比べてどれだけ増えているかを調べた。グラフはその結果である。

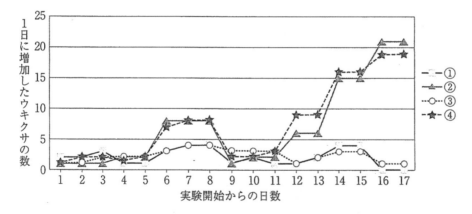

6 この実験結果からはどのようなことが考えられるか。次の中から2つ選び，記号で答
えよ。

ア メダカがいてもいなくてもウキクサの増加には関係しない。
イ メダカがいるとウキクサが増えにくくなる。
ウ メダカがいるとウキクサが増えやすくなる。
エ 池のどろはウキクサの増加に必要である。
オ 池のどろがあってもなくても，ウキクサの増加にはあまり関係しない。
カ 池のどろがあるとウキクサが増えにくくなる。

**6** 下図のように棒を使って重い荷物を小さい力で持ち上げる実験をしています。荷物の位置をＡ，棒を下から支える位置をＢ，手で棒を押している位置をＣとします。これについて，下の問いに答えなさい。

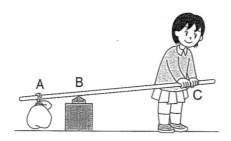

1　上図のようにして棒を使うとき，このしくみを何というか。また，Ａ〜Ｃの各点のことをそれぞれ何というか。

2　このしくみが応用されている下の道具で，上図のＡ〜Ｃの各点と同じ位置関係になるものを１つ選び，記号で答えよ。

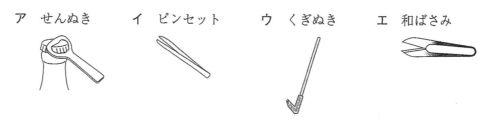

ア　せんぬき　　　イ　ピンセット　　　ウ　くぎぬき　　　エ　和ばさみ

3　図１の装置の左うでに３目もりに10 *g* のおもりと２目もりに10 *g* のおもりをつるし，右うでに５目もりに10 *g* のおもりをつるしたときつりあった。次に，図２のように左うでの３目もりのおもりを20 *g* に取りかえたとき，つり合わせるためには，右うでの２目もりにつるすおもりは何 *g* にすればよいか。

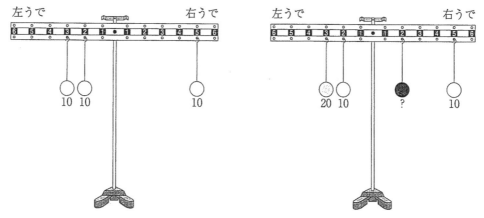

※おもりの下の数字はおもりの重さ（ *g* ）を表している。

図１　　　　　　　　　　　　　　図２

2 実験2の結果より，**実験1**の手ごたえのちがいは，どのようであったと考えられるか。次の中から1つ選び，記号で答えよ。

　　ア　豆電球の方が軽かった。
　　イ　発光ダイオードの方が軽かった。
　　ウ　何もつないでいないときと比べると，どちらも同じくらい軽かった。
　　エ　何もつないでいないときと比べると，どちらも同じくらい重かった。

3 電球は，約130年前にアメリカのある有名な発明家によって開発されたものである。電球のほか，電信機やちく音機など1,000以上の発明をしたこの発明家の名前を答えよ。

4 2014年のノーベル物理学賞は，3人の日本人研究者（うち一人はアメリカ国籍）に与えられた。この研究は，ある色の発光ダイオードを作ることであった。そして，現在ではすでに実用化されて，屋外用の大型ディスプレイや信号機のほか，液晶テレビなどにも応用されている。この研究で発明された発光ダイオードの色とは何色か。次の中から1つ選び，記号で答えよ。

　　ア　赤　　　イ　オレンジ　　　ウ　黄緑　　　エ　青　　　オ　紫

2015（平成27）年度

# 社　会

（100点　40分）

## 注意事項

1. 試験開始のチャイムが鳴るまで、この問題用紙を開いてはいけません。
2. 問題用紙は表紙をのぞいて13ページです。
3. 答えはすべて解答用紙に文字または記号で正確に記入しなさい。
4. 問題用紙の印刷が悪かったり、ページが足りないときや、解答用紙のよごれなどに気づいた場合は、手をあげて先生に知らせなさい。
5. 試験が終わったら問題用紙は持ち帰りなさい。

## 西南学院中学校

Ｋ教英出版

問3　表Cの下線部③の内容として誤っているものをア～エから1つ選び、記号で答えなさい。

ア　将軍は、手がらを立てた御家人に、新しい領地をあたえた。
イ　将軍は、家来になった御家人たちに、先祖からの領地の所有を認めた。
ウ　御家人は、1年おきに大勢の家来を連れて、自分の領地と幕府を行き来した。
エ　御家人は、農民や家来を使って農業を営みながら、武芸にはげみ戦いに備えていた。

問4　表Dの下線部④がおこなったこととして正しいものをア～エから1つ選び、記号で答えなさい。

ア　役人の位を12段階に分けて、能力によって取り立てた。
イ　災害や反乱が起こったため、都をたびたび移した。
ウ　『古事記』や『日本書紀』など、日本の成り立ちを示す本をつくった。
エ　極楽浄土へのあこがれから、多くの阿弥陀堂を建てた。

問5　表Dの下線部⑤の人物に関する説明として正しいものをア～エから1つ選び、記号で答えなさい。

ア　何度も航海に失敗したのちに、ようやく日本にたどりついた。
イ　僧たちが学ぶための寺院として、京都に唐招提寺を建立した。
ウ　人々のために橋や道路、ため池や水路などをつくった。
エ　念仏をとなえることによって救われるとする一向宗を広めた。

問6　表Eの下線部⑥について、中国の古い歴史の本に当時の日本の様子が記されている。その内容として誤っているものをア～エから1つ選び、記号で答えなさい。

ア　邪馬台国には宮殿や物見やぐらがあり、いつも兵士が守っていた。
イ　邪馬台国は最も勢力が強く、100ほどのくにを従えていた。
ウ　卑弥呼は中国におくり物をして、倭王の称号や銅の鏡を授かった。
エ　卑弥呼にはまじないをする力があり、それによって人々を従えていた。

問7　表E・Fの下線部⑦・⑧のできごとによってどのような変化が起こったか、文Ⅰ～Ⅳの正しい組み合わせをア～エから１つ選び、記号で答えなさい。

　Ⅰ　安定して食料が得られるようになり、身分の差がなくなった。
　Ⅱ　食料や種もみ、田や用水などをめぐり、むらどうしで争いがおこるようになった。
　Ⅲ　百姓たちは武器を取り上げられた代わりに、年貢をまぬがれるようになった。
　Ⅳ　百姓たちは武士に支配され、農業などに専念させられるようになった。

|  | ア | イ | ウ | エ |
|---|---|---|---|---|
| ⑦ | Ⅰ | Ⅰ | Ⅱ | Ⅱ |
| ⑧ | Ⅲ | Ⅳ | Ⅲ | Ⅳ |

問8　表Fの下線部⑨では、鉄砲が効果的に使用された。現在の大阪府にあり、当時鉄砲生産がさかんだった都市を漢字で答えなさい。

問9　図１の像、図２の建物がある寺院を漢字で答えなさい。

問10　次の文Ⅰ・Ⅱは、ある時代の農業について述べたものである。それぞれ表A～Fのいずれにあてはまるか、正しい組み合わせをア～ケから１つ選び、記号で答えなさい。

　Ⅰ　稲のあとに麦をつくる二毛作が始まった。
　Ⅱ　千歯こきやとうみが農民に普及した。

|  | ア | イ | ウ | エ | オ | カ | キ | ク | ケ |
|---|---|---|---|---|---|---|---|---|---|
| Ⅰ | A | A | A | C | C | C | E | E | E |
| Ⅱ | B | D | F | B | D | F | B | D | F |

問1　Aの文が表す工場の場所を右図中のア～エから1つ
　　　選び、記号で答えなさい。

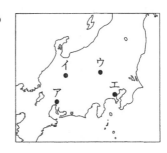

問2　Bの文が表す世の中の新しい動きを何というか、**漢字4字**で答えなさい。

問3　Cの文が表す問題を、国会で何度もうったえた人物名を**漢字**で答えなさい。

問4　Dと同じ年に起こったできごとをア～エから1つ選び、記号で答えなさい。

　ア　石油危機が起こった。
　イ　大阪で万国博覧会が開催された。
　ウ　オリンピック東京大会が開催された。
　エ　中華人民共和国との国交が正常化した。

問5　Eの文が表す「新しい国」の場所を右図中のア～エから
　　　1つ選び、記号で答えなさい。

※国境線は当時のものである。

問6　E～Jの文のうち、大正時代のできごとを1つ選び、記号（**アルファベット**）で
　　　答えなさい。

問7　E～Jの文を時代の古いものから順に並べなさい。その場合、2番目と5番目に
　　　あてはまるものの正しい組み合わせをア～ケから1つ選び、記号で答えなさい。

|  | ア | イ | ウ | エ | オ | カ | キ | ク | ケ |
|---|---|---|---|---|---|---|---|---|---|
| 2番目 | E | E | E | F | F | F | G | G | G |
| 5番目 | H | I | J | H | I | J | H | I | J |

**3** 次の文を読んで、問1〜問5に答えなさい。

　明治は女性たちにとって新しい時代の始まりだった。例えば、岩倉具視を代表とする使節団には、①<u>津田梅子</u>ら５人の女子留学生が同行した。その他にも、②<u>『たけくらべ』</u>などの作品を残した女性作家が現れた。また、③<u>与謝野晶子は戦争に疑問をいだき、「君死にたまふことなかれ」という詩を発表した</u>。大正になると、④<u>平塚らいてう</u>達により女性の地位の向上をめざす運動が始まった。

　昭和に入り、敗戦ののち初めて女性にも選挙権が保障され、日本国憲法では男女の平等が規定された。近年では、⑤<u>緒方貞子</u>さんのように国際的に活やくする女性も増えている。

問1　下線部①の人物の説明として正しいものをア〜エから１つ選び、記号で答えなさい。

ア　自由党に入り、女性の地位の向上を主張した。
イ　赤十字運動に従事し、多くの看護師を育てた。
ウ　学校を開き、女性の英語教師の育成に力を注いだ。
エ　『赤毛のアン』など多くの小説を日本語に訳した。

問2　次のア〜エは文中の下線部①〜④のいずれかの人物を示したものである。下線部②の人物をア〜エから１つ選び、記号で答えなさい。

問3　下線部③の「戦争」にあてはまるものをア〜エから１つ選び、記号で答えなさい。

ア　日清戦争　　　　イ　日露戦争　　　　ウ　第一次世界大戦　　　　エ　日中戦争

（2）次のグラフA〜Cは、地図中の[s]〜[u]のいずれかの府や県の土地利用の割合（2012年）を示したものです。A〜Cと[s]〜[u]の正しい組み合わせをア〜カから1つ選び、記号で答えなさい。

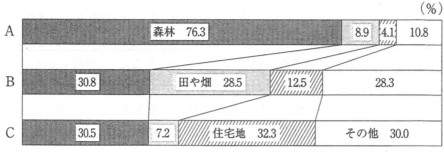

(%)

A 森林 76.3 ／ 8.9 ／ 4.1 ／ 10.8
B 30.8 ／ 田や畑 28.5 ／ 12.5 ／ 28.3
C 30.5 ／ 7.2 ／ 住宅地 32.3 ／ その他 30.0

（データブックオブザワールドなどより作成）

|   | ア | イ | ウ | エ | オ | カ |
|---|---|---|---|---|---|---|
| A | s | s | t | t | u | u |
| B | t | u | s | u | s | t |
| C | u | t | u | s | t | s |

（3）次のグラフA〜Cは、地図中のX〜Zのいずれかの都市の製造品出荷額の割合（2012年）を示したものです。A〜CとX〜Zの都市の正しい組み合わせをア〜カから1つ選び、記号で答えなさい。

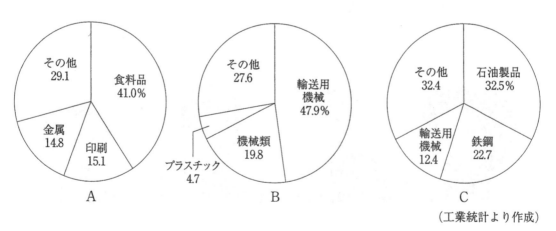

A　その他 29.1／食料品 41.0%／金属 14.8／印刷 15.1

B　その他 27.6／輸送用機械 47.9%／機械類 19.8／プラスチック 4.7

C　その他 32.4／石油製品 32.5%／輸送用機械 12.4／鉄鋼 22.7

（工業統計より作成）

|   | ア | イ | ウ | エ | オ | カ |
|---|---|---|---|---|---|---|
| A | X | X | Y | Y | Z | Z |
| B | Y | Z | X | Z | X | Y |
| C | Z | Y | Z | X | Y | X |

（4）地図中の**あ**～**う**は、天竜川、最上川、吉野川のいずれかを示したものです。**あ**～**う**と川の名前の正しい組み合わせを**ア**～**カ**から1つ選び、記号で答えなさい。

| | ア | イ | ウ | エ | オ | カ |
|---|---|---|---|---|---|---|
| **あ** | 天竜川 | 天竜川 | 最上川 | 最上川 | 吉野川 | 吉野川 |
| **い** | 最上川 | 吉野川 | 天竜川 | 吉野川 | 天竜川 | 最上川 |
| **う** | 吉野川 | 最上川 | 吉野川 | 天竜川 | 最上川 | 天竜川 |

**問2** 次の表は、アメリカ、日本、ブラジルの1人あたりの二酸化炭素排出量と1人あたりの水産物の年間消費量（2010年）を示したものです。A～Cにあてはまる国名の正しい組み合わせを**ア**～**カ**から1つ選び、記号で答えなさい。

| | 1人あたりの二酸化炭素排出量（トン） | 1人あたりの水産物の年間消費量（kg） |
|---|---|---|
| A | 19.46 | 24.0 |
| B | 8.97 | 58.7 |
| C | 1.30 | 8.4 |

（世界国勢図会より作成）

| | ア | イ | ウ | エ | オ | カ |
|---|---|---|---|---|---|---|
| A | アメリカ | アメリカ | 日本 | 日本 | ブラジル | ブラジル |
| B | 日本 | ブラジル | アメリカ | ブラジル | アメリカ | 日本 |
| C | ブラジル | 日本 | ブラジル | アメリカ | 日本 | アメリカ |

**問3** 福岡が1月20日午前10時のとき、ニューヨーク、ロサンゼルス、ロンドンの日付と時刻の正しい組み合わせを**ア**～**カ**から1つ選び、記号で答えなさい。

| | ア | イ | ウ | エ | オ | カ |
|---|---|---|---|---|---|---|
| ニューヨーク | 19日午後5時 | 19日午後5時 | 19日午後8時 | 19日午後8時 | 20日午前1時 | 20日午前1時 |
| ロサンゼルス | 19日午後8時 | 20日午前1時 | 19日午後5時 | 20日午前1時 | 19日午後5時 | 19日午後8時 |
| ロンドン | 20日午前1時 | 19日午後8時 | 20日午前1時 | 19日午後5時 | 19日午後8時 | 19日午後5時 |

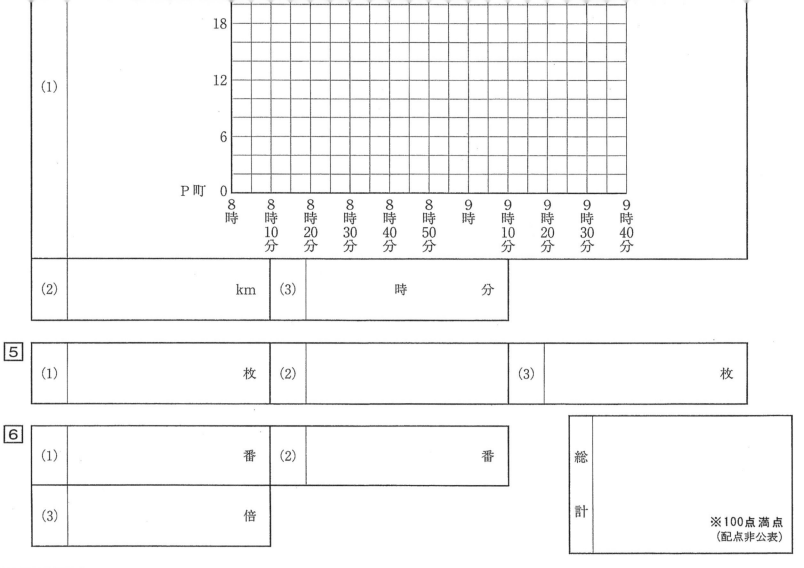

(1)

18

12

6

0　P町

| 8時 | 8時10分 | 8時20分 | 8時30分 | 8時40分 | 8時50分 | 9時 | 9時10分 | 9時20分 | 9時30分 | 9時40分 |

| (2) | km | (3) | 時 | 分 |

5
| (1) | 枚 | (2) | | (3) | 枚 |

6
| (1) | 番 | (2) | 番 |
| (3) | 倍 |

| 総計 | | ※100点満点 (配点非公表) |

| 問5 | 問6 | 問7 |
|---|---|---|
|  |  |  |

| 3 | 問1 | 問2 | 問3 | 問4 | 問5 |
|---|---|---|---|---|---|
|  |  |  |  |  |  |

| 4 | 問1 | （1） | （2） | （3） | （4） | 問2 | 問3 | 問4 | 問5 | 問6 |
|---|---|---|---|---|---|---|---|---|---|---|
|  |  |  |  |  |  |  |  |  |  |  |

| 問7 | 問8 | 問9 |
|---|---|---|
|  | デザイン | 新幹線 |

| 総計 | ※100点満点 (配点非公表) |
|---|---|
|  |  |

2015（平成27）年度

# 社　会　解　答　用　紙

| 1 | 問1 | 問2 | 問3 | 問4 | 問5 | 問6 | 問7 |
|---|---|---|---|---|---|---|---|
| | の乱 | | | | | | |

| | 問8 | 問9 | 問10 | 問11 | 問12 |
|---|---|---|---|---|---|
| | | | | | |

| 2 | 問1 | 問2 | 問3 | 問4 |
|---|---|---|---|---|

受験番号 

# 理　科　解　答　用　紙

| 1 | 1 | 2 | 3 | 4 |
|---|---|---|---|---|
| | | | | |

| 2 | 1 | | | 2 |
|---|---|---|---|---|
| | A | B | | |
| | | | | |

| 3 | 1 | 2 |
|---|---|---|
| | | |

| 4 | 1 | 2 | 3 | 4 | 5 |
|---|---|---|---|---|---|

受験番号 ☐

2015(平成27)年度

# 算 数 解 答 用 紙

**1**

| (1) | | (2) | | (3) | 度 |
|---|---|---|---|---|---|
| (4) | cm³ | (5) | % | | |

**2**

| (1) | 倍 | (2) | 円 | (3) | 円 |
|---|---|---|---|---|---|

**3**

| (1) | m² | (2) | m² | (3) | m² |
|---|---|---|---|---|---|

**4**

P町からのきょり
(km)

問6　日本や世界のさまざまなことがらについての説明として**誤っているもの**をア〜エから1つ選び、記号で答えなさい。

ア　地震が発生したとき、気象庁が緊急地震速報を発表したとしても、震源に近いところでは情報が伝わる前にゆれている場合がある。

イ　地球温暖化や伐採の影響で、日本の国土全体にしめる森林面積の割合は2分の1以下に減少しているので、森林を守るための取り組みがおこなわれている。

ウ　2010年、名古屋市で生物の多様性を守るためのルールについて話し合う国際会議が開かれ、「名古屋議定書」が採択された。

エ　ユニセフは、世界中の人々に募金を呼びかけ、戦争や食料不足による飢えなど厳しい暮らしをしている子どもたちを助けるために活動している。

問7　同じ畑で同じ作物を続けて栽培すると、作物の育ちがだんだん悪くなってしまう「連作障害」がおこります。これを防ぐために、次の表のように、同じ畑に毎年ちがう作物を順番に植えることを何というか、**漢字2字**で答えなさい。

|  | 1年目 | 2年目 | 3年目 | 4年目 | 5年目 | 6年目 |
|---|---|---|---|---|---|---|
| 畑① | じゃがいも | あずき | スイートコーン | てんさい | 小麦 | じゃがいも |
| 畑② | 小麦 | じゃがいも | あずき | スイートコーン | てんさい | 小麦 |
| 畑③ | てんさい | 小麦 | じゃがいも | あずき | スイートコーン | てんさい |
| 畑④ | スイートコーン | てんさい | 小麦 | じゃがいも | あずき | スイートコーン |
| 畑⑤ | あずき | スイートコーン | てんさい | 小麦 | じゃがいも | あずき |

問8　どんな人でも簡単に負担なく使えるデザインのことを何というか、解答らんにあてはまるように**カタカナ**で答えなさい。

問9　2015年3月、長野駅から金沢駅の区間が開通し、東京〜金沢間を最短2時間28分で結ぶ予定になっている新幹線を何というか、解答らんにあてはまるように**漢字**で答えなさい。

問4　ガソリンなどの代わりになる、とうもろこしやさとうきびなどからつくられる燃料を何というか、正しいものをア～エから1つ選び、記号で答えなさい。

ア　カーボンオフセット　イ　トレーサビリティ　ウ　バイオエタノール　エ　フードマイレージ

問5　次のグラフは、日本の主な輸入品の取りあつかい額の割合と輸入金額の変化を示したものです。このグラフの説明として**誤っているもの**をア～エから1つ選び、記号で答えなさい。

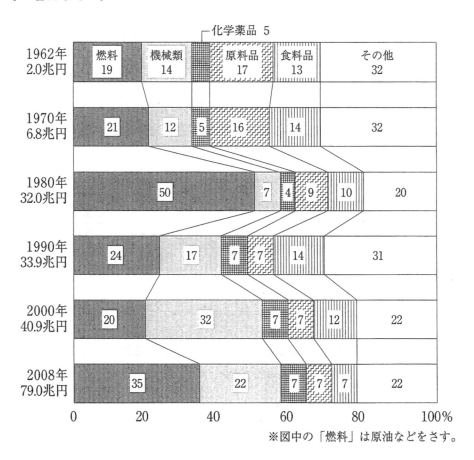

※図中の「燃料」は原油などをさす。

ア　1962年は、他の年にくらべて、原料品の割合がもっとも高くなっている。

イ　1970年から1990年にかけて、燃料の輸入金額が年々増え続けている。

ウ　1990年は、1980年にくらべて、機械類の割合と輸入金額がどちらも増えている。

エ　2008年は、他の年にくらべて、食料品の輸入金額がもっとも高くなっている。

**4** 次の問1〜問9に答えなさい。

問1 次の地図をみて、（1）〜（4）に答えなさい。

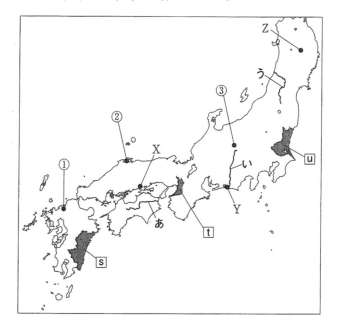

（1）次の図A〜Cは、地図中の①〜③の都市の月別平均気温と月別降水量を示したものです。A〜Cと①〜③の正しい組み合わせをア〜カから1つ選び、記号で答えなさい。

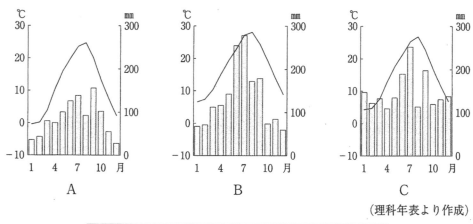

（理科年表より作成）

|  | ア | イ | ウ | エ | オ | カ |
|---|---|---|---|---|---|---|
| A | ① | ① | ② | ② | ③ | ③ |
| B | ② | ③ | ① | ③ | ① | ② |
| C | ③ | ② | ③ | ① | ② | ① |

問4　下線部④の人物に最も関係の深い文章をア～エから１つ選び、記号で答えなさい。

ア　「人間を尊敬することによってみずからを解放する運動をすすめよう。人の世に熱あれ、人間に光あれ。」

イ　「わたしたちは、かくされてしまったわたしたちの太陽をとりもどさなければならない。」

ウ　「しかしみなさんは、けっして心ぼそく思うことはありません。世の中に、正しいことぐらい強いものはありません。」

エ　「学問のなかでも世の中の役にたつ実学にはげむことで、人は独立することができる。」

問5　下線部⑤の人物の説明として正しいものをア～エから１つ選び、記号で答えなさい。

ア　環境保護のために活動し、国連平和大使に任命された。

イ　医師出身で、初の日本人女性宇宙飛行士として活やくした。

ウ　国連難民高等弁務官として、難民支援のためにつくした。

エ　オリンピックで金メダルをとり、国民栄誉賞を受賞した。

2　A〜Jは、明治以後のできごとや様子について、その当時の人々の言葉を想像して作った文である。A〜Jを読んで、問1〜問7に答えなさい。

A「初めての官営工場なんですって。なんて立派な工場なんでしょう。国が機械を使った生糸生産の技術を取り入れるために、フランスの技師を招いてつくったそうよ。」

B「東京などではれんが造りの洋館が建ち並び、ちょんまげを切り、洋服を着たり牛肉を食べたりする人が増えたらしい。」

C「国の発展には役に立っただろうけど、渡良瀬川の魚は死に、山の木は枯れて見渡す限りのはげ山になってしまった。」

D「今年、沖縄が日本に復帰する。アメリカ軍の基地は残るけれど、沖縄の人たちが安心して暮らせるようになればいいな。」

E「私たち家族はここを開拓するために渡ってきた。この新しい国をめぐって、日本は今年、国際連盟を脱退した。」

F「地震によって、東京はあちこちから火の手が上がって大火災だ。朝鮮の人が暴動を起こすといううわさが広がっているが、そんなことがあるのだろうか。」

G「先月、国家総動員法という法律ができた。武器など、戦争に必要なものを作ることが優先されるそうだ。」

H「今年、国際連合に加盟し、復興もすすんできた。きのう電気洗濯機が家に届いて、お母さんが喜んでいる。」

I「去年から日本のあちこちの都市が空襲を受けていて危険だから、僕らは先生と一緒にしばらくいなかのお寺に泊まって勉強するらしい。」

J「学校は焼けてしまって、今は外で勉強している。教科書に墨を塗ったりした。食べ物も足りなくていつもお腹がすいている。」

問11　表A、C、Eの「中国」について、当時の国名の正しい組み合わせをア～カから
　　　1つ選び、記号で答えなさい。

| | ア | イ | ウ | エ | オ | カ |
|---|---|---|---|---|---|---|
| A | 魏 | 魏 | 元 | 元 | 明 | 明 |
| C | 元 | 明 | 魏 | 明 | 魏 | 元 |
| E | 明 | 元 | 明 | 魏 | 元 | 魏 |

問12　表A～Fに下の表Gを加えて、古いものから順に並べなさい。その場合、3番目
　　　と5番目にあてはまるものの正しい組み合わせをア～ケから1つ選び、記号で答え
　　　なさい。

| | |
|---|---|
| G | 源頼朝が伊豆に流される<br>古今和歌集がつくられる<br>宋との貿易をはじめる |

| | ア | イ | ウ | エ | オ | カ | キ | ク | ケ |
|---|---|---|---|---|---|---|---|---|---|
| 3番目 | C | C | C | D | D | D | G | G | G |
| 5番目 | A | B | F | A | B | F | A | B | F |

**1** 表A〜Fは、日本のいずれかの時代に起こったできごとや、その時代の日本と海外との関係などを示している。問1〜問12に答えなさい。

| | |
|---|---|
| A | 京都で①祇園祭が中断される<br>世阿弥によって能が大成される<br>中国と貿易を行う |
| B | ②ポルトガル船の来航を禁止する<br>『解体新書』が出版される<br>琉球から使節がおとずれる |
| C | ③将軍と御家人の関係ができる<br>図1の像がつくられる<br>中国から攻撃を受ける |
| D | ④聖武天皇が即位する<br>図2の建物が建てられる<br>唐から⑤鑑真を招く |
| E | ⑥邪馬台国ができる<br>日本で⑦米づくりがさかんになる<br>中国に使いを送る |
| F | ⑧刀狩令が出される<br>⑨長篠の戦いがおこる<br>朝鮮に大軍を送りこむ |

図1

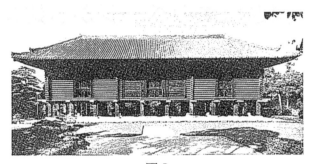

図2

問1　表Aの下線部①の原因となった戦いを、解答らんにあてはまるように漢字で答えなさい。

問2　表Bの下線部②より後に起こったできごととして正しいものをア〜エから1つ選び、記号で答えなさい。

ア　幕府は平戸のオランダ商館を出島に移した。
イ　島原・天草一揆が起こった。
ウ　日本人は海外へ行くことも、海外から帰ることも禁止された。
エ　幕府はキリスト教を禁止した。

問題は次のページから始まります。

**7** 下図のような手回し発電機と，豆電球，発光ダイオード，コンデンサーを使って電気の性質とはたらきについての実験をします。この実験について，下の問いに答えなさい。

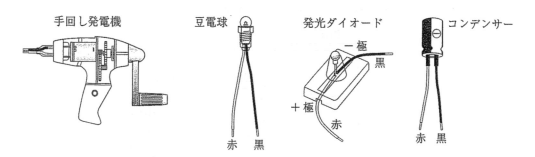

手回し発電機　　　豆電球　　　発光ダイオード　　　コンデンサー

【実験１】
　この手回し発電機に，豆電球，発光ダイオードをそれぞれつないで，ハンドルを回して光らせた。その時，回しているハンドルの手ごたえを調べた。

【実験２】
　手回し発電機に，コンデンサーをつないでハンドルを30秒間回した後，このコンデンサーに，豆電球をつないであかりのついている時間をはかったところ48秒間であった。同じように，手回し発電機に，コンデンサーをつないでハンドルを30秒間回した後，今度は発光ダイオードをつないであかりのついている時間をはかったところ，3分20秒間であった。

1　この実験で手回し発電機の＋極につなぐのは，豆電球，発光ダイオード，コンデンサーのそれぞれ何色のどう線か。下の表から正しい答えの組み合わせをすべて選び，記号で答えよ。

| | 豆電球 | 発光ダイオード | コンデンサー |
|---|---|---|---|
| ア | 赤 | 黒 | 黒 |
| イ | 赤 | 赤 | 黒 |
| ウ | 赤 | 黒 | 赤 |
| エ | 赤 | 赤 | 赤 |
| オ | 黒 | 黒 | 黒 |
| カ | 黒 | 赤 | 黒 |
| キ | 黒 | 黒 | 赤 |
| ク | 黒 | 赤 | 赤 |

**4** 糸，棒，厚紙を使って，下のモビール（室内装飾品）を作った。厚紙X，Yはそれぞれ何 $g$ か。ただし，棒と糸の重さは考えないものとする。

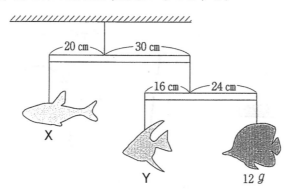

5 メダカについての下の問いに答えなさい。

1 下図の中でメダカはどれか。正しいものを1つ選び，記号で答えよ。

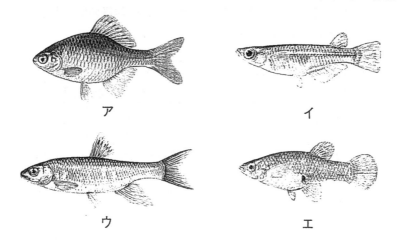

ア　　　　　　　　　　　　　イ

ウ　　　　　　　　　　　　　エ

2 メダカはどのようなものを食べているか。次の中から2つ選び，記号で答えよ。

ア　ミジンコ　　　　イ　ツリガネムシ　　　ウ　アメリカザリガニ
エ　オニヤンマ　　　オ　オオカナダモ

3 メダカはどのような場所にいるか。次の中から1つ選び，記号で答えよ。

ア　山奥の水のきれいな流れの速い川　　　イ　水のきれいな湖の水底
ウ　流れのゆるやかな小川　　　　　　　　エ　大きな川の水底の石の間

4 次の文はメダカのたまごが変化するようすを説明したものである。これらを成長の順
番にならべよ。ただし，アを1番目とする。

ア　頭が大きくなって目がはっきりしてくる。
イ　たまごのまくをやぶって出てくる。
ウ　心臓が動き，血液の流れるのが見られるようになる。
エ　養分をたくわえたはらのふくらみがなくなる。
オ　目が黒くなり，体がさかんに動くようになる。

5 メダカの尾びれをけんび鏡で観察した。血管のようすとして正しいものを1つ選び，
記号で答えよ。

ア　尾びれは骨だけでできており血管は見られない。
イ　血管は見られないが骨の間に外とつながった水の通る管がある。
ウ　血管の中を色のついた粒が決まった方向に流れている。
エ　血管の中には粒はなく，透明な液だけが流れている。

3つの気体の性質を調べるために，次の実験をおこなった。

【実験3】気体をさまざまな割合で混ぜた後，その中に火のついたろうそくを入れて，どのように燃えるかを確かめた。次の表は混ぜた気体の体積の割合とろうそくが燃えるようすをまとめたものである。

| | 酸素[%] | 二酸化炭素[%] | ちっ素[%] | ろうそくが燃えるようす |
|---|---|---|---|---|
| ① | 0 | 20 | 80 | すぐに火が消えた |
| ② | 0 | 80 | 20 | すぐに火が消えた |
| ③ | 20 | 80 | 0 | しばらく燃えたのち，火が消えた |
| ④ | 20 | 0 | 80 | しばらく燃えたのち，火が消えた |
| ⑤ | 80 | 20 | 0 | より明るく燃えたのち，火が消えた |
| ⑥ | 80 | 0 | 20 | より明るく燃えたのち，火が消えた |

4　実験3の表の①〜⑥の中で，空気にふくまれる気体の体積の割合ともっとも近いものを1つ選び，番号で答えよ。

5　実験3の結果からわかる気体の性質として正しいものを次の中から1つ選び，記号で答えよ。

　　ア　ちっ素が多い方が，ろうそくの火は大きくなる。
　　イ　二酸化炭素が多い方が，ろうそくの火は早く消える。
　　ウ　酸素が多くても，ろうそくの燃えかたは変わらない。
　　エ　酸素がないと，ろうそくは燃えない。

**2** ある場所のがけを観察したところ，右図
のような地層が見られました。これについ
て下の問いに答えなさい。ただし，このが
けの地層は傾いたり，逆さになったりはし
ていません。

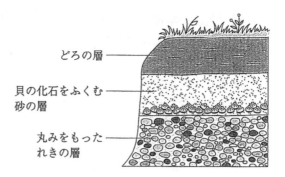

どろの層

貝の化石をふくむ
砂の層

丸みをもった
れきの層

1 このがけの一番下には丸みをもったれきの層があった。この層がどのようにしてでき
たかを説明した次の文の ┌ A ┐，┌ B ┐ に当てはまる語句を答えよ。

　　この層は流れる水によって ┌ A ┐ を受けた岩石が，れきや砂となって運ばんされ，
流れの遅いところに ┌ B ┐ してできたと考えられる。

2 このがけの地層ができたころについて説明した次の文の（　　　）には，どのような
語句が入るか。正しい組み合わせを，下のア〜エの中から1つ選び，記号で答えよ。

　　古い地層をつくる岩石のつぶほど（　①　）く，新しい地層の岩石のつぶほど
（　②　）くなっているため，この場所ははじめ海岸線から（　③　）にあり，しだ
いに（　④　）になっていったと考えられる。

| | ① | ② | ③ | ④ |
|---|---|---|---|---|
| ア | 大き | 小さ | 遠く深いところ | 近く浅いところ |
| イ | 大き | 小さ | 近く浅いところ | 遠く深いところ |
| ウ | 小さ | 大き | 遠く深いところ | 近く浅いところ |
| エ | 小さ | 大き | 近く浅いところ | 遠く深いところ |

**1** 　学校で星座の学習をした花子さんは，夏休みの自由研究で実際に星の観察をすることにしました。花子さんは家族で，山の上のキャンプ場に来ています。下の問いに答えなさい。

1　花子さんが星の観察をしたのは8月21日の夜9時ごろである。星座早見の時刻板を，どのように合わせればよいか。次の中から1つ選び，記号で答えよ。

2　次に東の空がどの方向かを知るために，方位磁針を手のひらに水平におくと右図のように針が止まった。東の方位はア〜エのどの向きか。1つ選び，記号で答えよ。

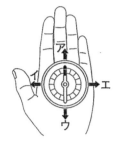

3　東の空にどのような星が見えるのかを知りたい。東向きに立って観察するとき，星座早見はどの向きに持てばよいか。次の中から1つ選び，記号で答えよ。

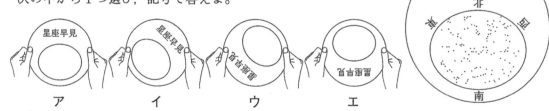

4　星座早見を使って東の空を観察し，夏の大三角を見つけることができた。まわりにはいろいろな明るさ，いろいろな色の星が見えた。星の等級や明るさ，色について説明した文として正しいものを，次の中から1つ選び，記号で答えよ。

　　ア　星の等級は表面温度のちがいをもとにつけられており，星の明るさとは関係がない。

　　イ　星の等級は明るさのちがいをもとにつけられており，星の色とは関係がない。

　　ウ　星の明るさがより明るいものほど，表面の温度が高い。

　　エ　青白い星や白い星は1等星でのみ見られ，赤い星は3等星以下で見られる。

6 下の図のようなジョギングコースに，①から⑫までの番号がついたポールが等間隔に立っている。⑫をスタート地点とし，このコースをA君，B君，C君は一定の速さで走る。A君の速さは，B君の速さの3倍である。

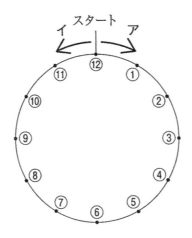

(1) A君もB君もアの向きに，同時にスタートした。そのあと，B君がA君にはじめて追いつかれるのは何番の地点か。

(2) A君はアの向きに，B君はイの向きに，同時にスタートした。そのあと，2人が7回目に出会うのは何番の地点か。

(3) A君とC君はアの向きに，B君はイの向きに，同時にスタートした。
　　B君は，先にA君と出会い，次にC君と出会った。B君は，C君と出会った地点で，向きを変えてアの向きに走ったところ，A君に⑨の地点で追いつかれた。
　　C君の速さは，A君の速さの何倍か。

4 24 km 離れた P 町と Q 町の間をバスが走っている。また，A 君と B 君は自転車で P 町と Q 町の間を走っている。

バスと，A 君，B 君は次のように走る。

> バス：8 時 10 分に P 町を出発し，P 町から 12 km 離れたバス停で 10 分間停車
> した後，ふたたび Q 町に向かって走る。Q 町に着いて 20 分間停車し，
> ふたたび P 町に向かって止まることなく走る。
> ただし，バスの速さは時速 48 km である。
> A 君：8 時に Q 町を出発し，時速 16 km で P 町に向かって走る。
> B 君：8 時 20 分に P 町を出発し，時速 12 km で Q 町に向かって走る。

(1) バスについて，P 町を出発してからふたたび P 町にもどってくるまでのようすを
グラフにかきなさい。

(2) A 君とバスが出会うのは，P 町から何 km 離れたところか。

(3) B 君とバスが出会うのは，何時何分か。

このページには問題はありません

(4)　次の図はある立体の展開図である。組み立ててできる立体の体積は何 cm³ か。
ただし，円周率は 3.14 とする。

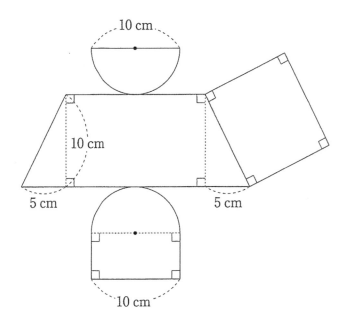

(5)　A，Bの容器にそれぞれ 200 g ずつ食塩水が入っており，A は 8 ％である。
A から B に 50 g うつしてよくかき混ぜ，次に B から A に 50 g うつした。
このとき，A は 10 ％の食塩水になった。B は最初何 ％だったか。

**1** 次の問いに答えなさい。

(1) $\dfrac{1}{2} \times \left( 12 - \dfrac{2}{3} \div \dfrac{1}{6} \right) - 2$ を計算しなさい。

(2) 次の □ にあてはまる数を求めなさい。

$( 7 - \boxed{\phantom{000}} \div 2 ) \times 4 - 3 \times 2 = 2$

(3) 図のように，正六角形の1つの頂点を直線が通っている。アの角度は何度か。

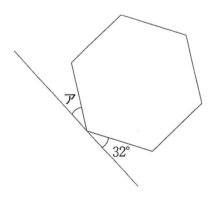

# 算　数

（100点　40分）

## 注意事項

1. 試験開始のチャイムが鳴るまで、この問題用紙を開いてはいけません。
2. 問題用紙は表紙をのぞいて9ページです。
3. 答えはすべて解答用紙に正確に記入しなさい。
4. 問題用紙の印刷が悪かったり、ページが足りないときや、解答用紙のよごれなどに気づいた場合は、手をあげて先生に知らせなさい。
5. 試験が終わったら問題用紙は持ち帰りなさい。

## 西南学院中学校

**2** 1辺の長さが 3 cm の正方形と半径が 1 cm の円がある。ただし，円周率は 3.14 とする。

(1) 正方形の外側に円をおき，辺上を転がしながらもとの位置にくるまで 1 周させる。
円が通る部分の面積は何 cm² か。

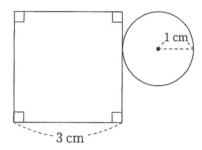

(2) 正方形の内側に円をおき，辺上を転がしながらもとの位置にくるまで 1 周させる。
円が通る部分の面積は何 cm² か。

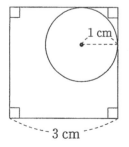

3  長方形の紙を，1辺の長さが整数である正方形に切り分ける。ただし，<u>正方形の個数がもっとも少なくなるように</u>切る。たとえば，たて5cm，横8cmの長方形の紙は，図のように5個の正方形に切り分けられる。

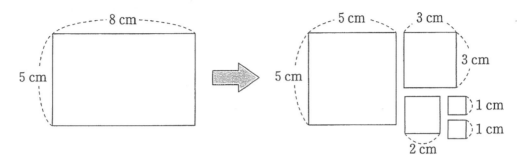

(1) たて15cm，横42cmの長方形の紙は，何個の正方形に切り分けられるか。

(2) ある長方形の紙は8個の正方形に切り分けられる。この8個の正方形の中で，1辺の長さが1cmの正方形は2個だけであり，残り6個は大きさがすべて異なる。この8個の中で，一番大きい正方形の1辺の長さは何cmか。

**5** 3本のたて線 ア，イ，ウ がある。このたて線の間に横線を次のように引いていく。

〈図1〉のように，アとイの間に1本目を引き，次に イとウ の間に2本目を引く。同じように，アとイ の間，イとウ の間に交互に1本ずつ横線を引いていく。

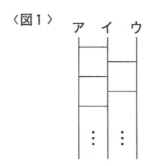

〈図1〉

次に，〈図2〉のように，たて線の上に左から Ⓐ，Ⓑ，Ⓒ を順番におく。これらを次のルールにしたがって動かす。

> ルール1　下にたどっていき，横線があれば必ず曲がる。
> ルール2　たどった線をもどることはできない。

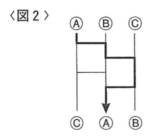

〈図2〉

〈図2〉では，横線が全部で4本引いてあり，Ⓐ，Ⓑ，Ⓒ を下まで動かすと，左から Ⓒ，Ⓐ，Ⓑ の順番になる。

(1) 横線を全部で6本引くとき，Ⓐ，Ⓑ，Ⓒを下まで動かすと，左からどのような
順番になるか。

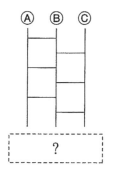

(2) 図のように，途中がかくれている。かくれている横線の本数は全部で何本か。
ただし，考えられる本数の中で，もっとも少ない本数を答えること。

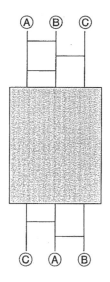

(3) 横線を全部で100本引くとき，Ⓐ，Ⓑ，Ⓒを下まで動かすと，左からどのような
順番になるか。

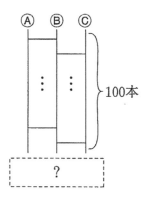

# 理　科

（100点　40分）

## 注意事項

1．試験開始のチャイムが鳴るまで，この問題用紙を開い
　てはいけません。
2．問題用紙は表紙をのぞいて12ページです。
3．答えはすべて解答用紙に正確に記入しなさい。
4．問題用紙の印刷が悪かったり，ページが足りないとき
　や，解答用紙のよごれなどに気づいた場合は，手をあ
　げて先生に知らせなさい。
5．試験が終わったら問題用紙は持ち帰りなさい。

## 西南学院中学校

2 3つのビーカーA，B，Cに炭酸水，塩酸，アンモニア水のいずれかを入れたところ，どのビーカーにどの水よう液を入れたのか分からなくなりました。そこで，どのビーカーにどの水よう液が入っているか調べるために，実験1～3をおこないました。下の問いに答えなさい。

実験1 ビーカーA～Cの水よう液をそれぞれ取り，赤色リトマス紙と青色リトマス紙につけて，色の変化を調べた。

実験2 ビーカーA～Cの水よう液にアルミニウムはくを入れて観察した。

実験3 ビーカーA～Cの水よう液のにおいを，手であおいでかいだ。

〈実験結果〉

| | | ビーカーA | ビーカーB | ビーカーC |
|---|---|---|---|---|
| 実験1 | 赤色リトマス紙 | 青色に変化した | 変化しなかった | 変化しなかった |
| | 青色リトマス紙 | 変化しなかった | 赤色に変化した | 赤色に変化した |
| 実験2 | | とけなかった | ？ | とけなかった |
| 実験3 | | 鼻をつくような強いにおいがした | 少しにおいがした | まったくにおわなかった |

1 実験2で，ビーカーBにアルミニウムはくを入れるとアルミニウムはくはどのようになったか。

2 ビーカーBの水よう液にとけている気体は何か。気体の名前を答えよ。

3 ビーカーA～Cの水よう液をそれぞれ試験管に取り，石灰水を数滴入れると白くにごったものが1つあった。それはどのビーカーの水よう液か。ビーカーの記号で答えよ。

4 図のようなpHメーターを使って，水よう液の酸性，アルカリ性の強さを調べた。pHメーターが示した数字がもっとも大きくなるのはどれか。ビーカーの記号で答えよ。

調べる液体をつける。

**3** 私たちのまわりにはたくさんの昆虫が生活していて，その姿を目にすることができます。チョウやトンボ，セミなどは特に身近な昆虫です。これらについて下の問いに答えなさい。

1 チョウの代表的なものにモンシロチョウとナミアゲハがある。これらの幼虫は，それぞれ何の葉を食べて成長しているか。次の中から2つずつ選び，記号で答えよ。

ア　ススキ　　イ　カラタチ　　ウ　カエデ　　エ　アブラナ　　オ　キャベツ
カ　ミカン　　キ　エンドウ　　ク　ダイズ

2 トンボの幼虫やセミの幼虫は，日ごろ目にすることはないが，それはなぜか。その理由を，次の中から1つずつ選び，記号で答えよ。

ア　ふだんは土の中にすんでいて，地上には夜だけ出てきて活動するから。
イ　ふだんは水の中にすんでいて，地上には夜だけ出てきて活動するから。
ウ　木の葉や土の色にうまくまぎれて，人間が見つけるのが難しいから。
エ　動きがすばやいので，人間が見つけるのが難しいから。
オ　水中で小さな生きものを食べて大きくなり，水中から出て成虫になるから。
カ　土の中で長い間すごし，地上に出て成虫になるから。

3 チョウが成虫になるときと，トンボやセミが成虫になるときには，どのような違いがあるか。次の中から1つ選び，記号で答えよ。

ア　チョウはさなぎになった後に成虫になるが，トンボとセミにはさなぎの時期がない。
イ　チョウにはさなぎの時期がなく，トンボとセミは，さなぎになった後に成虫になる。
ウ　チョウの幼虫は胸からたくさんの脚(あし)がでているが，成虫になると脚は3対になる。しかし，トンボとセミは幼虫の時期からずっと3対である。
エ　チョウは幼虫も成虫も地上で酸素を使って生活するが，トンボとセミは成虫になってから酸素を使い始める。

4 成虫になったとき，ほかの小さな昆虫などの生きものを大きなあごのある口で食べているのはどれか。次の中から1つ選び，記号で答えよ。

ア　モンシロチョウ　　イ　シオカラトンボ　　ウ　アブラゼミ　　エ　ナミアゲハ

5 クマゼミは，透明なはねをもつ大型のセミである。ジャージャーワシワシワシ····と大きな鳴き声だが，どうやって音を出しているか。次の中から1つ選び，記号で答えよ。

ア　口の奥の特別な構造で音を出している。
イ　腹にある特別な構造で音を出している。
ウ　はねをふるわせて音を出している。
エ　はねとはねをこすり合わせて音を出している。

5 ふりこが1往復する時間を調べる実験について，下の問い
に答えなさい。

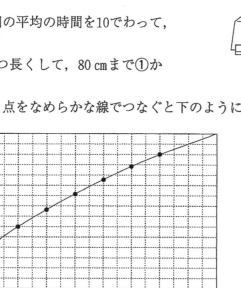

　右図のように糸に小さな金属の球をつけてスタンドにつる
し，ふりこの長さとふりこが1往復する時間の関係を調べる
実験をおこなった。
**手順①**　ふりこの長さを10cmにして，ふれはばが20°になる
　　　　ようにしてふりこをふる。
**手順②**　ストップウォッチを使って，ふりこが10往復する時
　　　　間をはかる。
**手順③**　②を5回くり返し，5回の平均の時間を10でわって，
　　　　1往復する時間を求める。
**手順④**　ふりこの長さを10cmずつ長くして，80cmまで①か
　　　　ら③をくり返す。
　この実験結果をグラフにして，点をなめらかな線でつなぐと下のようになった。

1　手順③で，実験を5回くり返したのはどうしてか。その理由としてもっとも正しいも
のを次の中から1つ選び，記号で答えよ。

　ア　班で実験をおこなうので，全員が実験をおこなうことができるため。
　イ　50往復する時間をはかり50でわっても同じ結果が求められるが，回数が多いと数
　　え間違いがおこりやすいため。
　ウ　実験をくり返すことではかり方になれ，より確かな値を求めることができるため。
　エ　ストップウォッチのおし方のわずかなちがいなどで，結果がいつも同じになると
　　は限らないため。

2　グラフより，ふりこの長さが30cmのときは1往復する時間が1.1秒である。ふりこ
の長さが90cmのとき1往復する時間は何秒か。

3 　おもりを金属の球から同じ大きさの木の球に変えて実験をおこなうと，1往復の時間はどうなるか。次の中から正しいものを1つ選び，記号で答えよ。ただし，どちらの実験もふりこの長さは60㎝，ふれはばは20°のときの結果を比べるものとする。

　　ア　金属の球のほうが，時間が長い。
　　イ　木の球のほうが，時間が長い。
　　ウ　両方とも同じ時間になる。

4 　今から400年くらい前に，イタリアのピサという町の教会でシャンデリアがゆっくりとゆれるようすを観察し，ふりこのふれはばが変わっても，ふりこが1往復する時間が変わらないこと（ふりこの等時性）を発見した科学者の名前を答えよ。

**7**　X君は，学校の理科の授業で月について学びました。そこで月の動きや月の形に興味を持ち，自分で月を観察をしたり，コンピュータを使って調べたりしました。下の問いに答えなさい。

〔観察1〕①午前中，南の空に見える月を観察して，月の形と位置（方位・高さ）を調べた。このとき，図1のようにcの位置に月を観察できた。観察した時の月の形は図のようであった。

　　　②3日後同じ時刻に観察し，①の月と比べた。

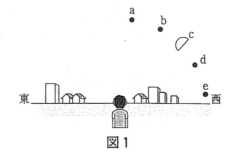

図1

1　観察1の①で見られた月を何というか。次の中から1つ選び，記号で答えよ。

　　ア　満月　　イ　新月　　ウ　三日月　　エ　上弦の月　　オ　下弦の月

2　観察1の②で見られた月は図1のa〜eのどの位置に見えるか。

3　観察1の②で見られた月は次のどの形にもっとも近いか。次の中から1つ選び，記号で答えよ。

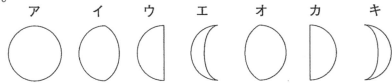

　　X君はコンピュータで，月の形と見える位置が変わる理由を調べた。すると，下の図2のように，地球が太陽のまわりを回り，その地球のまわりを図3のように月が回っていることによって，月と地球と太陽の位置関係が変わるためであることがわかった。地球は太陽のまわりを約365日で1周し，月は地球のまわりを約27日で1周するということもわかった。

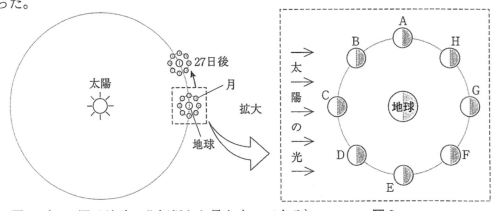

図2　（この図は地球の北極側から見たものである）　　　　図3

4　観察1の①の月が見えたとき，図3のA～Hのどの位置に月があったと考えられるか。

5　観察1の②の月は，①のときから地球のまわりを何度回転したと考えられるか。整数で答えよ。

〔観察2〕X君はある日の真夜中，満月の月を観察した。その日から27日後の真夜中に月を観察したところ，満月ではなくやや欠けているように見えた。

6　観察2の次の日，学校に行って先生に「月が欠けて見えたのはなぜか」と質問したところ，先生はX君がコンピュータで調べた図2を使って次のように説明してくれた。　　　　にあてはまる語句や数字を下からそれぞれ選び，記号で答えよ。ただし，同じ番号には同じ語句や数字が入るものとする。

「X君，よいところに気がつきましたね。まず，満月になるためには，地球から見て月が太陽　(1)　にないといけません。次に，地球は365日で太陽のまわりを1周つまり360°回転しています。よって1日に図2の矢印の方向に約1°動き，27日経つと約27°動きますね。すると27日後には月は太陽　(1)　にならないのです。月は地球のまわりを1日に約　(2)　°動くので，月が太陽　(1)　になるのは，真夜中に満月を観察した日から27日後ではなくて　(3)　になるのです。」

ア　とほぼ同じ方向　　　　イ　1　　　ウ　23日後　　エ　25日後
オ　のほぼ反対方向　　　　カ　13　　　キ　29日後
ク　とほぼ90°の方向　　　ケ　27　　　コ　31日後

7　観察2でX君が見た月は，月のどこが欠けて見えたか。次の中から1つ選び，記号で答えよ。

ア　上側　　イ　下側　　ウ　右側　　エ　左側

8　X君がコンピュータで調べていたところ，月周回衛星「かぐや」から撮影された地球の写真（図4）がのっていた。写真の地球の右下には南アメリカ大陸が見えていた。この写真は，月が図3のどの位置にきたときに撮影されたものか。A～Hから1つ選び，記号で答えよ。

図4

# 社　会

（100点　40分）

**注意事項**

1. 試験開始のチャイムが鳴るまで、この問題用紙を開いてはいけません。
2. 問題用紙は表紙をのぞいて10ページです。
3. 答えはすべて解答用紙に文字または記号で正確に記入しなさい。
4. 問題用紙の印刷が悪かったり、ページが足りないときや、解答用紙のよごれなどに気づいた場合は、手をあげて先生に知らせなさい。
5. 試験が終わったら問題用紙は持ち帰りなさい。

## 西南学院中学校

問7 次のグラフ中のA～Cは、アメリカ、オーストラリア、ドイツの食料自給率の変化を示したものです。A～Cの正しい組み合わせをア～カから1つ選び、記号で答えなさい。

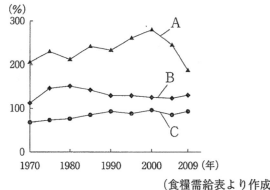

（食糧需給表より作成）

|  | ア | イ | ウ | エ | オ | カ |
|---|---|---|---|---|---|---|
| A | アメリカ | アメリカ | オーストラリア | オーストラリア | ドイツ | ドイツ |
| B | オーストラリア | ドイツ | アメリカ | ドイツ | アメリカ | オーストラリア |
| C | ドイツ | オーストラリア | ドイツ | アメリカ | オーストラリア | アメリカ |

問8 次のグラフは日本の自動車生産台数と輸出台数の変化を示したものです。これについて、説明が正しいものをア～エから1つ選び、記号で答えなさい。

ア 日本からの輸出台数を減らすように求める国もあったが、1985年まで輸出台数は増え続けた。

イ 1990年から1995年にかけて、この時期に日本の高度経済成長が終わり、不景気になったので、生産台数が減った。

ウ 1995年以降、日本の自動車会社は外国での生産をやめたので、輸出台数が増えた。

エ 日本に外国の自動車会社の工場が急増したため、2000年以降、生産台数が増えた。

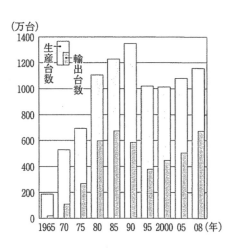

問9 できるだけ地元でとれた農産物を食べるようにする取り組みのことを何というか、漢字4字で答えなさい。

問10　下の写真にみられるように、多くの貨物は決められた大きさの箱に入れられて、船やトラックなどで運ばれます。このような箱のことを何というか、**カタカナ4字**で答えなさい。

船で運んでいるようす

トラックに積みこむようす

問11　ハザードマップの説明として正しいものをア〜エから1つ選び、記号で答えなさい。

ア　決められた地図記号や等高線によって、街や土地のようすが示されたもの
イ　障がいのある人が、街の施設を使うときに必要な情報が書かれているもの
ウ　水害や火山の噴火の被害がおよぶ範囲など、危険なところを予測したもの
エ　地震がおきたとき、大きなゆれがくるまでに瞬時に情報が伝えられるもの

問12　次の表は、インドネシア、オーストラリア、韓国から日本が輸入している金額と、輸入額が多い品目（2010年）を示したものです。A〜Cにあてはまる国名の組み合わせをア〜カから1つ選び、記号で答えなさい。

|  | 輸入額（億円） | 輸入額が多い品目（%） |
|---|---|---|
| A | 45,139 | 石炭33.4、鉄鉱石22.2、液化天然ガス19.0 |
| B | 31,701 | 機械類29.7、石油製品20.7、鉄鋼10.5 |
| C | 27,160 | 液化天然ガス21.4、原油13.9、石炭13.2 |

（データブックオブザワールドより作成）

|  | ア | イ | ウ | エ | オ | カ |
|---|---|---|---|---|---|---|
| A | インドネシア | インドネシア | オーストラリア | オーストラリア | 韓国 | 韓国 |
| B | オーストラリア | 韓国 | インドネシア | 韓国 | インドネシア | オーストラリア |
| C | 韓国 | オーストラリア | 韓国 | インドネシア | オーストラリア | インドネシア |

問8　下線部⑦について、この役職を**漢字2字**で答えなさい。

問9　文中の下線部⑧について、異なる二つの地方にある前方後円墳から、同一人物の名前が刻まれた鉄剣と鉄刀が発見されました。これについて説明した次の文中の　1　、　2　にあてはまる語句の正しい組み合わせをア〜エから1つ選び、記号で答えなさい。

「これらの鉄剣と鉄刀には、　1　大王と刻まれていました。このことから、大和朝廷の支配が　2　地方から関東地方まで広がっていたことがわかります。」

|  | ア | イ | ウ | エ |
|---|---|---|---|---|
| 1 | ヤマトタケル | ヤマトタケル | ワカタケル | ワカタケル |
| 2 | 近畿 | 九州 | 近畿 | 九州 |

問10　AとBの文中のこの時代の説明として正しいものをX〜Zから1つずつ選びなさい。そして、その組み合わせとして正しいものをア〜カから1つ選び、記号で答えなさい。

X　天皇にかわって、摂政や関白が政治をおこなっていた。
Y　仏教の力で国をおさめるため、大仏とそれをまつる東大寺がつくられた。
Z　将軍のあとつぎ争いから応仁の乱がおこり、各地で戦乱が続くようになった。

|  | ア | イ | ウ | エ | オ | カ |
|---|---|---|---|---|---|---|
| A | X | X | Y | Y | Z | Z |
| B | Y | Z | X | Z | X | Y |

問11　A〜Eのこの時代を年代の古いものから順に並べなさい。その場合、2番目と4番目にあてはまるものの組み合わせとして、正しいものをア〜カから1つ選び、記号で答えなさい。

|  | ア | イ | ウ | エ | オ | カ |
|---|---|---|---|---|---|---|
| 2番目 | B | C | E | B | C | E |
| 4番目 | A | A | A | D | D | D |

3 次の文を読んで、問１〜問10に答えなさい。

①ポツダム宣言を受け入れた日本は、アメリカを中心とする連合国軍に国土を占領されました。連合国軍の総司令部は、②日本の民主化を進めるための指令を次々に出しました。日本政府は、それを受けて改革を進めていきました。

日本を民主的な国にするために、新しい憲法が定められました。この日本国憲法は、1946年（　Ａ　）に公布され、翌年の５月３日から施行されました。日本国憲法によって、国民が主権者となり、③天皇は国や国民のまとまりの象徴であるとされました。また、すべての④国民の基本的人権を保障し、軍隊を持たず、永久に戦争をしないことが決められるなど、日本がこれから進む方向が示されました。

戦後の世界は、アメリカを中心とする国々、ソ連を中心とする国々の二つに分かれ、はげしく対立していました。アメリカは、ソ連などの国々に対抗するために、日本との講和を急ぎました。⑤1951年に開かれた講和会議で、日本はアメリカ・イギリスなど48か国と平和条約を結び、翌年に独立を回復しました。また、平和条約と同じ日に、（　Ｂ　）条約が結ばれ、独立後もアメリカ軍が日本にとどまることになりました。1956年には、日本とソ連との国交が回復し、日本の⑥国際連合加盟が実現しました。

1964年には、世界94か国、5000人以上の選手が参加する⑦オリンピック東京大会を開き、日本は戦後の経済発展をとげたことを世界に示しました。現在では発展途上国への経済援助をおこなうなど、先進国としての役割をはたしています。

また、国際社会に貢献しているのは、政府だけではありません。ノーベル賞などで研究が世界に認められたり、海外で援助活動に取り組んだりする日本人がふえています。1997年には、京都で⑧地球温暖化防止会議が開かれ、世界の国々が協力して温暖化防止に取り組むことを確認しました。21世紀を生きるわたしたちは、地球市民として世界の平和を守り、環境の保全などに取り組むことがいっそう求められています。

問１　文中の下線部①の50年前のできごととして正しいものを、ア〜エから１つ選び、記号で答えなさい。

ア　第一回帝国議会が開かれた。
イ　伊藤博文が最初の内閣総理大臣になった。
ウ　日本がロシアと講和条約を結んだ。
エ　日本が清と講和条約を結んだ。

2014（平成26）年度

# 算 数 解 答 用 紙

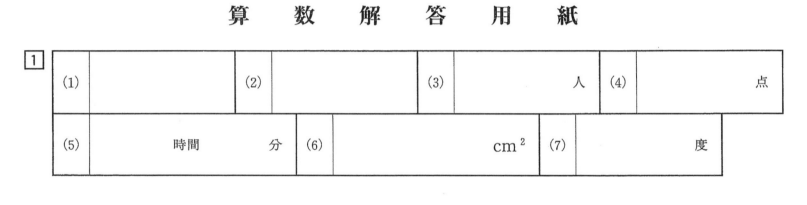

1

| (1) | | (2) | | (3) | 人 | (4) | 点 |
| --- | --- | --- | --- | --- | --- | --- | --- |
| (5) | 時間　　　分 | (6) | cm² | (7) | 度 | | |

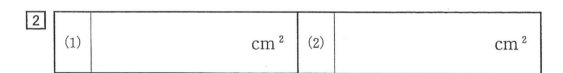

2

| (1) | cm² | (2) | cm² |
| --- | --- | --- | --- |

3

| (1) | 個 | (2) | cm |
| --- | --- | --- | --- |

| 受験番号 | |
|---|---|

2014（平成26）年度

# 理 科 解 答 用 紙

| 1 | 1 | 2 | 3 | 4 |
|---|---|---|---|---|
| | | | | |

| 2 | 1 | 2 | 3 | 4 |
|---|---|---|---|---|
| | | | | |

| 3 | 1 | | | 2 | | 3 |
|---|---|---|---|---|---|---|
| | モンシロチョウ | ナミアゲハ | トンボ | セミ | |
| | ， | ， | | | |

| 4 | 5 |
|---|---|
| | |

| 受験番号 | |
|---|---|

2014(平成26)年度

# 社　会　解　答　用　紙

【注意】
このらんには何も
記入しないこと

1

| 問 1 | 問 2 | 問 3 | 問 4 | 問 5 | 問 6 | 問 7 | 問 8 |
|---|---|---|---|---|---|---|---|
| | | | | | | | |

| 問 9 | 問10 | 問11 | 問12 |
|---|---|---|---|
| | | | |

2

| 問 1 | 問 2 | 問 3 | 問 4 | 問 5 | 問 6 |
|---|---|---|---|---|---|
| | | | | | |

| 問7 | 問8 | 問9 | 問10 | 問11 |
|---|---|---|---|---|
| | | | | |

**3**

| 問1 | 問2 | 問3 | 問4 | 問5 |
|---|---|---|---|---|
| | | | | |

| 問6 | 問7 | 問8 | 問9 | 問10 |
|---|---|---|---|---|
| | | | | ガス |

**4**

| 明治時代 | 昭和時代 | 平成時代 |
|---|---|---|
| | | |

| 総計 | |
|---|---|
| | ※100点満点<br>（配点非公表） |

| 5 | 1 | 2 | 3 | 4 |
|---|---|---|---|---|
| | | 秒 | | |

| 6 | 1 | 2 | | |
|---|---|---|---|---|
| | | (1) | (2) | (3) |
| | | | | |

| 7 | 1 | 2 | 3 | 4 | 5 |
|---|---|---|---|---|---|
| | | | | | 度 |

| | 6 | | | 7 | 8 |
|---|---|---|---|---|---|
| | (1) | (2) | (3) | | |
| | | | | | |

総計 ※100点満点 （配点非公表）

4

| (1) | ア | (2) | イ | ウ | (3) | エ | オ |
|-----|---|-----|---|---|-----|---|---|

5

| (1) | | (2) | 本 | (3) | |
|-----|---|-----|---|-----|---|

6

| (1) | ℃ | (2) | (ア) 午前　　　時　　　分 | (イ) | m |
|-----|---|-----|------|------|---|

総計

※100点満点
（配点非公表）

K 教英出版

問6　文中の下線部⑤が開かれた都市を地図中ア〜カから１つ選び、記号で答えなさい。

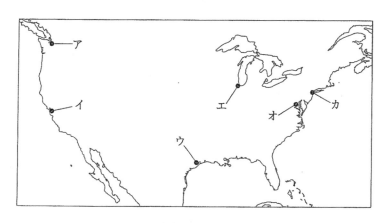

問7　文中の（　B　）にあてはまる語句を漢字6字で答えなさい。

問8　下線部⑥の本部が置かれている都市を問6の地図中ア〜カから１つ選び、記号で答えなさい。

問9　下線部⑦に関連して、2014年冬季オリンピックはどこの国で開催されるか、あてはまるものをア〜エから１つ選び、記号で答えなさい。

　ア　カナダ　　　イ　ノルウェー　　　ウ　ロシア　　　エ　ブルガリア

問10　下線部⑧の原因と考えられている二酸化炭素やフロンなどのガスのことを何というか、解答らんにあてはまるように漢字4字で答えなさい。

4　次のア〜シのできごとから、明治時代・昭和時代・平成時代におこったできごとをそれぞれ３つ選び、古い順に並べなさい。その場合、２番目にあてはまるものを１つずつ選び、記号で答えなさい。

　ア　西南戦争　　　　　イ　アジア・太平洋戦争　　ウ　韓国と国交をひらく
　エ　米そうどう　　　　オ　日米和親条約　　　　　カ　サッカー日韓ワールドカップ
　キ　朝鮮戦争　　　　　ク　イラク戦争　　　　　　ケ　岩倉使節団の視察
　コ　国際連盟に加盟　　サ　ノルマントン号事件　　シ　阪神・淡路大震災

問2　文中の下線部②の説明として、誤っているものをア〜エから１つ選び、記号で答えなさい。

ア　義務教育は、これまでの４年間から６年間とする。
イ　軍隊を解散する。
ウ　ほとんどの農民が農地をもてるようにする。
エ　労働組合の結成を認める。

問3　文中の下線部③が、内閣の助言と承認にもとづいておこなう仕事として正しいものを、ア〜エから１つ選び、記号で答えなさい。

ア　国会を召集したり、衆議院を解散する。
イ　政治が憲法に違反していないか審査する。
ウ　内閣総理大臣や最高裁判所長官を指名する。
エ　国の予算を作成する。

問4　文中の（　Ａ　）にあてはまる月日は、現在何という国民の祝日か、その祝日の名前を答えなさい。

問5　文中の下線部④について、イラストを参考にして、下の日本国憲法の条文の（　　）の中にあてはまる語句を漢字２字で答えなさい。

「（　　）の自由は、何人に対してもこれを保障する。いかなる宗教団体も、国から特権を受け、又は政治上の権力を行使してはならない。」（第20条1項）

— 9 —

問2　文中の下線部①について、この建築様式を漢字3字で答えなさい。

問3　文中の下線部②について、この建物を建てた人物として正しいものをア〜エから1つ選び、記号で答えなさい。

　ア　平清盛　　　イ　藤原頼通　　　ウ　足利義政　　　エ　足利義満

問4　文中の下線部③について、秀忠が制定した内容として正しいものをア〜エから1つ選び、記号で答えなさい。

　ア　勝手に結婚してはならない。
　イ　大きな船をつくってはならない。
　ウ　江戸に参勤すること。
　エ　江戸で決められたきまりは、領地でも守ること。

問5　文中の下線部④について、Cの時代は町人を中心とした文化が広まりました。この時代の文化を説明したものとして正しいものをア〜エから1つ選び、記号で答えなさい。

　ア　本居宣長は、日本の古典を学び、『古事記』を書いた。
　イ　近松門左衛門は、人形しばいの『東海道中膝栗毛』を書いた。
　ウ　松尾芭蕉は、俳句を数多く作り、『奥の細道』を書いた。
　エ　歌川広重は、浮世草子の『東海道五十三次』を書いた。

問6　文中の下線部⑤について、農民や町人の子ども達がこれらを学んでいた施設の名称を漢字3字で答えなさい。

問7　文中の下線部⑥について、右の図はDの時代の政治の中心地を示したものです。「名越（名越坂）の切通」にあたる場所を図中のア〜エから1つ選び、記号で答えなさい。

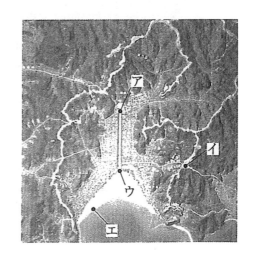

2 A～Eの文を読んで、問1～問11に答えなさい。

A．この建物は、京都の東山に建てられたものです。そのとなりの東求堂でも用いられたこの時代の①建築様式は、現在の和室のもとになっています。

B．この建物は、②中臣鎌足の子孫が京都の宇治に建てました。また、この時代には日本独自のかな文字が広く使用されるようになり、すぐれた文学作品が生まれました。

C．この建物には、関ヶ原の戦いで勝利した人物がまつられています。また、③その子どもである秀忠は大名を統制するための法律を制定しました。この時代の農民や④町人の子ども達は⑤「読み・書き・そろばん」などを学びました。

D．この時代には、現在の神奈川県に⑥政治の中心地があり、国ごとに⑦軍事や警察の仕事にあたる役職が置かれました。

E．この時代には、王や豪族の⑧前方後円墳がつくられました。その中には木棺や石棺が置かれ、鏡・鉄製の武器・馬具などの副葬品がおさめられました。


問1　下のⅠ～Ⅲは、A～Cの文中にある建物の写真です。文と写真の正しい組み合わせをア～カから1つ選び、記号で答えなさい。

Ⅰ 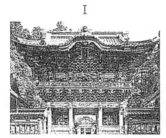　Ⅱ 　Ⅲ

|   | ア | イ | ウ | エ | オ | カ |
|---|---|---|---|---|---|---|
| Ⅰ | A | A | B | B | C | C |
| Ⅱ | B | C | A | C | A | B |
| Ⅲ | C | B | C | A | B | A |

問4　次の表は、鹿児島県、兵庫県、千葉県の県庁所在地の人口（2011年）、農業生産額にしめる畜産の割合（2010年）、工業生産額にしめる化学の割合（2010年）を示したものです。A～Cにあてはまる県の組み合わせをア～カから1つ選び、記号で答えなさい。

|  | 県庁所在地の人口（万人） | 農業生産額にしめる畜産の割合（％） | 工業生産額にしめる化学の割合（％） |
|---|---|---|---|
| A | 151 | 34.9 | 18.7 |
| B | 94 | 25.6 | 48.2 |
| C | 61 | 56.6 | 4.9 |

（データブックオブザワールドより作成）

|  | ア | イ | ウ | エ | オ | カ |
|---|---|---|---|---|---|---|
| A | 鹿児島県 | 鹿児島県 | 兵庫県 | 兵庫県 | 千葉県 | 千葉県 |
| B | 兵庫県 | 千葉県 | 鹿児島県 | 千葉県 | 鹿児島県 | 兵庫県 |
| C | 千葉県 | 兵庫県 | 千葉県 | 鹿児島県 | 兵庫県 | 鹿児島県 |

問5　次のグラフは、ある漁港の種類別の水揚げ量の割合（2009年）を示したものです。このグラフはどの漁港のものか、あてはまるものをア～エから1つ選び、記号で答えなさい。

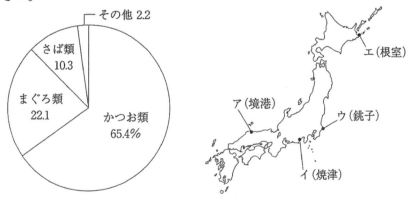

問6　森林を育てるためにはさまざまな作業が必要ですが、その中でも「間伐」は特に重要です。「間伐」の説明として正しいものをア～エから1つ選び、記号で答えなさい。

ア　木の生長をさまたげる雑草などをかり取る。
イ　弱った木や余分な木を切りたおす。
ウ　利用しやすい木材にするため、余分な枝を切る。
エ　あまり手をかけずに、木の生長を見守る。

　次の問１～問12に答えなさい。

問１　次のグラフは、さくらんぼ、レタス、ぶどうの都道府県別の生産量の割合（2010年）を示したものです。A～Cには品目名、X～Zには県名が入ります。BとXにあてはまる語句の組み合わせをア～ケから１つ選び、記号で答えなさい。

| | | | | | | | (%) |
|---|---|---|---|---|---|---|---|
| A | X 32 | 茨城 16 | 群馬 10 | 兵庫 7 | 長崎 5 | | その他 30 |

北海道

| | | | | | | | |
|---|---|---|---|---|---|---|---|
| B | Y 24 | X 13 | Z 11 | 岡山 8 | 福岡 5 | 4 | その他 35 |

青森

| | | | | |
|---|---|---|---|---|
| C | Z 73 | | Y 6 | 4 その他 17 |

（日本国勢図会より作成）

| | ア | イ | ウ | エ | オ | カ | キ | ク | ケ |
|---|---|---|---|---|---|---|---|---|---|
| B | レタス | ぶどう | さくらんぼ | レタス | ぶどう | さくらんぼ | レタス | ぶどう | さくらんぼ |
| X | 長野 | 山梨 | 山形 | 山梨 | 山形 | 長野 | 山形 | 長野 | 山梨 |

問２　次の文の空欄（　A　）～（　D　）にあてはまる語句の組み合わせをア～クから１つ選び、記号で答えなさい。

日本は、南北およそ北緯（　A　）度から北緯46度まで、東西はおよそ東経（　B　）度から東経154度までの範囲に広がっています。また、日本はおよそ（　C　）の島々から成り立っています。北の択捉島から西の与那国島までを直線で結ぶとその距離は約（　D　）kmにもなります。

| | ア | イ | ウ | エ | オ | カ | キ | ク |
|---|---|---|---|---|---|---|---|---|
| A | 20 | 20 | 20 | 20 | 30 | 30 | 30 | 30 |
| B | 122 | 122 | 132 | 132 | 122 | 122 | 132 | 132 |
| C | 3300 | 7000 | 3300 | 7000 | 3300 | 7000 | 3300 | 7000 |
| D | 7000 | 3300 | 7000 | 3300 | 7000 | 3300 | 7000 | 3300 |

問３　夏に日本付近で吹く季節風の風向きとして正しいものをア～エから１つ選び、記号で答えなさい。

ア　南東　　イ　南西　　ウ　北東　　エ　北西

**1** ものの温度と体積について，下の問いに答えなさい。実験はすべて20℃の部屋でおこないました。

1 金属の温度が変わると体積がどう変わるかを調べるために，**図1**のような金属の体積のふえ方を調べる器具（同じ金属でできた球と輪）を使って実験をした。はじめ金属の球は金属の輪を通り抜けたが，球だけをガスバーナーで加熱すると輪を通り抜けなくなった。同じように球が輪を通り抜けなくなるのは，次のどの場合か。1つ選び，記号で答えよ。

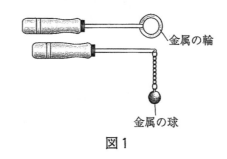

金属の輪

金属の球

図1

ア 球も輪も加熱する。
イ 球は加熱せず，輪だけを加熱する。
ウ 球も輪も冷やす。
エ 球は冷やさず，輪だけを冷やす。
オ 輪は冷やさず，球だけを冷やす。

2 **図2**のように空気が入った試験管の口に水でぬらしたゴムせんをつけて，あつい湯が入ったビーカーに入れた。しばらくすると，せんがはずれて飛んだ。この理由を次の中から1つ選び，記号で答えよ。

ゴムせん

あつい湯

図2

ア あたためられて軽くなった空気が上にあがり，あがってきた空気にゴムせんが押されたから。
イ あたためられた試験管内の空気の体積がふえ，その空気にゴムせんが押されたから。
ウ あたためられた試験管内の空気によってゴムせんもあたためられ，ゴムせんがやわらかくなったから。
エ あたためられた試験管が少し大きくなり，ゴムせんがゆるんだから。

3　試験管を2本用意し，図3のように試験管Aにはスポイトを使って試験管の口まで水を入れた。また，空気が入った試験管Bの口には石けん水の膜を張った。それらを図4のようにスタンドで固定して氷水が入ったビーカーに入れた。しばらく冷やすと，水面や石けん水の膜はどうなるか。正しい組み合わせを下の表から選び，記号で答えよ。ただし，試験管Aに入れた水はしばらく室内に置いていた水である。

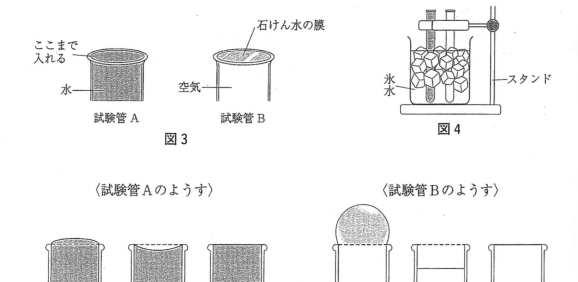

図3　試験管A　ここまで入れる　水　試験管B　石けん水の膜　空気
図4　氷水　スタンド

〈試験管Aのようす〉

水面がふくらんだ ①　水面がへこんだ ②　変わらなかった ③

〈試験管Bのようす〉

膜がふくらんだ ④　膜が下がった ⑤　変わらなかった ⑥

|  | ア | イ | ウ | エ | オ | カ | キ | ク | ケ |
|---|---|---|---|---|---|---|---|---|---|
| 試験管A | ① | ① | ① | ② | ② | ② | ③ | ③ | ③ |
| 試験管B | ④ | ⑤ | ⑥ | ④ | ⑤ | ⑥ | ④ | ⑤ | ⑥ |

4　次の中から1〜3の実験で起こったこととは違う理由で起こることを1つ選び，記号で答えよ。

　　ア　へこんだピンポン玉をあたためると，もとの形にもどった。
　　イ　鉄道のレールのつなぎめにあるすき間が，夏にはせまく，冬には広くなった。
　　ウ　水と二酸化炭素を入れてせんをしたペットボトルをよくふると，へこんだ。
　　エ　固くしまった金属のふたをあたためると，開けやすくなった。

**4** サツマイモは，葉のついた茎を土にさすと根が出て，やがて葉も大きく広がるようになります。また，根にはイモがつきます。このことについて，下の問いに答えなさい。

1 葉は，光を受けて光合成をおこない，葉の中にデンプンをつくる。このとき，材料になるのは何か。次の中から2つ選び，記号で答えよ。

　　ア　二酸化炭素　　イ　一酸化炭素　　ウ　酸素　　エ　水　　オ　ちっ素

2 晴れた日の昼過ぎに2枚のサツマイモの葉をとってきた。1枚はすぐに数分間煮て水洗いし，ヨウ素液につけたところ，葉は紫色に変化した。もう1枚は長時間暗い部屋に置いた後に同じように調べると，葉は緑色のままであった。次の日の朝，夜明け前にとってきたサツマイモの葉を，すぐに煮て同じように調べたところ，葉は緑色のままであった。さらに，サツマイモのイモを切って，そこにヨウ素液をつけると，その部分はむらさき色になった。

　これらの結果から葉でつくられたデンプンは，その後どうなるといえるか。次の中から1つ選び，記号で答えよ。

　　ア　葉でつくられたデンプンは，一部は葉が使い，残りのデンプンは夜の間に水にとける糖になってイモに移動する。イモではその糖がデンプンに変化する。
　　イ　葉でつくられたデンプンは，一部は葉が使い，残りのデンプンは夜の間にデンプンのままイモに移動する。
　　ウ　葉でつくられたデンプンは，水にとけることができないのでほかに移動することができず，夜の間にサツマイモの葉がすべてを使い切る。イモのデンプンはほかのところから移動してくる。
　　エ　葉でつくられたデンプンは，葉で使われることなく，すべて水にとける糖になってイモに移動する。イモではその糖がデンプンに変化する。

　しばらく乾燥させたサツマイモを水に浮かべると，図のように片方が少し浮き上がる。将来，浮いた方から芽がはえてくるが，根は水にひたったところ全体からはえてくる。そこで，次のような実験をおこなった。

実　験

　図1のように1個のサツマイモをたてに2つに切って，それぞれを上下を逆にして，下半分が水につかるように固定した。明るい部屋で数週間育てると，図のように芽と根が出てきた。

　次に，同じ種類のイモを，図2のようにA，B，Cの3つに切り分け，AとCを水につけて育てた。その結果，図のように，芽と根がでてきた。

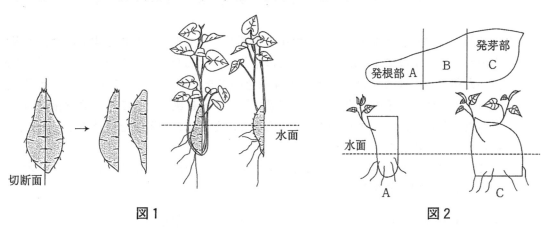

図1　　　　　　　　　　　　　　　　図2

3　Bの部分を右図のようにC側の切り口を下にして，水につけて育てるとどのような結果になると考えられるか。図2のA，Cの結果から予想して，正しいものを次の中から1つ選び，記号で答えよ。

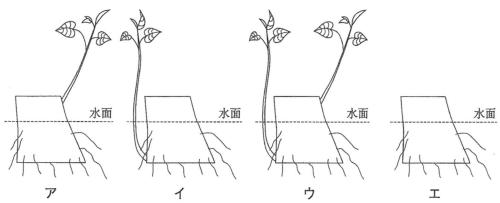

ア　　　　　　　イ　　　　　　　ウ　　　　　　　エ

**6** 電気に関する下の問いに答えなさい。

1 手回し発電機を使って，電球と発光ダイオードを光らせた。このようすを説明した次の文の（　　）にあてはまる言葉の組み合わせとして，正しいものを下の表から1つ選び，記号で答えよ。

「電球につないだ手回し発電機と発光ダイオードにつないだ手回し発電機をまわすと，電球を光らせた方が手ごたえが（　①　）。また，光っているときに電球と発光ダイオードに軽くふれると（　②　）の方はとても熱くなっていた。（　②　）は，発熱が大きいため電気をたくさん使うので，手回し発電機をまわすのに必要な力がより（　③　）なったと考えられる。」

|  | ① | ② | ③ |
|---|---|---|---|
| ア | 軽かった | 発光ダイオード | 小さく |
| イ | 軽かった | 発光ダイオード | 大きく |
| ウ | 軽かった | 電球 | 小さく |
| エ | 軽かった | 電球 | 大きく |
| オ | 重かった | 発光ダイオード | 小さく |
| カ | 重かった | 発光ダイオード | 大きく |
| キ | 重かった | 電球 | 小さく |
| ク | 重かった | 電球 | 大きく |

2 電池，同じ種類のコンデンサーA，B，同じ長さの太い電熱線と細い電熱線，電球を準備して，いくつかの実験をおこなった。

実験1 下図のように太い電熱線と細い電熱線にそれぞれ電池をつないで1分間電流を流した。

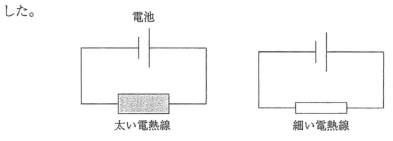

太い電熱線　　　　　　　　　　　　細い電熱線

実験2 下図のようにコンデンサーA，Bにそれぞれ電池をつないで電気をためた。

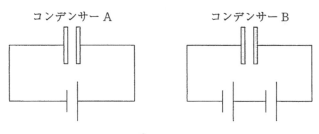

コンデンサーA　　　　　　　　　　コンデンサーB

実験3　下図のように実験2で電気をためたコンデンサーA，Bをそれぞれ同じ電球につないだ。

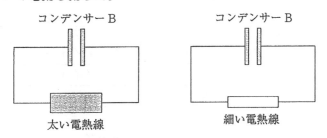

コンデンサーA　　　　　　　　コンデンサーB

電球

実験4　下図のように実験2で電気をためたコンデンサーBに太い電熱線をつないで電流を流した。その後，コンデンサーBに再び実験2と同じように電気をためて細い電熱線につないで電流を流した。

コンデンサーB　　　　　　　　コンデンサーB

太い電熱線　　　　　　　　　　細い電熱線

(1) 実験1で太い電熱線と細い電熱線のどちらがより熱くなるか。次の中から1つ選び，記号で答えよ。

　　ア　太い電熱線　　　　　イ　細い電熱線　　　　ウ　どちらも同じ

(2) 実験3で電球が光り続ける時間がより長いのは，コンデンサーA，Bのどちらにつないだときか。次の中から1つ選び，記号で答えよ。

　　ア　コンデンサーA　　　イ　コンデンサーB　　　ウ　どちらも同じ

(3) 実験4で電流が流れる時間がより長いのは，太い電熱線と細い電熱線のどちらか。次の中から1つ選び，記号で答えよ。

　　ア　太い電熱線　　　　　イ　細い電熱線　　　　ウ　どちらも同じ

6  富士山の頂上の高さは 3776 m である。

(1)  高さが 100 m 高くなるごとに，気温は 0.6℃ずつ下がる。高さが 476 m の地点の
   気温が 28℃のとき，富士山の頂上の気温は何℃か。

(2)  午前 4 時に，高さが 1976 m の地点から出発し，1 分間に 4 m の高さを登るように
   計画した。

   (ア) 計画通りに登ると，頂上に着くのは午前何時何分か。

   (イ) 計画通りに登っていたが，途中で体調が悪くなり，30 分間休んだ。そのあと
      再び登りはじめたが，登る速さは計画の半分になった。頂上に着き，そこで
      30 分間休んだあと，1 分間に 12 m の高さを下って，同じ日の午後 6 時に
      1976 m の地点にもどった。体調が悪くなったときにいた地点の高さは何 m か。

(2) 下の図で，イ，ウにあてはまる数は何か。

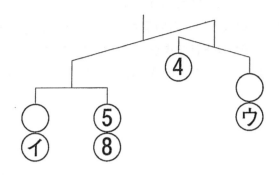

(3) 下の図で，エ，オにあてはまる数は何か。

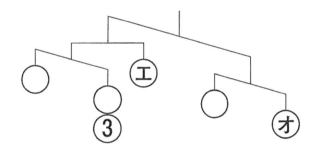

**4** ①から⑧までの数字が書かれた球が1個ずつある。書かれている数は球の重さを表している。てんびんに球をつり下げると,〈図1〉のように左右の重さが同じときはつり合い,〈図2〉のように左右の重さが異なるときは重い方にかたむく。

　　ただし,球を2個つり下げる場合は<u>小さい数の球を上に,大きい数の球を下につなげ</u>るものとする。また,てんびんの重さは考えないものとする。

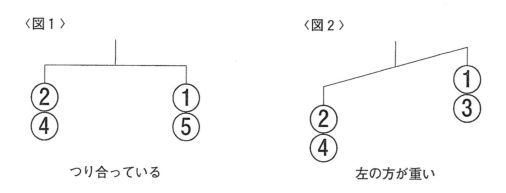

〈図1〉　　　　　　　　　　　　　〈図2〉

つり合っている　　　　　　　　　左の方が重い

(1)　下の図で,アにあてはまる数は何か。

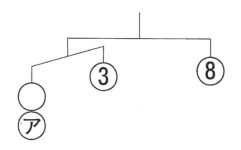

(5) 秒速 200 m で飛ぶ飛行機がある。1800 km のきょりを飛ぶときにかかる時間は
　　何時間何分か。

(6) 図の円柱の表面積は何 cm² か。ただし，円周率は 3.14 とする。

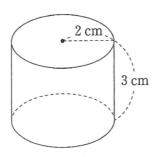

(7) 図の三角形ABCで，角アと角イは同じ大きさであり，AE，DE，BDはすべて
　　同じ長さである。このとき，角ウの大きさは何度か。

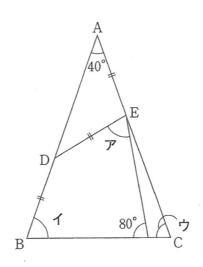

1 次の問いに答えなさい。

(1) $2 \times \left\{ 4.9 \div 0.7 - \left( \dfrac{7}{12} - \dfrac{1}{3} \right) \div 0.125 \right\}$ を計算しなさい。

(2) 次の □ にあてはまる数を求めなさい。

$3 + (\boxed{\phantom{000}} - 2) \times (4 - 1) = 15$

(3) 全校生徒の 18 % である 81 人がメガネをかけている。全校生徒は何人か。

(4) 算数のテストを 5 回受けたところ，平均点は 74 点であった。最初の 3 回のテスト の平均点が 72 点のとき，残り 2 回のテストの平均点は何点か。

# 算　　数

（100点　40分）

## 注意事項

1．試験開始のチャイムがなるまで、この問題用紙を開い
　てはいけません。
2．問題用紙は表紙をのぞいて7ページです。
3．答えはすべて解答用紙に正確に記入しなさい。
4．試験中に問題用紙の印刷が悪かったり、ページがたり
　ないときや、解答用紙のよごれなどに気づいた場合は、
　手をあげて先生に知らせなさい。
5．試験が終わったら問題用紙は持ち帰りなさい。

## 西南学院中学校

**2** 長方形ABCDを，図1のように直線上をすべらないようにころがす。
次の問いに答えなさい。ただし，円周率は3.14とする。

図1

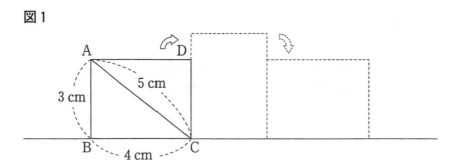

(1) 図2のように頂点Bが再び直線上にくるまでころがす。
　　このとき，頂点Bが動いてできる線の長さを求めなさい。

図2

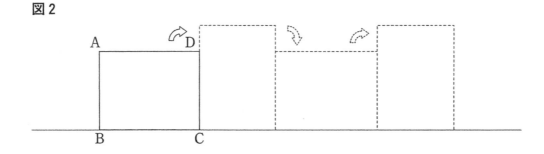

(2) 図3のように頂点Dが直線上にくるようにころがす。
　　このとき，辺ADが通る部分の面積を求めなさい。

図3

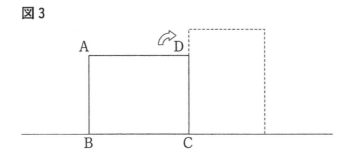

3 時速 72 km で進む列車 X と，列車 X と向かい合って進む 2 つの列車 Y，Z がある。
また，列車 X の長さは 150 m，列車 Y の長さは 200 m である。
次の問いに答えなさい。ただし，どの列車も一定の速さで進むものとする。

⑴ 人がふみきりの前に立っている。列車 X がこの人の前を通過するのに
何秒かかるか。

⑵ 列車 X と列車 Y がすれちがい始めてからすれちがい終わるまでに
10 秒かかった。列車 Y の速さは時速何 km か。

⑶ 列車 X と列車 Z がトンネルの両端から同時に進入した。
15 秒後，列車 X と列車 Z はすれちがい始め，その 10 秒後，
列車 Z はトンネルを出はじめた。トンネルの長さは何 m か。

**6** 図のように，縦60 cm，横100 cmの長方形がある。頂点Aから辺CD上の点Eに向かってボールをはじく。ボールはぶつかる角度と同じ角度ではね返り続け，4つの頂点のどれかにぶつかると止まる。

DEの長さが10 cm，20 cm，30 cm，40 cm，50 cmのとき，ボールがどの頂点で止まるか調べた。次の問いに答えなさい。

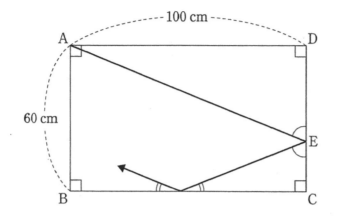

(1) DEの長さが20 cmのとき，ボールはどの頂点で止まるか。

(2) ボールが頂点Dで止まるとき，DEの長さは何cmか。

(3) DEの長さが50 cmのとき，ボールは何回はね返るか。

# 理　科

（100点　40分）

**注意事項**

1. 試験開始のチャイムがなるまで、この問題用紙を開いてはいけません。
2. 問題用紙は表紙をのぞいて9ページです。
3. 答えはすべて解答用紙に正確に記入しなさい。
4. 試験中に問題用紙の印刷が悪かったり、ページがたりないときや、解答用紙のよごれなどに気づいた場合は、手をあげて先生に知らせなさい。
5. 試験が終わったら問題用紙は持ち帰りなさい。

西南学院中学校

2 アサガオは夏休みころにさく花の代表です。家のまわりのアサガオを観察したところ，室内のアサガオと庭のアサガオでは，花のさき方が違っているような気がしました。そこで，明るい時間の長さと暗い時間の長さが花のさき方にどう関係しているか確かめるために，次のような実験をしてみました。実験の説明を読み，下の問いに答えなさい。

〈実験１〉小さなつぼみのついた６つのはち植えアサガオ①〜⑥を準備した。電灯の光を当てたり黒い布をかぶせたりして，１日のうちの明るい時間の長さと暗い時間の長さをいろいろと変えてみた。そしてその時の花の開き方（開花）のようすを観察した。実験の結果は次の表のようになった。

| はち植えアサガオの番号 | 条　件 | 結　果 |
|---|---|---|
| ① | 24時間明るくする。 | つぼみは成長しなかった。 |
| ② | 21時間明るく３時間暗くする。 | つぼみは成長しなかった。 |
| ③ | 18時間明るく６時間暗くする。 | つぼみは成長しなかった。 |
| ④ | 15時間明るく９時間暗くする。 | つぼみは成長し，数日で開花した。 |
| ⑤ | 12時間明るく12時間暗くする。 | つぼみは成長し，数日で開花した。 |
| ⑥ | ９時間明るく15時間暗くする。 | つぼみは成長し，数日で開花した。 |

1 アサガオの開花と明るい時間・暗い時間との関係として正しいものはどれか。次の中から１つ選び，記号で答えよ。

　　ア　明るい時間が15時間以上になると開花する。
　　イ　暗い時間が９時間以上になると開花する。
　　ウ　明るい時間と暗い時間が同じ長さのときだけ開花する。
　　エ　開花しやすさは，明るい時間と暗い時間の長さには影響されない。

2 この実験から，このアサガオの開花についてどのようなことが予想されるか。次の中から１つ選び，記号で答えよ。

　　ア　日光の当たる時間の長いところほど開花しやすい。
　　イ　夜も電灯のついている室内の方が庭よりも開花しやすい。
　　ウ　いつも午後５時に暗幕カーテンを閉め，次の日の午前８時に開けるまでは暗い理科室では開花しない。
　　エ　外灯が一晩中ついている駐車場では開花しない。

〈実験2〉次に，どこで光を感じているかを調べるために，開花前日のアサガオを準備
し，次の⑦〜⑨のようにして，実験1の④と同じ条件にした。

| つぼみの番号 | 条　件 |
|---|---|
| ⑦ | つぼみだけを切り取り，それを花びんにさした。 |
| ⑧ | 葉のついたつぼみを切り取り，それを花びんにさした。 |
| ⑨ | つぼみのついたアサガオをはちごと置いた。 |

すると，⑦〜⑨はどれも同じ時刻に開花した。

3　実験2からどのようなことがいえるか。次の中から1つ選び，記号で答えよ。

　ア　つぼみ・茎・葉がそろって，はじめて光を感じることができる。

　イ　つぼみが光を感じている。

　ウ　茎が光を感じている。

　エ　葉が光を感じている。

〈実験3〉次に，開花前日のつぼみ⑩〜⑭を用意し，窓のない部屋に入れた。そして開
花前日に電灯を消す時刻，次の日の朝につける時刻を変えて，開花する時刻を調べ
た。実験結果は次の表のようになった。

| つぼみの番号 | 電灯を消した時刻 | 電灯をつけた時刻 | 暗い時間 | 開花時刻 |
|---|---|---|---|---|
| ⑩ | 午後7時 | 午前4時 | 9時間 | 午前5時 |
| ⑪ | 午後7時 | 午前5時 | 10時間 | 午前5時 |
| ⑫ | 午後8時 | 午前6時 | 10時間 | 午前6時 |
| ⑬ | 午後7時 | 午前6時 | 11時間 | 午前5時 |
| ⑭ | 午後6時 | 午前7時 | 13時間 | 午前4時 |

4　実験3の結果を見てどのようなことがいえるか。次の中から正しいものを1つ選び
記号で答えよ。

　ア　暗い時間が長いほど，早い時刻に開花した。

　イ　暗い時間が短いほど，早い時刻に開花した。

　ウ　電灯をつけた時刻の1時間前から1時間後までの間に開花した。

　エ　電灯を消した時刻の10時間後に開花した。

5　実験3と同じ状態の，開花前日のつぼみを用いて，次の条件で実験すると，アサガ
オは何時に開花すると考えられるか。下のア〜カから1つ選び，記号で答えよ。

　　電灯を消す時刻：午後7時30分　　電灯をつける時刻：午前6時

　ア　午前4時30分　　イ　午前5時　　ウ　午前5時30分　　エ　午前6時

　オ　午前6時30分　　カ　午前7時

4  20℃の水とA～Dのものを準備し，下の表のような重さの組み合わせで水よう液を
   作った。

|   | 水の重さ($g$) | ものの重さ($g$) |
|---|---|---|
| A | 10 | 10 |
| B | 25 | 25 |
| C | 100 | 40 |
| D | 75 | 24 |

① それぞれのものが水にすべてとけるまで，水の温度を上げていった。このとき，
   もっとも温度が高くなったのはどれか。1つ選び，記号で答えよ。

② ①ですべてとかした水よう液を，0℃まで下げたとき，もっともたくさんの結晶
   が出てくるのはどれか。1つ選び，記号で答えよ。また，そのとき何$g$の結晶が出
   てくるか。

5  4の②ででてきた結晶を，ろ過してとり出したい。ろ過の方法として正しいものを，
   次の中から1つ選び，記号で答えよ。

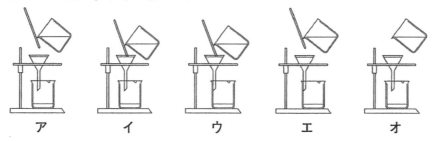

       ア        イ        ウ        エ        オ

6  60℃の水100$g$にA80$g$をとかした。その後，少量のDが混ざっていることがわ
   かった。この水よう液からAだけをできるだけ多く取り出したい。どのような操作を
   すればよいか。次の中から1つ選び，記号で答えよ。

   ア  そのままろ過し，ろ過した液の水を蒸発させる。
   イ  そのままろ過し，ろ過した液を0℃まで冷やす。
   ウ  80℃まであたためてろ過し，ろ紙の上に残ったものを乾かす。
   エ  80℃まであたためてろ過し，ろ過した液の水を蒸発させる。
   オ  0℃まで冷やしてろ過し，ろ紙の上に残ったものを乾かす。
   カ  0℃まで冷やしてろ過し，ろ過した液の水を蒸発させる。

**5** 電流の大きさとそのはたらきについて下の問いに答えなさい。

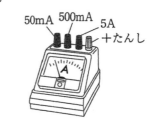

**I** 電流計の使い方についての問いに答えよ。

1 電流計を使うとき，電流の値がわからない場合は，電流計のマイナスたんしは50mA，500mA，5Aのうちどのたんしからつなぐのが正しいか。

2 500mAのたんしにつないだ電流計の針が右図のようにふれたとき，電流の大きさは何mAか。

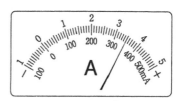

**II** 電熱線を用いて3つの回路を作り，a～gに流れる電流の大きさを測ったところ表のようになった。ただし，回路図の ─◯◯◯◯◯─ は電熱線を表しており，電熱線と電池はすべて同じものとする。

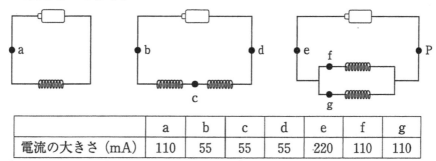

| | a | b | c | d | e | f | g |
|---|---|---|---|---|---|---|---|
| 電流の大きさ（mA） | 110 | 55 | 55 | 55 | 220 | 110 | 110 |

3 3つの回路で電流を測った結果をまとめると次のようになる。①～③に入ることばの組み合わせとして正しいものを，下の表のア～オから1つ選び，記号で答えよ。

〈結果のまとめ〉
・電熱線から流れ出る電流の大きさは，電熱線に流れこむ電流の大きさと（ ① ）。
・回路の途中で分かれた電流の大きさの和は，分かれる前の電流の大きさと（ ② ）。
・電熱線をへい列つなぎにして電池につなぐと，それぞれの電熱線に流れる電流の大きさは，電熱線が1つのときと（ ③ ）。

| | ① | ② | ③ |
|---|---|---|---|
| ア | 比べて小さい | 比べて小さい | 比べて小さい |
| イ | 比べて小さい | 等しい | 等しい |
| ウ | 等しい | 比べて小さい | 比べて小さい |
| エ | 等しい | 等しい | 等しい |
| オ | 等しい | 等しい | 比べて大きい |

4 上図のPを流れる電流の大きさは何mAか。

# 社　　会

（100点　40分）

## 注意事項

1．試験開始のチャイムがなるまで、この問題用紙を開いてはいけません。

2．問題用紙は表紙をのぞいて10ページです。

3．答えはすべて解答用紙に文字または記号で正確に記入しなさい。

4．試験中に問題用紙の印刷が悪かったり、ページがたりないときや、解答用紙のよごれなどに気づいた場合は、手をあげて先生に知らせなさい。

5．試験が終わったら問題用紙は持ち帰りなさい。

## 西南学院中学校

2 次の問1〜問10に答えなさい。

問1 次の表のA〜Dの遺跡は、地図中のア〜エのどれかにあてはまる。Cにあてはまる遺跡として、正しいものをア〜エから1つ選び、記号で答えなさい。

|  | 時期 | 内容 |
|---|---|---|
| A | 約5500年前〜4000年前 | 竪穴住居に住んで、動物や木の実などを手に入れてくらした。 |
| B | 約4500年前 | ほのおが燃え上がっているように見える土器がつくられた。 |
| C | 1〜3世紀 | 米づくりが盛んにおこなわれ、集落をまもるためにまわりは堀やさくで囲まれた。 |
| D | 5世紀 | 長さ486m、はば305mの日本最大の古墳がつくられた。 |

問2 5〜6世紀につくられた土器やかまに関する説明として、正しいものをア〜エから1つ選び、記号で答えなさい。

ア 遣隋使によって伝えられた技術によって、むらなく焼くことができるようになった。

イ しゃ面を利用したかま（のぼりがま）をつくる技術は、渡来人が伝えたものである。

ウ この頃の土器がそれまでよりうすくてかたいのは、より低温で焼かれたからである。

エ 唐から帰国した留学生によって技術が伝わり、はにわも大量に作られるようになった。

問3 次の年表は、ある人物に関するものである。(1)〜(2)に答えなさい。

| 年（西暦） | 主なできごと |
|---|---|
| 741 | 国ごとに【 X 】を建てる詔を出す |
| 743 | 大仏をつくる詔を出す |
| 745 | 都を平城京にもどす |
| 756 | 死去 |

(1) この人物を漢字4字で答えなさい。

(2) 年表の空欄【 X 】にあてはまる語句を漢字3字で答えなさい。

**問4** 次のＡ・Ｂの表は、２人の人物に関するものである。これについての説明として、正しい文をア～エから１つ選び、記号で答えなさい。

| A | |
|---|---|
| 年令 | 主なできごと |
| 39 | 後白河天皇の武士として戦う（保元の乱） |
| 50 | 太政大臣になる |
| 55 | むすめを天皇のきさきにする |
| 63 | 孫が天皇になる |
| 64 | 死去 |

| B | |
|---|---|
| 年令 | 主なできごと |
| 13 | 平氏との戦いに敗れる（平治の乱） |
| 14 | 伊豆に流される |
| 34 | 平氏をたおすために兵をあげる |
| 39 | 壇ノ浦で平氏がほろびる |
| 53 | 死去 |

ア　Ａの人物は、平氏にかわって天皇に近づき、一族が朝廷の役職につくようにした。
イ　Ａの人物は、源氏の思うままに政治を動かし、反対する人々を厳しく処罰した。
ウ　Ｂの人物は、武士のかしらとして朝廷から将軍に任じられ、政治をおこなった。
エ　Ｂの人物は、手がらを立てた武士たちに、新しい領地を「奉公」としてあたえた。

**問5** 平安時代に生まれた日本独自の文化（国風文化）として、**あてはまらないもの**をア～エから１つ選び、記号で答えなさい。

ア　囲碁　　　イ　かな文字　　　ウ　十二単　　　エ　大和絵

**問6** 下の絵は、鎌倉時代に元の大軍が九州北部にせめてきたようすをえがいている。この絵にえがかれている人物をア～エから１つ選び、記号で答えなさい。

ア　足利義満
イ　竹崎季長
ウ　北条時宗
エ　源　義経

**問7** 室町時代に生まれた文化として、正しいものア～エから１つ選び、記号で答えなさい。

ア　浮世絵　　　イ　歌舞伎　　　ウ　束帯　　　エ　能

問4　下の文中の（　　　　）に入る数字・語句の正しい組み合わせを、ア～カから1つ
　　選び、記号で答えなさい。

　　1977年ごろから、世界各国が海岸から（　G　）海里以内の海で外国の漁船が
とる魚の種類や量を制限するようになりました。現在の日本で最も漁かく量が多
い（　H　）漁業も、水産資源の減少や外国からの輸入の増加によって、1990年
代以降は、漁獲量が減っています。

| | ア | イ | ウ | エ | オ | カ |
|---|---|---|---|---|---|---|
| G | 12 | 12 | 12 | 200 | 200 | 200 |
| H | 沿岸 | 沖合 | 遠洋 | 沿岸 | 沖合 | 遠洋 |

問5　次のグラフは、日本の輸出入品の内わけ（1980年、2010年）を示したものである。
　　図中のJ～Lの正しい組み合わせを、ア～カから1つ選び、記号で答えなさい。

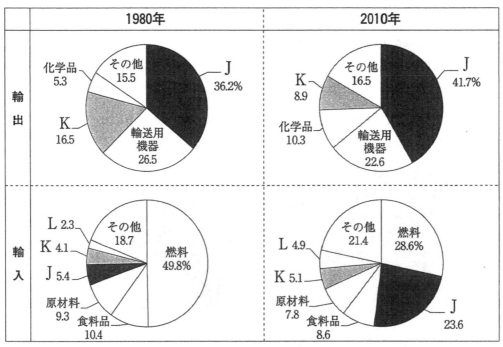

※「輸送用機器」とは、自動車、船舶などのことである。

（データブックオブザワールドより作成）

| | ア | イ | ウ | エ | オ | カ |
|---|---|---|---|---|---|---|
| J | 機械類 | 機械類 | 金属品 | 金属品 | 繊維品 | 繊維品 |
| K | 金属品 | 繊維品 | 機械類 | 繊維品 | 機械類 | 金属品 |
| L | 繊維品 | 金属品 | 繊維品 | 機械類 | 金属品 | 機械類 |

**問6** 下の表は、日本の大豆、牛肉、果物の輸入先上位4カ国（2010年、数字は全体に占める割合）を示している。図中のP～Rにあてはまる国名の正しい組み合わせを、ア～カから1つ選び、記号で答えなさい。

| 大豆 | % | 牛肉 | % | 果物 | % |
|---|---|---|---|---|---|
| P | 69.5 | Q | 67.8 | P | 24.3 |
| カナダ | 14.3 | P | 21.3 | R | 23.6 |
| ブラジル | 13.8 | ニュージーランド | 6.1 | 中　国 | 16.1 |
| 中　国 | 2.3 | カナダ | 2.6 | ニュージーランド | 6.2 |

（データブックオブザワールドなどより作成）

| | ア | イ | ウ | エ | オ | カ |
|---|---|---|---|---|---|---|
| P | フィリピン | フィリピン | アメリカ | アメリカ | オーストラリア | オーストラリア |
| Q | アメリカ | オーストラリア | フィリピン | オーストラリア | フィリピン | アメリカ |
| R | オーストラリア | アメリカ | オーストラリア | フィリピン | アメリカ | フィリピン |

**問7** 図S～Uは、都道府県別の人口密度（2010年）、工業生産額（2009年）、100世帯あたりの乗用車台数（2010年）の上位10都道府県を示したものである。図S～Uの正しい組み合わせを、ア～カから1つ選び、記号で答えなさい。

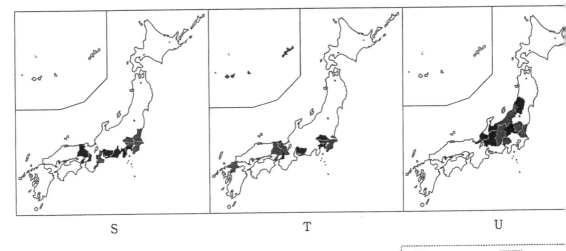

S　　　　　　　　　　T　　　　　　　　　　U

■ は1～5位、▨ は6～1

（データで見る県勢より）

| | ア | イ | ウ | エ | オ | カ |
|---|---|---|---|---|---|---|
| 人口密度 | S | S | T | T | U | U |
| 工業生産額 | T | U | S | U | S | T |
| 100世帯あたりの乗用車台数 | U | T | U | S | T | S |

| 4 | (1) | | (2) | | | (3) | 個 |
|---|-----|--|-----|--|--|-----|----|

| 5 | (1) | | (2) | | |
|---|-----|--|-----|--|--|

| 6 | (1) 頂点 | | (2) | cm | (3) | 回 |
|---|--------|--|-----|----|-----|----|

|   |   |
|---|---|
| 総計 | |

※100点満点
（配点非公表）

## 4

| 1 | 2 | |
|---|---|---|
| | ① | ② |
| | | |

| 3 | | 4 | | 5 | 6 |
|---|---|---|---|---|---|
| 食塩 | 酸素 | ① | ② | | |
| | | | もの | 重さ　　　　　　g | | |

## 5

| 1 | 2 | 3 | 4 |
|---|---|---|---|
| のたんし | mA | | mA |

| 5 | 6 | 7 |
|---|---|---|
| | ℃ | |

| 総計 | |
|---|---|
| | ※100点満点<br>（配点非公表） |

H25. 西南学院中

K 教英出版

| 3 | 問1 | 問2 | 問3 | 問4 | 問5 | 問6 | 問7 |
|---|---|---|---|---|---|---|---|
| | | | | | | | |

| 問8 | 問9 | 問10 |
|---|---|---|
| | 銀山遺跡 | 運動 |

| | 問11 | 問12 | 問13 | 問14 |
|---|---|---|---|---|
| | | | | |

総計

※100点満点
（配点非公表）

| 受験番号 | |
|---|---|

2013（平成25）年度

# 社　会　解　答　用　紙

【注意】
このらんには何も
記入しないこと

1

| 問1 | | | | | | 問2 | 問3 |
|---|---|---|---|---|---|---|---|
| A | B | C | D | E | F | | |
| | | | | | | | |

| 問4 | 問5 | 問6 |
|---|---|---|
| 年 | | 時代 |

2

| 問1 | 問2 | 問3 | | 問4 |
|---|---|---|---|---|
| | | (1) | (2) | |
| | | | | |

| 問5 | 問6 | 問7 | 問8 | 問9 | 問10 |
|---|---|---|---|---|---|

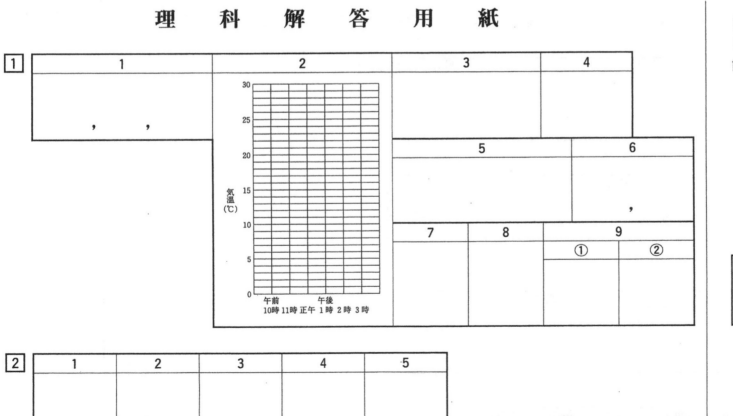

受験番号

2013（平成25）年度

# 理 科 解 答 用 紙

| 1 | 1 | 2 | 3 | 4 |
|---|---|---|---|---|

気温（℃）

30
25
20
15
10
5
0

午前　　　　午後
10時 11時 正午 1時 2時 3時

| 5 | 6 |
|---|---|

| 7 | 8 | 9 |
|---|---|---|
| | | ① | ② |

| 2 | 1 | 2 | 3 | 4 | 5 |
|---|---|---|---|---|---|

| 受験番号 | |
|---|---|

2013(平成25)年度

# 算 数 解 答 用 紙

**1**

| (1) | | (2) | | (3) | 円 | (4) | 点 |
|---|---|---|---|---|---|---|---|
| (5) | 度 | (6) | 回 | (7) | cm³ | | |

**2**

| (1) | cm | (2) | cm² |
|---|---|---|---|

**3**

| (1) | 秒 | (2) | 時速 | km | (3) | m |
|---|---|---|---|---|---|---|

次のA～Fの文について、問1～問6に答えなさい。

A．<u>1889年</u>、大日本帝国憲法が発布されました。この憲法では、天皇が国を治める主権をもつことや、軍隊をひきいることなどが定められました。憲法発布の翌年には、最初の選挙がおこなわれ第1回の<u>内閣</u>が開かれました。この選挙では<u>20才以上の男子</u>で、一定の金額以上の税を納めている者に選挙権が認められました。

B．満州にいた日本軍が、南満州鉄道の線路を爆破し、これを<u>ロシア</u>軍のしわざだとして戦争をはじめました。当時の政府には、満州の日本軍の動きを止める力がなく、（ア）年に「満州国」をつくって、政治を進めていきました。<u>韓国</u>は、日本の動きを、侵略であるとして<u>国際連合</u>にうったえました。

C．敗戦後の日本を民主的な国にするために、新しい憲法が定められました。また、日本は、<u>1970年</u>に中華人民共和国との国交を正常化し、1978年には、<u>日中平和友好条約</u>を結びました。<u>韓国</u>とは1965年に国交を開きましたが、北朝鮮との国交はまだ開かれていません。

D．ヨーロッパでは、ドイツが1939年にイギリスや<u>フランス</u>と、1941年には、<u>ソ連</u>と戦争をはじめました。また、日本は、ドイツ・イタリアと軍事同盟を結び、中国を支援する<u>アメリカ</u>やイギリスなどの連合国と対立を深めました。さらに、日本は新たな資源を手に入れようと東南アジアに軍隊を進めました。

E．アメリカの強い態度におされた幕府は、<u>1854年</u>に日米和親条約を結びました。この条約で<u>下田</u>と函館の二つの港を開きました。その4年後に幕府は朝廷や一部の大名の反対をおさえて、アメリカやイギリスなど5か国と通商条約を結びました。こうして<u>300年以上も続いた日本の鎖国</u>が終わりました。

F．<u>日露戦争後</u>、日本は韓国に対する支配を強め、韓国を併合して<u>植民地</u>にしました。朝鮮の人々のなかには、日本人に田畑を買い取られ、土地を失う者もいました。また、朝鮮の学校では、<u>日本語や日本の歴史</u>の授業がおこなわれました。朝鮮では3月1日、ソウルで大きな独立運動が起こりました。

問1  A～Fの文にはそれぞれに____が3つ引いてある。その3つが正しいのか誤っているのかを判断し、次のア～エにあてはまるものを1つ選び、記号で答えなさい。

ア  3つとも正しい      イ  2つ正しい      ウ  1つ正しい
エ  3つとも誤っている

問2　Aの憲法草案をつくるために、ドイツに行って憲法を学んだ人物を、ア～エから1つ選び、記号で答えなさい。

ア　　　　　　　イ　　　　　　　ウ　　　　　　　エ

問3　Bの文が示す時期とFの文が示す時期との間に起こったできことについて、あてはまるものをア～エから1つ選び、記号で答えなさい。

ア　関東大震災　　　イ　西南戦争　　　ウ　アジア・太平洋戦争
エ　ノルマントン号事件

問4　Bの（ア）にあてはまる年号を**数字**で答えなさい。

問5　Dについて、1943年9月、連合国側に降伏した国の位置を、地図中ア～エから1つ選び、記号で答えなさい。

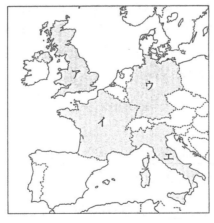

※国境線は現在のものである。

問6　Eの内容は、日本の何時代にあたるか。時代名を**漢字2字**で答えなさい。

問8　織田信長は、キリスト教の学校や教会を建てることを許した。その理由として正しいものをア〜エから1つ選び、記号で答えなさい。

　ア　キリスト教を利用して、差別のない平等な国をつくろうと考えたから。
　イ　キリスト教の信者となり、神の愛によって、だれもが救われると考えたから。
　ウ　キリスト教の力で、天下を統一するだけでなく朝鮮を従えようと考えたから。
　エ　キリスト教を保護して、抵抗する仏教の勢力をうばおうと考えたから。

問9　図①〜④の説明として、**誤っているもの**をア〜エから1つ選び、記号で答えなさい。

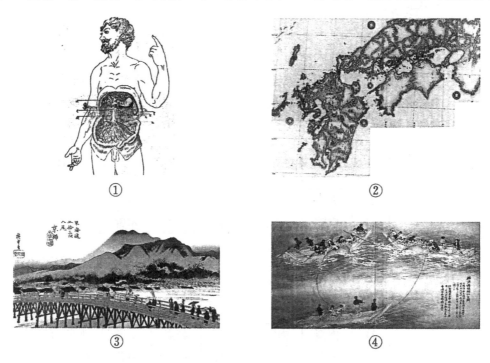

①　　　　　　　　　　　　　　②

③　　　　　　　　　　　　　　④

　ア　図①は、杉田玄白や前野良沢らがほん訳した医学書『解体新書』である。
　イ　図②は、伊能忠敬のおこなった測量をもとに作られた地図である。
　ウ　図③は、下級武士の家に生まれた本居宣長がえがいた京都の風景である。
　エ　図④は、網を使ってイワシ漁をおこなっているようすである。

問10　江戸時代の説明として、**誤っているもの**をア〜エから1つ選び、記号で答えなさい。

　ア　江戸は「将軍のおひざもと」とよばれ、武士だけでなく多くの町人が住んだ。
　イ　大阪は「天下の台所」とよばれ、全国から特産物が運ばれ、各地に売られていった。
　ウ　武士は、名字を名のり、刀をさすなどの特権が認められていた。
　エ　農民は、五人組と呼ばれる村役人を自分たちで決めて、村の運営をおこなった。

3 次の問1～問14に答えなさい。

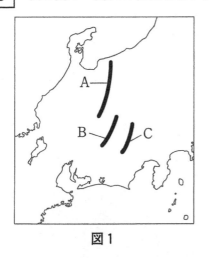

図1

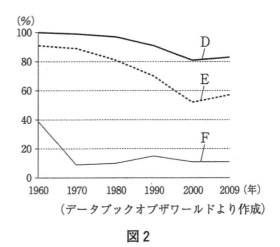

（データブックオブザワールドより作成）

図2

問1　上の図1中のA～Cで示された山脈の名称の正しい組み合わせを、ア～カから1
　　つ選び、記号で答えなさい。

|  | ア | イ | ウ | エ | オ | カ |
|---|---|---|---|---|---|---|
| A | 木曽 | 木曽 | 赤石 | 赤石 | 飛騨 | 飛騨 |
| B | 赤石 | 飛騨 | 木曽 | 飛騨 | 赤石 | 木曽 |
| C | 飛騨 | 赤石 | 飛騨 | 木曽 | 木曽 | 赤石 |

問2　上の図2は、日本のさまざまな食料の自給率の変化を示したものである。図中の
　　D～Fの品目の正しい組み合わせを、ア～カから1つ選び、記号で答えなさい。

|  | ア | イ | ウ | エ | オ | カ |
|---|---|---|---|---|---|---|
| D | 肉類 | 肉類 | 野菜 | 野菜 | 小麦 | 小麦 |
| E | 野菜 | 小麦 | 肉類 | 小麦 | 肉類 | 野菜 |
| F | 小麦 | 野菜 | 小麦 | 肉類 | 野菜 | 肉類 |

問3　近年、日本の水産物の輸入は増加傾向にある。マグロ、サケ・マス、エビのおもな
　　輸入先（2011年）の正しい組み合わせを、ア～カから1つ選び、記号で答えなさい。

|  | ア | イ | ウ | エ | オ | カ |
|---|---|---|---|---|---|---|
| マグロ | チリ<br>ノルウェー | チリ<br>ノルウェー | 中国<br>韓国 | 中国<br>韓国 | ベトナム<br>インドネシア | ベトナム<br>インドネシア |
| サケ・マス | ベトナム<br>インドネシア | 中国<br>韓国 | チリ<br>ノルウェー | ベトナム<br>インドネシア | 中国<br>韓国 | チリ<br>ノルウェー |
| エビ | 中国<br>韓国 | ベトナム<br>インドネシア | ベトナム<br>インドネシア | チリ<br>ノルウェー | チリ<br>ノルウェー | 中国<br>韓国 |

（農林水産省ホームページより作成）

問8　次の図3中のア～エの4つの地点のうち、「世界自然遺産」に登録されていない
　　ものを1つ選び、記号で答えなさい。

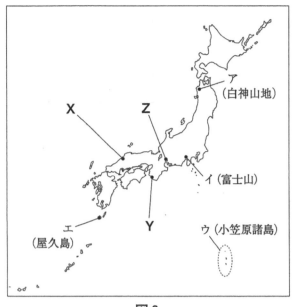

図3　　　　　　　　　　　　　　　　写真

問9　次の文章は、図3中のX地点の遺跡に関するものである。この地の遺跡は、2007
　　年に「世界文化遺産」に登録された。この遺跡を何というか、**漢字**で答えなさい。

> 　この地は、戦国時代から本格的な開発が始まり、良質な銀を大量に産出しまし
> た。この地から産出した銀は、貿易を通してヨーロッパにも広がり、ヨーロッパ
> とアジアの経済や文化の交流に大きな役割を果たしました。

問10　次の文章は、図3中のY地点でおこった運動について説明したものである。この
　　ような運動を何というか、**カタカナ**で答えなさい。

> 　ここは、和歌山県田辺市にある天神崎です。この辺りの海岸の自然を保存する
> ために、1974年からこれまでに、ぼ金を集めて約7 haの土地が買い取られ、貴
> 重な自然が開発から守られました。

問11　図3中のZ地点のあたりは、土地が低く堤防に囲まれており、**写真**のような家々
　　が立ち並んでいる。このあたりの土地を何というか、**漢字**で答えなさい。

問12　各地の住居について述べた次の文のうち、下線部が**誤っているもの**をア～エから
　　　1つ選び、記号で答えなさい。

　　ア　モンゴルでは、分解して運ぶことが出来る<u>組み立て式テント</u>が見られる。
　　イ　イエメンでは、砂漠の暑さをさけるため、<u>木材でつくった高床式の家</u>が見られる。
　　ウ　ギリシアでは、強い日ざしをさけるため、<u>かべを白くぬった家</u>が見られる。
　　エ　ケニアでは、マサイ族の人々が住む<u>牛のふんをぬりかためて作った家</u>が見られる。

問13　下の図4中の線Aは赤道、図5中の線Bは北緯45度の緯線を示している。線A、
　　　線Bと同じ線を、それぞれ図6の①～③、図7の④～⑥から1つずつ選び、その正
　　　しい組み合わせをア～ケから1つ選び、記号で答えなさい。

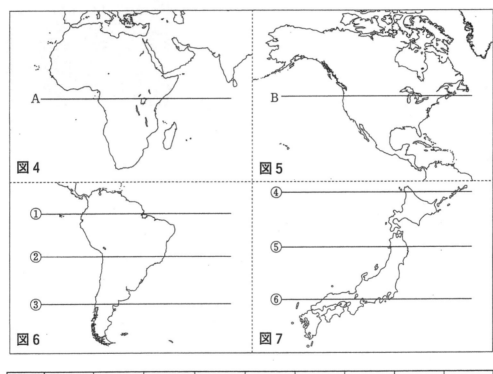

| | ア | イ | ウ | エ | オ | カ | キ | ク | ケ |
|---|---|---|---|---|---|---|---|---|---|
| 線A | ① | ② | ③ | ① | ② | ③ | ① | ② | ③ |
| 線B | ④ | ⑤ | ⑥ | ⑤ | ⑥ | ④ | ⑥ | ④ | ⑤ |

問14　2012年に「ノーベル平和賞」を受賞した人物または団体として、正しいものを
　　　ア～エから1つ選び、記号で答えなさい。

　　ア　バラク・オバマ　　イ　山中伸弥　　ウ　国際連合　　エ　ヨーロッパ連合

Ⅲ 電熱線A〜Cを用意し，下図のように17℃，50 g の水をあたためた。すべて同じ電池を使うと，電熱線Aには0.5A，電熱線Bには１A，電熱線Cには２Aの電流が流れて，１分ごとに容器1と容器2の水の温度を測ると下の表のようになった。ただし，電熱線で発生した熱はすべて水の温度を上げるために使われるものとする。

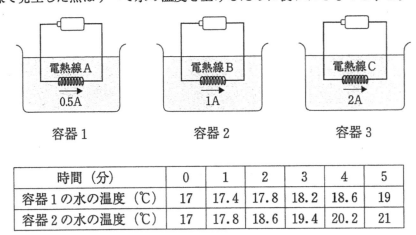

| 時間（分） | 0 | 1 | 2 | 3 | 4 | 5 |
|---|---|---|---|---|---|---|
| 容器1の水の温度（℃） | 17 | 17.4 | 17.8 | 18.2 | 18.6 | 19 |
| 容器2の水の温度（℃） | 17 | 17.8 | 18.6 | 19.4 | 20.2 | 21 |

5 この実験からわかることは何か。正しいものを次の中からすべて選び記号で答えよ。

　　ア　電熱線に流れる電流が大きいほど，はやく水の温度が上がる。
　　イ　水の温度の変化は，電熱線に電流を流した時間に比例する。
　　ウ　電流の大きさと水の温度の変化には関係がない。
　　エ　水の温度の変化は，電流の大きさに反比例する。

6 容器3の水の温度は，あたため始めてから８分後，何℃になっているか。

7 上図の実験と同じ電池と電熱線Aを２つずつもちいて，ア〜エのような回路を作った。５分間電流を流したとき水の温度がもっとも上がったのはどれか，１つ選び記号で答えよ。ただし，水の重さとはじめの温度はすべて同じものとする。

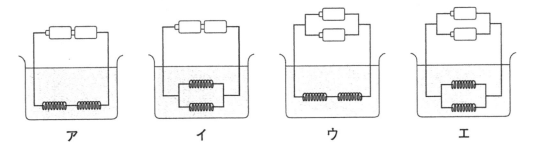

**4** 5種類のもの（A〜E）が100gの水に何gまでとけるか調べたところ，下の表のような結果となった。下の問いに答えなさい。ただし，水よう液は0℃でもこおらないものとする。

100gの水にとかすことができたものの重さ(g)

| | 0℃ | 20℃ | 40℃ | 60℃ | 80℃ |
|---|---|---|---|---|---|
| A | 13 | 32 | 64 | 109 | 169 |
| B | 72 | 88 | 102 | 122 | 148 |
| C | 28 | 34 | 40 | 46 | 51 |
| D | 35 | 36 | 36 | 37 | 38 |
| E | 5 | 3 | 2 | 2 | 1 |

1 上の表のように水100gにとかすことのできるものの重さの限度を何というか。

2 Dを水にとかす前と後の全体の重さの変化を調べるために，下図のような実験をした。

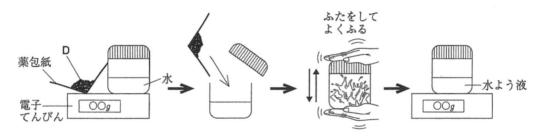

① 最後に重さを調べるときにまちがったやり方をしている。どうすればよかったのか，簡単に書け。

② まちがった操作を正してやり直した。とかす前と後の重さを比べるとどうなったか。また，その理由について正しく述べたものを，次の中から1つ選び，記号で答えよ。

| 記号 | 重さの変化 | 理由 |
|---|---|---|
| ア | 重くなった | Dをとかすときに，よくふったから。 |
| イ | 重くなった | Dはとけてなくなったわけではないから。 |
| ウ | 軽くなった | Dをとかすときに，よくふったから。 |
| エ | 軽くなった | Dはとけてなくなったから。 |
| オ | 変わらなかった | Dはとけて水に変わったから。 |
| カ | 変わらなかった | Dはとけてなくなったわけではないから。 |

3 上の表のA〜Eの中に食塩と酸素がある。それはどれか，それぞれ1つずつ選び，記号で答えよ。

**3** 写真は福岡市内で見られる渡り鳥のひとつです。渡り鳥がいつ渡りをするかは，昼と夜の長さが関係しているといわれています。下の問いに答えなさい。

1 下の写真の鳥の名前を答えよ。

2 渡り鳥は，夏に産卵や子育てをする地域と，冬をこす地域の間を移動する。写真の鳥が，夏にくらす地域と冬にくらす地域を正しく示しているのはどれか。次の中から1つ選び，記号で答えよ。

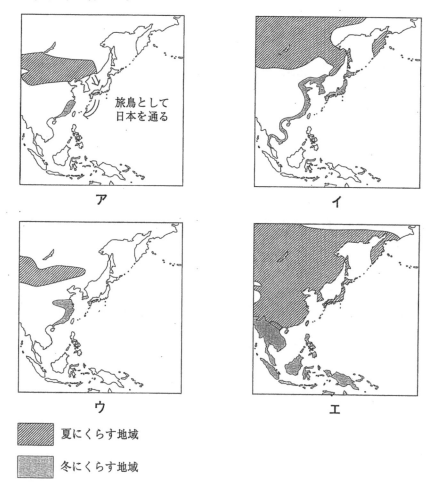

4　Aの日は午後2時に気温がもっとも高くなっていた。この理由について正しく説明したものを次の中から1つ選び，記号で答えよ。

　ア　空気は地面によってあたためられるため，地面の温度がもっとも高くなる午後2時ごろに空気の温度がもっとも高くなるから。

　イ　空気は地面によってあたためられるため，地面の温度がもっとも高くなる正午より後に空気の温度がもっとも高くなるから。

　ウ　空気は太陽に近いほうからあたためられるため，太陽の高さがもっとも高くなる午後2時ごろに空気の温度がもっとも高くなるから。

　エ　空気は太陽に近いほうからあたためられるため，太陽の高さがもっとも高くなる正午より後に空気の温度がもっとも高くなるから。

Ⅱ　下図はある日の日本付近の雲画像である。Xは雲の集まりの中心を表している。

5　図のXには雲がほとんどなく，雨はあまりふらず，風も弱くなっている。このXを何というか。

6　日本に図のような雲が近づくのは，おもにどの季節か。次の中から2つ選び，記号で答えよ。

　ア　春　　イ　夏　　ウ　秋　　エ　冬

7　図の雲はおもに何という雲が集まってできているか。次の中から1つ選び，記号で答えよ。

　ア　らんそう雲　　イ　積らん雲　　ウ　けん雲　　エ　そう積雲

8　図の雲の中心付近では風はどのような向きにふくか。風の向きを正しく表したものを次の中から1つ選び，記号で答えよ。

　　　ア　　　　　　　イ　　　　　　　ウ　　　　　　　エ

9　図の雲が通りすぎるときの天気について説明した次の文の（　　）にあてはまることばを下のア～エから1つずつ選び，記号で答えよ。

　　雲の下では（　①　）に近くなるほど多くの雨がふり，風が強くなっている。また，風の強さはXの進む向きの右側と左側ではちがい，（　②　）は特に強い風がふく。

　ア　中心　　イ　外側　　ウ　右側　　エ　左側

## 1 日本付近での天気について，下の問いに答えなさい。

Ⅰ 晴れの日と雨の日の気温の変化を比べるため，福岡において5月の晴れた日と雨の日を選び，午前10時から午後3時まで1時間ごとに気温を調べた。下の表のAとBは，晴れた日か，雨の日のいずれかに調べた気温の記録である。

|   | 午前10時 | 午前11時 | 正 午 | 午後1時 | 午後2時 | 午後3時 |
|---|---|---|---|---|---|---|
| A | 21℃ | 23℃ | 24℃ | 25℃ | 26℃ | 25℃ |
| B | 18℃ | 19℃ | 19℃ | 20℃ | 20℃ | 19℃ |

1 気温はどのようにして調べるか。正しいものを次の中から3つ選び，記号で答えよ。

　　ア　地面から高さ80cmのところで調べる。
　　イ　地面から高さ120～150cmのところで調べる。
　　ウ　日光がよくあたるところで調べる。
　　エ　日光が直接あたらないところで調べる。
　　オ　まわりがよく開けた風通しのよいところで調べる。
　　カ　風がさえぎられたところで調べる。

2 Aの日とBの日の気温の変化を，グラフを書いて比べたい。Aの日のグラフを解答らんに書け。

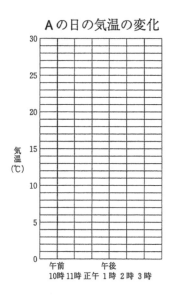

Aの日の気温の変化

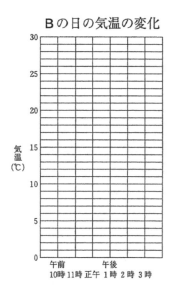

Bの日の気温の変化

3 Aの日の天気は晴れか，雨か。

－ 1 －

**5** 立方体について，次の問いに答えなさい。

(1) 次の Ⓐ，Ⓑ，Ⓒ のうち，立方体の展開図ではないものを 1 つ選びなさい。

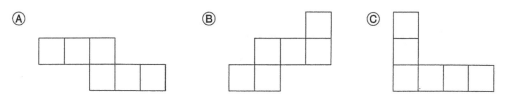

Ⓐ    Ⓑ    Ⓒ

(2) 下の展開図を組み立て，図1のように立方体をつくる。

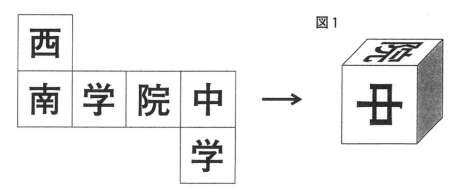

図1

この立方体を図2のように置く。
このとき，面アにあてはまる文字を向きも考えて
下から選び，番号で答えなさい。
　ただし，「学」の文字が2つあるので，答えは
2個ある。

図2

①西　②西　③西　④南　⑤南　⑥南

⑦学　⑧学　⑨点　⑩院　⑪院　⑫院

**4**　24 は，十の位の数「2」でも一の位の数「4」でも割り切れる。
　このように，十の位の数でも一の位の数でも割り切れる2けたの整数について，
次の問いに答えなさい。ただし，一の位の数が「0」であるものは考えない。

　(1)　十の位の数が「5」である2けたの整数は何か。

　(2)　一の位の数が「8」である2けたの整数は2個ある。
　　　それらは何と何か。

　(3)　十の位の数でも一の位の数でも割り切れる2けたの整数は
　　　全部で何個あるか。

(5) 2時24分をさしている時計の長針と短針のつくる角の大きさは何度か。
ただし，角度は180°以下とする。

(6) 4分おきになるチャイムAと，6分おきになるチャイムBが，
午前7時10分に同時になった。その後，午前7時30分から午前8時までの
30分間に何回同時になるか。

(7) 下の立体は，直方体をななめに切ったものである。
この立体の体積は何 cm³ か。

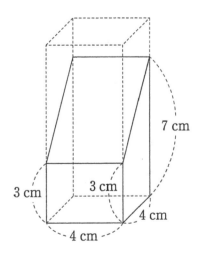

# 1 次の問いに答えなさい。

(1) $\left(\dfrac{9}{4} \times \dfrac{1}{3} - 0.25\right) \div \dfrac{3}{2}$ を計算しなさい。

(2) 右の表で，どの縦，横，ななめの 3 つの数を
加えても，和が等しくなるようにする。
表のアにあてはまる数は何か。

| | | 1 |
|---|---|---|
| ア | $\dfrac{5}{6}$ | |
| $\dfrac{2}{3}$ | $\dfrac{3}{2}$ | |

(3) 原価 5000 円の品物に 20 ％の利益を見込んで定価をつけたが，
売れなかったので，定価の 1 割引きで売ることにした。
このとき，利益はいくらか。

(4) A，B，C の 3 人が算数のテストを受けたところ，3 人の平均点は
72 点であった。A と B の 2 人の平均点が 69 点のとき，C の点数は何点か。